(北京劳动保障职业学院国家骨干校建设资助项目)

复旦卓越·人力资源管理和社会保障系列教材

劳动关系管理实训

孙立如　编著

丛书编辑委员会

编委会主任　　李继延　李宗泽
编委会副主任　冯琦琳
编委会成员　　李　琦　张耀嵩　刘红霞　张慧霞
　　　　　　　郑振华　朱莉莉

復旦大學 出版社

内容提要

本书打破了传统教材的编写体例，采用以培养学生能力为本位的项目式教学方法，训练学生的动手、创新和自学能力，知识的传授会在教学项目完成的过程中适时进行。

本书按劳动关系运行环节及特殊劳动关系运行设置工作项目，包括建立劳动关系管理、履行劳动关系管理、变更劳动关系管理、解除劳动关系管理、终止劳动关系管理、劳务派遣用工管理、非全日制用工管理、集体协商与集体合同管理、劳动规章制度管理、劳动争议处理等十个项目。同时，在每个项目下，设置若干学习任务，帮助学生理解所学知识，并教会他们具体的工作方法；在实操演练部分，又设置了若干工作任务，旨在让学生巩固、强化并拓展学习内容，从而提高处理问题的职业能力。

本书既可以作为实践型本科及高职院校人力资源管理、劳动关系和社会保障等专业的教材，也可以作为用人单位人力资源管理人员、劳动关系管理人员实际操作的参考书。

丛书总主编　　李　琦

编辑成员（按姓氏笔画排序）

邓万里　田　辉　石玉峰　孙立如　孙　林　刘红霞
许晓青　许东黎　朱莉莉　李宝莹　李晓婷　张慧霞
张奇峰　张海容　张耀嵩　肖红梅　杨俊峰　郑振华
赵巍巍

前言

和谐是党的十六大以来一系列方针政策的精髓,而劳动关系的和谐稳定是社会和谐的基础。近年来,随着《劳动合同法》《劳动争议调解仲裁法》等新法的实施,劳动关系双方的利益日渐公开化、法制化,社会各界也越来越重视劳动关系的规范管理。而作为培养应用型人才的高等职业院校,劳动关系管理也越来越成为人力资源管理、劳动与社会保障、劳动关系管理等公共管理类专业核心能力的重要组成部分,这些专业相继开设了《劳动关系管理实训》课程。为了满足高职院校开设此课程的需要,作者结合多年来从事劳动关系管理咨询、教学研究和高职院校项目化课程改革的经验,编写了此书。本书的特点主要体现在如下几个方面:

1. 按高职院校项目化课程的要求设计内容体系。现代的高职教学模式是以项目导向、任务驱动为原则,而本教材采用项目化教学体系,在项目之下设置不同的工作任务,将"教、学、做"一体化作为本书编写的一个指导思想。

2. 按劳动关系的运行环节设置工作项目。本教材按劳动关系运行环节及特殊劳动关系运行设置工作项目,共设置了10个工作项目:建立劳动关系管理、履行劳动关系管理、变更劳动关系管理、解除劳动关系管理、终止劳动关系管理、劳务派遣用工管理、非全日制用工管理、集体协商与集体合同管理、劳动规章制度管理、劳动争议处理。

3. 用实践中的典型案例构筑的学习情境引出学习任务。教材每个学习任务均以情境案例为依托安排具体的工作任务,学生在典型情境中以完成学习任务为目标边学边做。

4. 学习任务与工作任务并行。在每个项目下,设置若干学习任务,帮助学生理解所学知识,并教会他们具体的工作方法,在实操演练部分,又设置了若干工作任务,旨在让学生巩固、强化并拓展学习内容,从而提高处理问题的职业能力。

5. 考虑到劳动关系管理的实际需要和学生的实际需要,对内容的选取,遵循"理论够用""技能过硬"的原则,在本书的每个项目下编有简单的相关知识链接,简单介绍相关的理论知识。本书的重点在业务技能与实操演练。在每个项目具体的工作任务下,又给出了业务示例和实操演练的内容,以帮助学生消化、掌握劳动关系管理各个环节的操作技能。

本书既可以作为高职院校项目化课程——劳动关系管理的教材,也可以作为用人单位人力资源管理人员、劳动关系管理人员实际操作的参考书。

编 者

2013年9月于北京

目 录

项目一　建立劳动关系管理 ·· 1
学习任务一　劳动合同制实施细则的拟定 ·· 1
学习任务二　劳动合同书的拟定 ·· 10
学习任务三　各类专项协议的拟定 ··· 28
学习任务四　员工试用期管理 ··· 43

项目二　履行劳动关系管理 ·· 54
学习任务一　劳动合同的履行管理 ··· 54
学习任务二　劳动合同的中止管理 ··· 58
学习任务三　支付令异议程序的启动 ·· 62

项目三　变更劳动关系管理 ·· 66
学习任务一　劳动合同变更条件的确认 ··· 66
学习任务二　劳动合同变更手续的办理 ··· 69

项目四　解除劳动关系管理 ·· 73
学习任务一　双方协商一致解除劳动合同手续的办理 ·································· 73
学习任务二　劳动者有过错，用人单位单方解除劳动合同操作 ····················· 80
学习任务三　用人单位非过错性解除劳动合同操作 ····································· 90
学习任务四　用人单位经济性裁员操作 ··· 98
学习任务五　劳动者单方解除劳动合同的单位操作 ···································· 106

项目五　终止劳动关系管理 ………………………………………………………… 110
学习任务一　劳动合同的终止与续订管理 ……………………………………… 110
学习任务二　核算经济补偿金 …………………………………………………… 120

项目六　劳务派遣用工管理 ………………………………………………………… 125
学习任务一　使用劳务派遣工的操作流程设计 ………………………………… 125
学习任务二　拟定劳务派遣协议和劳动合同 …………………………………… 129

项目七　非全日制用工管理 ………………………………………………………… 141
学习任务一　非全日制用工劳动合同文本的拟定 ……………………………… 141
学习任务二　非全日制用工的劳动关系管理 …………………………………… 146

项目八　集体协商与集体合同管理 ………………………………………………… 149
学习任务一　集体合同的内容及效力 …………………………………………… 149
学习任务二　集体协商与集体合同的订立程序 ………………………………… 174

项目九　劳动规章制度管理 ………………………………………………………… 181
学习任务一　劳动规章制度的制定与生效 ……………………………………… 181
学习任务二　常用的劳动规章制度的制定 ……………………………………… 190

项目十　劳动争议处理 ……………………………………………………………… 209
学习任务一　劳动争议处理途径的选择 ………………………………………… 209
学习任务二　企业劳动争议调解委员会的组建 ………………………………… 216
学习任务三　实施劳动争议调解 ………………………………………………… 220
学习任务四　实施劳动争议仲裁 ………………………………………………… 226

主要参考文献 ………………………………………………………………………… 251

项目一

建立劳动关系管理

学习目标

能力目标

能够拟定劳动合同制实施细则;能够拟定劳动合同文本;能够拟定常用的专项协议;能够拟定试用期管理办法;能够对员工实施试用期管理。

知识目标

了解建立劳动关系管理的内容;理解劳动合同制实施细则的内容、劳动合同的法定条款和约定条款、各类专项协议的通用内容、试用期管理的要求;掌握各类劳动合同的签订程序和内容,掌握主要的专项协议的拟定方法。

学习任务一 劳动合同制实施细则的拟定

学习情境 1-1

A公司是一家大型私营企业,《劳动合同法》实施前,公司一直没有实施劳动合同制。《劳动合同法》颁布后,企业打算根据《劳动合同法》的规定,在公司全面推行劳动合同制。公司准备拟定《劳动合同制实施细则》作为本公司实施劳动合同制的依据,这个任务落在了人力资源部劳动关系主管小陈的头上,那么怎样拟定《劳动合同制实施细则》呢?

一、相关知识链接

(一) 劳动合同制实施细则的性质

什么是《劳动合同制实施细则》？有人说：有了《劳动合同法》，也有了《劳动合同法实施条例》，为什么还要有《劳动合同制实施细则》呢？《劳动合同法实施条例》不就是《劳动合同制实施细则》吗？这种说法都说明一个问题，即不清楚什么是《劳动合同制实施细则》。《劳动合同制实施细则》(办法)是企业内部制定的关于本企业内部实施劳动合同制的原则、办法、程序的规定，是企业内部实行劳动合同制的"小宪法"，也有的称其为《劳动合同管理办法》，它是把有关法律、法规规定的内容结合企业实际的具体化。我国《劳动法》第三章及《劳动合同法》有关劳动合同的规定，只是对劳动合同的原则性、纲领性的指导和规范，不可能对每个企业的情况都作出详细的规定。《劳动合同制实施细则》(办法)可以对劳动法的内容和法律未尽事宜结合本单位的实际作出详细、具体的规定。它与《劳动合同法》《劳动合同法实施条例》的不同主要体现在三个方面：一是制定的主体不同，《劳动合同法》和《劳动合同法实施条例》是国家制定的，而《劳动合同制实施细则》是由用人单位结合本单位实际制定的；二是适用范围不同，前者只适用于本单位，而后两者的适用范围相对要大得多，劳动合同法对范围内的用人单位和劳动者都适用；三是内容不同，前者是结合本单位的实际对后者的内容的细化，而后者只是作了纲领性、原则性的规定。

(二)《劳动合同制实施细则》制定的原则

1. 结合本企业的实际原则

各个企业的情况不同，国家法律不可能结合每个企业的情况一一规定，只能由《劳动合同制实施细则》(以下简称"《细则》")使之具体化，如果《细则》不结合企业的实际，那就失去了《细则》存在的价值了。

2. 合法、合理原则

《细则》要符合法律的规定，这是其有效的前提条件，但要注意，依照法律、法规的规定不是简单的照搬法律，是在法律的框架下，将法律的规定具体化。在合法的前提下，考虑其合理性。

3. 民主原则

《细则》属于涉及职工切身利益的规章制度，要按照《劳动合同法》第四条的规定，履行民主程序和对职工的告知义务。

(三)《劳动合同制实施细则》的主要内容

(1) 总则：主要包括劳动合同制的含义、实施劳动合同制的范围、原则等。

(2) 劳动合同的签订：主要包括签订劳动合同的主体、原则、本单位劳动合同所包括的内容。

(3) 劳动合同的期限：主要包括本单位劳动合同期限的种类以及每一种类的具体适用。在此项内容中还应包括确定劳动合同期限的原则，如哪些职工签订有固定期限的劳动合同、哪些职工签订无固定期限的劳动合同、哪些职工签订以完成一定工作为期限的劳动合同等。还可以就本企业是否实行试用期制度以及试用期考查办法进行具体的规定。

(4) 劳动合同的变更、解除和终止的具体条件及程序。

(5) 本企业专项协议的签订：如本企业专项协议的种类、签订条件、审批权限等内容。

(6) 劳动合同履行的原则：亲自履行原则、全面履行原则、协作履行原则。

(7) 解除终止劳动合同人员的档案移交办法、程序等。

(8) 职工在合同期内的保险福利待遇。这包括了企业为职工提供的各项保险福利以及有关医疗期的具体规定。

(9) 赔偿与补偿。主要规定赔偿与补偿的具体标准,如培训费的补偿办法等。

二、业务示例

业务示例1-1　H公司劳动合同制实施细则

【背景材料】

H公司为了规范劳动关系管理,更好地保护企业和员工的合法权益,根据《中华人民共和国劳动合同法》制定了本公司的劳动合同制实施细则。

北京市H公司劳动合同制实施细则

第一章　总　　则

第一条　为适应社会主义市场经济发展的需要,建立新型的劳动用工制度,调整劳动关系,用法律保护公司与员工的合法权益,建立既有活力又有自我约束力的合理用工机制,充分调动员工的积极性和创造性,增强企业活力,提高经济效益,根据《中华人民共和国劳动法》《中华人民共和国劳动合同法》及其他有关法律、法规和规章,结合本公司实际,制定本实施细则。

第二条　劳动合同制是指单位与职工在平等自愿、协商一致的基础上,通过签订劳动合同明确双方的权利与义务,以法律形式确定双方劳动关系,并依照劳动合同进行管理的劳动用工制度。

第三条　签订劳动合同的范围:

(一)现在岗的正式职工;

(二)现在岗的短期用工;

(三)内部退养人员;

(四)被外单位借用的人员;

(五)内部待岗人员。

公司以上人员均可按本实施细则的规定,本着平等自愿、协商一致、双向选择的原则与公司签订劳动合同。

第四条　下列人员暂不纳入签订劳动合同的范围:

(一)正在被司法机关收容审查的人员;

(二)在本公司实习的学生;

(三)本公司返聘的离退休职工;

(四)劳务派遣工;

(五)非全日制用工;

第五条　人力资源部是劳动合同管理的职能部门,负责合同的签订、变更、续订、终止和解除等事项;办理劳动合同的鉴证、文本的保管、待岗职工的管理等事宜。

第二章 劳动合同的签订

第六条 劳动合同书是确定本公司与受聘人之间劳动关系的书面凭证。北京H公司为甲方(以下简称公司)、受聘的职工为乙方(以下简称职工)。本公司的劳动合同由劳动合同书及其附件组成。附件包括各类专项协议书、岗位协议书、公司相关的规章制度等。

第七条 劳动合同书由公司法定代表人或其委托的代理人与职工签订。劳动合同以书面形式订立,一式三份,公司及职工各执一份,一份存入职工档案。

公司总经理、党委书记和工会主席的劳动合同与上级主管部门签订。

第八条 签订劳动合同必须遵守国家有关法律、法规、规章,坚持"平等自愿、协商一致"的原则。

第九条 本公司劳动合同书内容如下:

(一)本公司名称、住所和法定代表人;

(二)员工的姓名、住址和居民身份证号码;

(三)劳动合同期限;

(四)工作内容和工作地点;

(五)工作时间和休息休假;

(六)劳动报酬;

(七)社会保险;

(八)劳动保护、劳动条件和职业危害防护;

(九)法律、法规应当纳入劳动合同的其他事项。

除上述内容外,双方协商一致还可以就试用期、培训、保守商业秘密、补充保险和福利待遇等事项作出约定。

第十条 属于实行劳动合同制范围但无部门聘用的职工或已签订了劳动合同但在合同期内有特殊情况不能坚持正常工作的职工及有其他特殊情况的职工,应签订专项协议书。公司的专项协议书包括:《病休协议书》《外借协议书》《待岗协议书》《内退协议书》《保密协议书》《竞业限制协议书》《服务期协议书》等。专项协议书作为劳动合同的附件,和劳动合同产生同等法律效力。

第十一条 公司除与职工签订劳动合同外,还应与职工签订岗位协议书,就职工的具体工作岗位应达到的数量指标、质量指标、行为规范等作出约定。岗位协议的期限应短于或等于劳动合同期限。岗位协议书的变更按劳动合同的变更程序办理。

第十二条 劳动合同期限:

本公司的劳动合同期限分为有固定期限、无固定期限和以完成一定工作任务为期限的三种。

有固定期限的合同分为6个月、1年、3年、5年四种。职工累计工作年限满20年的,可签订5年期劳动合同;累计工作年限满10不满20年的,可签订3年期劳动合同;累计工作年限满5年不满10年的签订1年期的劳动合同。

劳动合同期限根据上述两款内容由双方当事人协商确定。

第十三条 符合《中华人民共和国劳动合同法》第十四条第二款规定情形之一的,公司与其签订无固定期限的劳动合同。

第十四条 公司内部待岗人员可以与公司签订6个月或1年的劳动合同;公司内的短期用工人员与公司签订6个月或1年的劳动合同。

第十五条 本公司新招人员,实行试用期制度。劳动合同期限在为6个月的,试用期为1个月;劳动合同期限为1年的,试用期为2个月;劳动合同期限为3年的,试用期为4个月;劳动合同期限为5年和无固定期限的劳动合同的,试用期为6个月。具体期限按此原则由双方协商确定。

第十六条 下列劳动合同无效:

(一) 以欺诈、胁迫手段或者乘人之危,使对方在违背真实意思情况下订立或变更劳动合同的;

(二) 公司免除自己的法定责任、排除劳动者权利的;

(三) 违反法律、行政法规强制性规定的。

无效的劳动合同从订立时起就没有法律效力。确认劳动合同部分无效的,如果不影响其余部分的效力,其余部分仍然有效。

劳动合同被确认无效后,劳动者已经付出的劳动,参照本公司相同或相近岗位劳动者的劳动报酬确定。

第十七条 本公司与职工订立劳动合同时,不得收取任何形式的抵押金。

第十八条 本公司的劳动合同文本由单位提供,双方在协商一致的基础上确定。

第三章 劳动合同的变更、解除、终止和续订

第十九条 劳动合同依法签订后,就具有法律效力,合同双方必须履行合同所规定的义务,任何一方不得擅自变更合同。公司法定代表人变更后,原合同仍然有效。

经双方协商一致,可以变更劳动合同。

订立劳动合同时所依据的客观情况发生重大变化(如公司调整经营方向、职工有其他正当理由等),致使原劳动合同无法履行,可以协商变更劳动合同。

协商变更劳动合同的,提出变更要求的一方应当将变更要求以书面形式送交另一方,另一方应在15日内答复,逾期不答复的,视为不同意变更劳动合同。

订立劳动合同时所依据的法律、法规、规章发生变化的,应当依法变更劳动合同的相关内容。

职工不能胜任工作,公司调整其工作岗位的,属于公司的用工自主权。

掌握商业秘密的职工在劳动合同中约定了解除劳动合同的提前通知期的,在提前通知后,公司有权调整其工作岗位以使职工"脱密"。

第二十条 经劳动合同双方当事人协商一致,劳动合同可以解除。

第二十一条 职工有下列情形之一的,公司可以随时解除劳动合同:

(一) 职工在试用期内被发现不符合录用条件的;

(二) 职工严重违反国家法律、法规、规章或公司规章制度的;

(三) 职工严重失职、渎职或违法乱纪,给公司经济或名誉造成重大损失的(重大经

济损失的标准为5 000元及以上）；

（四）无正当理由经常旷工或者逾期不到岗，经批评教育无效，且连续旷工超过7天，或者1年以内累计超过15天的；

（五）职工被开除、劳动教养以及被依法追究刑事责任的；

（六）被人民法院依据《中华人民共和国刑法》第三十七条规定免予刑事处罚的；

（七）职工同时与其他单位建立劳动关系，经公司提出拒不改正的；

（八）职工以欺诈手段或胁迫手段与公司签订劳动合同的；

（九）国家法律、法规、规章另有规定的。

第二十二条　职工有下列情形之一的，公司在支付职工一个月工资后，可以随时与之解除劳动合同：

（一）患病或非因工负伤，医疗期满后不能从事原工作也不能从事另行安排的工作的或者不符合国家从事有关公司行业、工种岗位规定，公司无法另行安排工作的；

（二）职工不能胜任工作，公司为其调整工作岗位一次或为其提供培训机会一次，经过培训或者调整工作岗位仍不能胜任工作的；

（三）劳动合同订立时所依据的客观情况发生了重大变化，致使原合同无法履行，经双方协商不能就变更劳动合同达成协议或不服从另行安排的工作的。

第二十三条　公司具备《中华人民共和国劳动合同法》第四十一条规定的情形的，可以按法定程序进行经济性裁员。

第二十四条　职工有下列情况之一的，公司不得依据本细则第二十二条、第二十三条规定解除职工的劳动合同：

（一）在本单位患职业病或者因工负伤并被确认达到伤残等级的；

（二）患病或非因工负伤在规定的医疗期内的；

（三）女职工在孕期、产期、哺乳期内的；

（四）在本公司连续工作满15年，且距法定退休年龄不足5年的；

（五）国家和本市规定的其他情形。

第二十五条　职工解除劳动合同，应当提前30日以书面形式通知本公司。

职工在试用期内解除劳动合同，应当提前3日以书面形式通知公司。

公司与掌握本公司商业秘密的职工签订劳动合同时，可以协商约定解除劳动合同的提前通知期，提前通知期不得超过6个月。

公司与掌握本公司商业秘密的职工就解除劳动合同约定了不超过6个月的提前通知期的，则职工解除劳动合同按此约定的日期提前通知公司。

第二十六条　公司有下列情形之一的，职工可以随时通知公司解除劳动合同：

（一）未按照劳动合同约定提供劳动保护或者劳动条件的；

（二）未及时足额支付劳动报酬的；

（三）未依法为职工缴纳社会保险费的；

（四）规章制度违反法律、法规规定，损害职工合法权益的；

（五）由于公司的原因致使劳动合同无效的。

公司以暴力、威胁或者非法限制人身自由的手段强迫劳动者劳动的,或者公司违章指挥、强冒险作业危及职工人身安全的,职工可以立即解除劳动合同,不需要事先通知公司。

第二十七条　劳动合同的终止与续订。

(一) 符合下列条件之一的,劳动合同即行终止:

1. 劳动合同期限届满;
2. 劳动者开始依法享受养老保险待遇或达到法定退休年龄的;
3. 劳动者死亡或被人民法院宣告失踪、死亡的;
4. 公司依法破产解散;
5. 公司被吊销营业执照、责令关闭撤销或决定提前解散的。

(二) 劳动合同期限届满前,公司应当提前30日将终止或续订劳动合同的意向书以书面形式通知职工,对于公司提出的续订劳动合同的意思表示,职工应在接到通知后10日内给予答复,逾期不答复的,视为不同意续订。经协商办理终止或续订劳动合同的手续。公司未提前通知职工而终止劳动合同的,应以职工上月日平均工资为标准,每延迟1日,支付职工1日工资的赔偿金。

(三) 职工符合《劳动合同法》第十四条第二款规定续订劳动合同的,除职工提出订立固定期限劳动合同外,公司应当与其续订无固定期限的劳动合同。

(四) 劳动合同期限届满后,由于公司方的原因未办理终止手续也未办理续订手续而形成事实劳动关系的,如果职工要求续订劳动合同的,应当续订劳动合同。双方就续订的劳动合同期限不一致的,续订的劳动合同期限从签字之日起不得少于1年。职工符合续订无固定期限的劳动合同的,公司应当与其签订无固定期限的劳动合同。职工要求解除劳动关系的,劳动合同即行解除。

(五) 职工患职业病或者因工负伤并被确认达到伤残等级,要求续订劳动合同的,公司应当与之续订劳动合同。

(六) 职工在规定的医疗期内或者女职工在孕期、产期、哺乳期内,劳动合同期限届满时,用人单位应当将劳动合同的期限顺延至医疗期、孕期、产期、哺乳期满为止。

(七) 在本公司连续工作满15年,且距法定退休年龄不足5年的,劳动合同期满,应顺延劳动合同至法定退休年龄。

第四章　职工在合同期内的保险福利待遇

第二十八条　公司按国家及本市的有关规定参加各种社会保险,并为职工缴纳社会保险费及代为扣缴职工个人应缴纳的社会保险费。

第二十九条　劳动合同期内,职工享有的工休、探亲、婚丧假待遇,按国家和本公司的规定执行。

第三十条　职工患职业病或因工负伤及女工孕、产、哺乳期的待遇,按国家和本公司的有关规定执行。

第三十一条　劳动合同期内,对患病或非因公负伤的职工,需要停止工作治病医疗时,根据本人实际参加工作年限和在本企业工作年限,给予3个月到24个月的医疗期,医疗期的病假以公司指定医疗机构的假条为凭。医疗期按劳部发〔1994〕479号文件执行。医疗期从病休第一天起开始累计计算。病休期间,公休假日、法定节日计算在内,具体办法见表1。

表1 医疗期长度一览表

实际工作年限	在本公司工作年限	医疗期长度	累计计算时间
10年以下	5年以下	3个月	6个月
	5年以上	6个月	12个月
10年以上	5年以下	6个月	12个月
	5年以上10年以下	9个月	15个月
	10年以上15年以下	12个月	18个月
	15年以上20年以下	18个月	24个月
	20年以上	24个月	30个月

职工病休1个月以上要求上班的,要由公司指定的医疗机构出具能坚持正常工作的证明。

对于患有特殊疾病(这里指癌症、精神病、瘫痪、其他重症传染病),医疗期内不能痊愈的职工,公司可以适当延长其医疗期,延长的期限最长不超过3个月。

第三十二条 职工在停工医疗期间内,其病假工资或疾病救济费标准为本市最低工资标准的90%。

第三十三条 停工医疗期满后,因不能坚持正常工作被解除劳动合同的职工,由企业发给职工相当于其6个月工资的医疗补助费,患重病的发给相当于其9个月工资的医疗补助费;患绝症的,发给其相当于其12个月工资的医疗补助费(劳部发〔1994〕481号文件)。

其中重病是指:精神病、瘫痪、肝炎及其他不适合本公司工作的传染病。

第三十四条 本公司实行标准工时制、综合计算工时工作制和不定时工作制。具体的人员范围由本公司另行规定。

第五章 赔偿与补偿

第三十五条 劳动合同一经签订就具有法律效力,任何一方违反合同都要承担违约责任,违约方要支付违约金。给对方造成经济损失的,根据其后果和责任大小,由责任方赔偿对方经济损失。

第三十六条 违约责任和经济补偿金的支付:

(一)凡公司出资培训的职工,都应与公司签订《服务期协议》,约定培训后的服务期限及服务期内双方的权利与义务,服务协议期限不得短于劳动合同未履行的期限,服务期如果长于合同未履行期限,则应变更原劳动合同的期限至服务期限届满为止。《服务期协议》应作为劳动合同的附件,与劳动合同产生同等法律效力。职工服务期未满离职的,应向职工支付违约金,违约金按下列方法支付:按服务期等分出资金额,以职工已履行的服务期递减支付。公式为：应支付的违约金＝(约定服务期－已履行的服务期限)×培训费/约定的服务期。其中，培训费包括：公司为员工支付的学费、书本费、差旅费等。

（二）与公司签有《竞业限制协议》的职工，在劳动关系消灭后，由公司按月支付竞业限制的经济补偿金，竞业限制的经济补偿金的月支付标准为：职工解除劳动合同前12个月的平均工资的50%。职工违反竞业限制规定的，应按竞业限制期限内经济补偿金总额的两倍向公司支付违约金，还应赔偿给公司造成的经济损失。

（三）解除劳动合同的经济补偿按《劳动合同法》及本市的有关规定执行。

（四）任何一方违反劳动合同规定给对方造成损失的，应承担赔偿责任。赔偿标准按国家及本市有关规定及合同的约定执行。

第六章 合 同 管 理

第三十七条 签订劳动合同后，公司以制定的考核实施细则及劳动合同和岗位协议书为依据对职工进行考核，把考核结果作为续签、解除劳动合同以及聘任行政和技术职务、工资待遇和奖惩的重要依据。

第三十八条 劳动合同双方因履行劳动合同发生争议，应协商解决。协商无效的，当事人可向本公司劳动争议调解委员会申请调解或向北京市东城区劳动争议仲裁委员会申请仲裁，对仲裁裁决不服的，可以向东城区人民法院起诉。

第七章 附 则

第三十九条 本细则未涉及部分按北京市实行劳动合同制有关规定执行。本文与公司原有关文件规定不符的以本文为准执行。

第四十条 本细则由人力资源部负责解释。

第四十一条 本细则自职工大会批准之日起施行。

第四十二条 本细则如有与国家、北京市有关规定相矛盾处，以国家和北京市的有关规定为准。

H公司
××年××月××日

三、实操演练

工作任务1-1

【背景材料】

C油田公司是中国石油天然气股份有限公司(以下简称股份公司)所属的地区性公司，公司目前主要从事油气勘探开发、集输及勘探开发研究等主营业务。C油田公司现有2 437名员工，其中专业技术人员385人，占员工总数的15.8%。其中，高级技术职称人员31人，中级职称技术人员216人，初级职称技术人员138人。从学历构成上看，博士12人，硕士15人，本科学历196人，专科学历的有205人，其余为高中及以下学历。从年龄结构上看，25岁以下的占36%，25~35岁的占39%，45岁以上的占25%。

【具体任务】

根据上述人员基本情况,参照劳动政策法规,拟定出《C油田公司劳动合同制实施细则》。具体要求如下:

1. 《C油田公司劳动合同制实施细则》中应体现对新老职工、不同岗位职工的不同政策。

2. 《C油田公司劳动合同制实施细则》中应体现公司的合同期限的种类及确定合同期限的具体方法。

3. 《C油田公司劳动合同制实施细则》应至少包括:总则,合同的签订,合同的内容,合同的变更、解除、终止,保险福利待遇,争议处理等内容。

学习任务二　劳动合同书的拟定

学习情境1-2

A公司的《劳动合同制实施细则》拟定后,要和职工签订劳动合同了,小陈又在考虑下面的问题:怎样签订劳动合同?是使用政府的劳动合同示范文本还是自己拟定本企业的劳动合同文本呢?一个完整的劳动合同文本应该包括哪些内容呢?

一、相关知识链接

(一) 签订劳动合同的主体

1. 一般主体劳动合同的签订

按《劳动合同法》的规定,建立劳动关系应当订立劳动合同。因此,凡是在劳动合同法适用范围内的用人单位和职工都要订立劳动合同。

从用人单位的角度说,按《劳动合同法》的规定,中华人民共和国境内的企业、个体经济组织、民办非企业单位等组织(以下简称用人单位)与劳动者建立劳动关系,订立、履行、变更、解除或者终止劳动合同,适用本法。国家机关、事业单位、社会团体和与其建立劳动关系的劳动者,订立、履行、变更、解除或者终止劳动合同,依照本法执行。因此,凡是用人单位招用劳动者都要与其签订劳动合同。

从劳动者的角度来说,只要劳动者与用人单位建立的是劳动关系,都要签订劳动合同。包括下列人员:用人单位的富余人员、放长假的职工;长期被外单位借用的人员、带薪上学人员以及其他非在岗但仍保持劳动关系的人员;请长病假的职工;原固定工中经批准的停薪留职人员,愿意回原单位继续工作的;派出到合资、参股单位的职工如果与原单位仍保持着劳动关系的等。这些人员有一个共同的特点,由于各种原因未在岗但与单位仍保持劳动关系,也应签订劳动合同,不过他们的劳动合同应与在岗职工不同,可通过专项协议就不在岗期间的权利与义务作出约定。

但用人单位对下列用工不用签订劳动合同:

(1) 用人单位使用的已达到法定退休年龄的职工。用人单位使用这些职工只需签订劳务协议即可。

(2) 用工单位使用的劳务派遣组织派出的劳务人员。按劳动合同法的相关规定,劳务派遣工由派遣单位与劳动者签订劳动合同,用工单位不用与之签订劳动合同。

(3) 用人单位使用的在校实习生。学生在学习期间毕业实习是教学环节的一个组成部分,实习期间与单位没有建立劳动关系,不用签订劳动合同。

(4) 用人单位使用的非全日制用工也不用签订书面劳动合同。按《劳动合同法》的规定,非全日制用工双方当事人可以订立口头协议,因此,不必签订书面劳动合同。

2. 各类特殊人员的劳动合同的签订

职工与用人单位签订劳动合同,这是毋庸置疑的,但说到具体的操作,一些特殊员工的劳动合同签订问题就显现出来了。

(1) 租赁经营、承包经营企业职工劳动合同的签订。

一般而言,企业租赁经营是指在所有权不变的条件下出租方将企业出租给承租方进行经营,承租方向出租方支付租金并对企业实行自主经营,在租赁关系终止时,返还所租财产的协议。企业承包经营是指企业的主管部门或国家授权单位与经营承包者之间,在保持企业所有制不变的基础上,按照所有权与经营权分离的原则,确定国家与企业的责权利关系,使企业做到自主经营、自负盈亏的协议。根据国务院颁布的《全民所有制工业企业承包经营责任制暂行条例》的规定,实行承包经营的企业是全民所有制工业企业。可见,租赁企业的租赁对象是企业资产;承包企业的承包对象是经营成果,两者均具有主体上的特殊性:合同一方是国家,一般由人民政府指定的有关部门来代表行使权利。而且一般合同的标的是企业的经营权,企业所有权并不发生转移,仍然属于国家。此外,合同主体之间关系具有双重性:承包方与发包方之间,既有行政隶属的上下级关系,又有合同的平等协商关系。

按照原劳动部《关于执行〈劳动法〉若干问题的意见》第十五条的规定:租赁经营(生产)、承包经营(生产)的企业,所有权并没有发生变化,法人名称未变,在与职工订立劳动合同时,该企业仍为用人单位一方。依据租赁合同或承包合同,租赁人、承包人如果作为该企业的法定代表人或者该法定代表人的授权委托人时,可代表该企业(用人单位)与劳动者订立劳动合同。所以,同劳动者签订劳动合同的用人单位还是原来的用人单位,即在租赁或承包之前同劳动者签订劳动合同的企业。但经授权,承包人或租赁人可以代表原企业与职工签订劳动合同。

(2) 厂长、经理等特殊人员劳动合同的签订。

厂长、经理、党委书记等人员有其特殊性,他们既是劳动者的一员,又是该企业的管理者、经营者。因此他们的劳动合同在签订上国家早有规定,根据原劳动部《实施〈劳动法〉中有关劳动合同问题的解答》(劳部发〔1995〕202号)的规定,经理由其上级部门聘任(委任)的,应与聘任(委任)部门签订劳动合同。实行公司制的经理和有关经营管理人员,应依据《中华人民共和国公司法》的规定与董事会签订劳动合同。企业党委书记作为劳动者,也应当签订劳动合同,但在订立劳动合同的方式上可采取党委书记和厂长、经理一起,与企业的上级主管部门签订劳动合同的方式来完成。原劳动部劳部发〔1996〕122号文规定,企业工会主席作为劳动者,同样应当与用人单位签订劳动合同。但考虑到劳动制度转轨时期的实际情况,在订立劳动合同的方式上,对尚未订立劳动合同的工会主席,可以和党委书记、厂长、经理一样,与企业的上级主管部门签订劳动合同。已经与企业订立劳动合同的工会主席,双方应继续履行劳动合同,不经本单位工会委员会和上级工会同意,企业不得解除劳动合同。

(二) 签订劳动合同的时间

用人单位应该在什么时候与劳动者签订劳动合同呢?《劳动合同法》第十条规定:"已建立劳动关系,未同时订立书面劳动合同的,应当自用工之日起一个月内订立书面劳动合同。""用人单位与劳动者在用工前订立劳动合同的,劳动关系自用工之日起建立。"

上述条款强制性地规定:单位在建立劳动关系之日起最迟应在"一个月"内订立书面劳动合同。因此,这实际上是有限度地放宽了订立劳动合同的时间要求,规定已建立劳动关系,未同时订立书面劳动合同的,如果在自用工之日起一个月内订立了书面劳动合同,其行为即不违法。实际上,根据法律规定可以看出,法律给了用人单位签订劳动合同的时间有三种选择:用工之前、用工之日、用工之日起一个月内。那么,什么时候是签订合同的最佳时间呢?笔者建议是用工之日。虽然用工之前也可以选择,但如果出现了情况变化,劳动合同关系该如何确定?法律并没有规定。而如果用工开始后才签订合同,此时劳动关系业已建立,万一双方对合同条款存在争执,不能达成一致,或员工故意拖延不订,那么单位就会比较被动。单位为了不至于拖过一个月,可能不得不接受较为不利的合同约定。此外,用工之后签订合同还存有一个弊端,即因工作差错可能会忘了签订合同,这种失误在现实中发生的频率很高。这将使管理不善的成本大大增加。

(三) 签订劳动合同的基本程序

1. 草拟劳动合同文本

在劳动合同签订之前首先要由一方拿出劳动合同文本。劳动合同文本的草拟一般是企业的事情,由企业人力资源部分管相关工作的人员负责。在实践中,各地劳动行政部门也有自己的劳动合同示范文本,用人单位也可以采用,但是,即使使用劳动合同示范文本,用人单位也要结合自己单位的实际将其细化。

2. 签发劳动合同通知书

签发劳动合同通知书,是向劳动者表明单位要签订劳动合同的意向及告知劳动者确定的劳动合同签订时间。如果不是用工之日一个月内签订劳动合同,而是用工之日签订劳动合同,这个通知书应在给员工发入职通知书时交给员工,并要求员工在回执上签字。

3. 双方协商

劳动合同文本只是用人单位一方单方面的意思表示,劳动合同中的所有内容均要与劳动者进行协商后确定,包括劳动合同期限、工作任务、劳动报酬、劳动条件等。协商的内容必须做到明示、清楚、具体、可行,充分表达双方的真实意愿和要求,经过讨论、研究,相互让步,最后达成一致意见。在双方协商一致后,协商即告结束。

4. 签字盖章

在认真审阅合同文书,确认没有分歧后,双方签字盖章。按《劳动合同法》的规定,劳动合同签字或盖章后生效,因此,作为用人单位,是选择签字还是盖章或是既签字又盖章,由单位自定。代表单位签字的应为用人单位的法定代表人或者其书面委托的代理人,切记,如果单位委托人力资源部相关人员签字的,一定要有书面的授权委托书。订立劳动合同可以约定生效时间。没有约定的,以当事人签字或盖章的时间为生效时间。当事人签字或者盖章时间不一致的,以最后一方签字或者盖章的时间为准。

(四) 劳动合同文本的选择与设计

公司要签订劳动合同了,首先遇到的问题就是使用哪种文本。目前在大多数地区,政府劳动行政部门都发布了劳动合同的示范文本。那么政府是不是一定要求企业使用示范文本呢?劳动合同示范文本是各地政府劳动行政部门为规范劳动合同制度,根据各地的一般情况而制定的文本,它只是起示范作用。其优点是框架完整、条款内容齐全;缺点是太原则。因为它是根据各地一般情况制定的,不可能详细具体。企业签订劳动合同时即使使用示范文本,也要结合本企业的具体情况将其细化。示范文本仅仅是示范文本,不是政府强制要求单位必须使用。但由于示范文本的上述优点,笔者建议各单位可以使用示范文本,但要在示范文本的框架下细化相应的内容。

(五) 劳动合同法定条款的设计

劳动合同的内容包括法定条款和约定条款。法定条款就是《劳动合同法》第十七条规定的九项内容,在设计劳动合同文本时应注意,法定条款一个都不能少;约定条款是否存在不影响劳动合同的效力,但建议用人单位结合本单位的情况和劳动者的情况选择约定条款,如初次录用的劳动者可以选择试用期条款,有保密义务的员工可以选择保密条款等。

1. 劳动合同期限的选择与条款设计

(1) 选择确定劳动合同期限的原则。

合理地确定劳动合同期限,对当事人双方来说都是至关重要的。但在实践中,很多用人单位在确定劳动合同期限问题上是没有什么依据的,是盲目、随意的,往往采用"一刀切"的做法,如与所有员工均签一年的劳动合同或都签五年的劳动合同等。这种做法的风险是很大的,因为《劳动合同法》的实施,使得用人单位在劳动合同期限问题上的风险增加,因此,要合理地确定劳动合同期限。确定劳动合同期限要坚持如下原则:

第一,有利于企业发展生产的原则。这是企业选择期限的最基本的原则。企业应当按照自身的生产经营的特点和规划对劳动用工进行合理安排,合同期限的选择均应与企业的生产经营规划紧密挂钩,使劳动合同期限服从、服务于企业生产经营的实际需要和长远发展。

第二,兼顾当事人双方利益的原则。在坚持有利于企业发展生产的原则下,要兼顾当事人双方的利益。因为订立劳动合同是企业和劳动者双方的事情,关系到双方的利益。确定劳动合同期限时,不能只强调企业的生产工作需要,也应当兼顾劳动者个人利益,尊重劳动者个人意愿。总之,当事人双方都应当处理好眼前利益和长远利益的关系,合理确定劳动合同的期限。

第三,三种劳动合同期限合理配置原则。法律规定的三种期限类型的劳动合同,各有优缺点,企业根据实际选择适用。固定期限的劳动合同是最常见的劳动合同,而对于技术复杂、保密性强、需要保持人员稳定的岗位最好签订无固定期限的劳动合同;而对于适宜采用以完成一定工作任务为期限的劳动合同,则应选择以完成一定工作任务为期限的劳动合同。

劳动合同期限由当事人双方协商确定，但若劳动者符合签订无固定期限劳动合同条件的，用人单位应当与之签订无固定期限的劳动合同。

对于用人单位难以确定工作时间的生产经营项目，用人单位可以选择以完成一定工作任务为期限的劳动合同。在实践中，通常有下列情形之一的，用人单位选择以完成一定工作任务为期限的劳动合同：① 完成单项工作任务的；② 以项目承包方式完成承包任务的；③ 因季节原因临时用工的劳动合同。以完成一定工作任务为期限的劳动合同，一定要约定工作任务完成的标准。

（2）确定劳动合同期限应考虑的因素。

确定劳动合同期限，除了考虑法律强制性规定的因素和企业自身的规划外，还应考虑下列因素：

第一，劳动者的年龄因素。单位与员工签订劳动合同时，所确定的劳动合同期限不得超过劳动者的法定退休年龄。有的单位与员工签订了固定期限的劳动合同，而期限又超过了法定的退休年龄，这就出现了劳动者达到了法定的退休年龄而劳动合同还未到期的情况。所以确定劳动合同期限时一定要注意年龄因素。

第二，劳动者的专业技术因素。对于劳动者的技术能力较强且与本单位相匹配的，可以选择无固定期限的劳动合同或期限较长的固定期限的劳动合同。

第三，劳动者的身体因素。确定劳动合同期限时，还要考虑劳动者体质的强弱，并考虑安排何种岗位，避免将身体较弱或不适应某种岗位的劳动者长期安排在同一岗位上，造成劳动合同履行的困难。

第四，法定的因素。为了保护劳动者的利益，劳动合同法对签订无固定期限的劳动合同作了特别规定。因此，如果劳动者符合法律规定的签订无固定期限的劳动合同的条件，应该与之签订无固定期限的劳动合同。

2. 工作内容和工作地点条款设计

工作内容是对劳动者从事的工作岗位、工作职责的要求，是劳动者应当履行劳动义务的主要内容，因此工作内容和工作岗位要明确。工作内容除了在劳动合同书中明确外，还可以签订专项岗位协议，在岗位协议中明确具体的指标。

对于工作地点，可以根据企业不同的性质、自身的发展及企业范围，灵活确定，可以定具体的、相对具体的或模糊的。一般情况下，范围宽泛相对比较有利。

3. 工作时间和休息休假

关于工作时间条款，要在劳动合同中明确职工实行的是哪种工时制度，即在标准工时制、不定时工作制、综合计算工时工作制中间进行选择。休息休假条款可以简单表述为：执行国家的各项休假制度及本单位的休假制度。

4. 劳动报酬条款设计

劳动报酬条款须写清劳动报酬的支付标准或计算方法、支付日期、支付周期、加班加点工资的支付方法等。

5. 社会保险条款设计

按《劳动法》和《社会保险法》的相关规定，用人单位和劳动者必须依法参加社会保险。由于社会保险是法定的，且缴费基数和比例都有法律或当地政府规定，所以这一条款设计时一语带过即可。比如，可以表述为：甲方按国家和本市有关规定为乙方办理各项社会保险，乙方应缴纳的各项社会保险费由甲方代扣代缴。

6. 劳动保护、劳动条件和职业危害防护条款设计

在我国,对于劳动保护、劳动条件,国家法律、法规规定是很多的。对于不同的行业、不同的工种,应该有哪些劳动条件?国家都有明确规定,企业只能执行国家的规定。因此,此条款只做一般约定,可以完全参照各地的劳动合同示范文本撰写即可。

(六) 签订劳动合同注意事项

1. 语言的表述要明确易懂,不要使用容易产生歧义的语言

如某企业与某些季节工所签订的劳动合同,期限为"开冻来,解冻走",这就是容易产生歧义的语言。劳动合同字句要准确、清楚、完整、明白易懂,不能用缩写、替代或含糊的文字表达,应尽量不使用容易产生歧义的语言。容易引起歧义的内容应增加注解,否则就可能在执行过程中产生误解或曲解,从而带来不必要的争议,给用人单位和劳动者双方造成损失,也为合同争议的处理带来困难。

2. 注意劳动合同的合法性

只有主体合法、内容合法、程序也合法的劳动合同才能受到国家的保护。

3. 劳动合同期限问题

劳动合同期限的长短可以由双方当事人协商确定,但如果劳动者符合签订无固定期限劳动合同的条件,劳动者又提出要签订无固定期限的劳动合同,用人单位应当与其签订无固定期限的劳动合同。

4. 注意劳动合同的有效性

劳动者一方一定要求本人签字,未经授权,他人不得代签。用人单位一方,要有法定代表人的签字或单位公章。

5. 不得收取抵押金(物)、保证金等

签订劳动合同时单位不得以任何借口收取抵押金(物)、保证金等。

6. 合同内容可简可繁,订立时要因人、因地、因事而异

要结合实际,因为法律的规定是就全局而言的,用人单位和劳动者应根据具体情形,在不违背法律规定的前提下,由当事人协商确定具体条款。特别是容易产生争议的内容,要规定得详细、具体一些。

二、业务示例

示范文本

业务示例 1-2　固定期限的劳动合同

编号：_____

劳 动 合 同 书

（固定期限）

甲方：_____

乙方：_____

签订日期：____年____月____日

北京市劳动和社会保障局监制

根据《中华人民共和国劳动法》《中华人民共和国劳动合同法》和有关法律、法规,甲乙双方经平等自愿、协商一致签订本合同,共同遵守本合同所列条款。

一、劳动合同双方当事人基本情况

第一条　甲方_____
法定代表人(主要负责人)或委托代理人_____
注册地址_____
经营地址_____
第二条　乙方_____性别_____
户籍类型(非农业、农业)_____
居民身份证号码_____
或者其他有效证件名称_____证件号码_____
在甲方工作起始时间____年____月____日
家庭住址_____邮政编码_____
在京居住地址_____邮政编码_____
户口所在地_____省(市)_____区(县)_____街道(乡镇)

二、劳动合同期限

第三条　本合同为固定期限劳动合同。
本合同于____年____月____日生效,其中试用期至____年____月____日止。本合同于____年____月____日终止。

三、工作内容和工作地点

第四条　乙方同意根据甲方工作需要,担任_____
_____岗位(工种)工作。
第五条　根据甲方的岗位(工种)作业特点,乙方的工作区域或工作地点为_____
_____。
第六条　乙方工作应达到_____
_____标准。

四、工作时间和休息休假

第七条　甲方安排乙方执行_____工时制度。
执行标准工时制度的,乙方每天工作时间不超过8小时,每周工作不超过40小时。每周休息日为_____。
甲方安排乙方执行综合计算工时工作制度或者不定时工作制度的,应当事先取得劳动行政部门特殊工时制度的行政许可决定。
第八条　甲方对乙方实行的休假制度有_____。

五、劳动报酬

第九条　甲方每月____日前以货币形式支付乙方工资,月工资为_____元或按_____

_____
_____
执行。
　　乙方在试用期期间的工资为_____元。
　　甲乙双方对工资的其他约定：_____
_____。
　　第十条　甲方生产工作任务不足使乙方待工的,甲方支付乙方的月生活费为_____元或按_____执行。

六、社会保险及其他保险福利待遇
　　第十一条　甲乙双方按国家和北京市的规定参加社会保险。甲方为乙方办理有关社会保险手续,并承担相应社会保险义务。
　　第十二条　乙方患病或非因工负伤的医疗待遇按国家、北京市有关规定执行。甲方按_____支付乙方病假工资。
　　第十三条　乙方患职业病或因工负伤的待遇按国家和北京市的有关规定执行。
　　第十四条　甲方为乙方提供以下福利待遇_____
_____
_____。

七、劳动保护、劳动条件和职业危害防护
　　第十五条　甲方根据生产岗位的需要,按照国家有关劳动安全、卫生的规定为乙方配备必要的安全防护措施,发放必要的劳动保护用品。
　　第十六条　甲方根据国家有关法律、法规,建立安全生产制度；乙方应当严格遵守甲方的劳动安全制度,严禁违章作业,防止劳动过程中的事故,减少职业危害。
　　第十七条　甲方应当建立、健全职业病防治责任制度,加强对职业病防治的管理,提高职业病防治水平。

八、劳动合同的解除、终止和经济补偿
　　第十八条　甲乙双方解除、终止、续订劳动合同应当依照《中华人民共和国劳动合同法》和国家及北京市有关规定执行。
　　第十九条　甲方应当在解除或者终止本合同时,为乙方出具解除或者终止劳动合同的证明,并在十五日内为乙方办理档案和社会保险关系转移手续。
　　第二十条　乙方应当按照双方约定,办理工作交接。应当支付经济补偿的,在办理工作交接时支付。

九、当事人约定的其他内容
　　第二十一条　甲乙双方约定本合同增加以下内容：
_____
_____
_____
_____

_____
_____
_____。

十、劳动争议处理及其他

  第二十二条 双方因履行本合同发生争议,当事人可以向甲方劳动争议调解委员会申请调解;调解不成的,可以向劳动争议仲裁委员会申请仲裁。

  当事人一方也可以直接向劳动争议仲裁委员会申请仲裁。

  第二十三条 本合同的附件如下_____
_____
_____。

  第二十四条 本合同未尽事宜或与今后国家、北京市有关规定相悖的,按有关规定执行。

  第二十五条 本合同一式两份,甲乙双方各执一份。

甲方(公章)   乙方(签字或盖章)

法定代表人(主要负责人)或委托代理人
(签字或盖章)

              签订日期: 年 月 日

示范文本

业务示例1-3　无固定期限的劳动合同

编号：_____

劳 动 合 同 书

（无固定期限）

甲方：_____
乙方：_____

签订日期：____年____月____日

北京市劳动和社会保障局监制

根据《中华人民共和国劳动法》《中华人民共和国劳动合同法》和有关法律、法规，甲乙双方经平等自愿、协商一致签订本合同，共同遵守本合同所列条款。

一、劳动合同双方当事人基本情况

第一条　甲方_____
法定代表人(主要负责人)或委托代理人_____
注册地址_____
经营地址_____
第二条　乙方_____性别_____
户籍类型(非农业、农业)_____
居民身份证号码_____
或者其他有效证件名称_____证件号码_____
在甲方工作起始时间____年____月____日
家庭住址_____邮政编码_____
在京居住地址_____邮政编码_____
户口所在地_____省(市)_____区(县)_____街道(乡镇)

二、劳动合同期限

第三条　本合同为无固定期限劳动合同。
本合同于____年____月____日生效，其中试用期至____年____月____日止。

三、工作内容和工作地点

第四条　乙方同意根据甲方工作需要，担任_____
_____岗位(工种)工作。
第五条　根据甲方的岗位(工种)作业特点，乙方的工作区域或工作地点为
_____。
第六条　乙方工作应达到_____
_____
_____标准。

四、工作时间和休息休假

第七条　甲方安排乙方执行_____工时制度。
执行标准工时制度的，乙方每天工作时间不超过8小时，每周工作不超过40小时。每周休息日为_____。
甲方安排乙方执行综合计算工时工作制度或者不定时工作制度的，应当事先取得劳动行政部门特殊工时制度的行政许可决定。
第八条　甲方对乙方实行的休假制度有_____
_____。

五、劳动报酬

第九条　甲方每月____日前以货币形式支付乙方工资，月工资为_____元或按_____

_____执行。
    乙方在试用期期间的工资为_____元。
    甲乙双方对工资的其他约定：_____。
    第十条 甲方生产工作任务不足使乙方待工的,甲方支付乙方的月生活费为_____
_____元或按_____执行。

六、社会保险及其他保险福利待遇

第十一条 甲乙双方按国家和北京市的规定参加社会保险。甲方为乙方办理有关社会保险手续,并承担相应社会保险义务。

第十二条 乙方患病或非因工负伤的医疗待遇按国家、北京市有关规定执行。甲方按_____支付乙方病假工资。

第十三条 乙方患职业病或因工负伤的待遇按国家和北京市的有关规定执行。

第十四条 甲方为乙方提供以下福利待遇_____
_____
_____
_____。

七、劳动保护、劳动条件和职业危害防护

第十五条 甲方根据生产岗位的需要,按照国家有关劳动安全、卫生的规定为乙方配备必要的安全防护措施,发放必要的劳动保护用品。

第十六条 甲方根据国家有关法律、法规,建立安全生产制度;乙方应当严格遵守甲方的劳动安全制度,严禁违章作业,防止劳动过程中的事故,减少职业危害。

第十七条 甲方应当建立、健全职业病防治责任制度,加强对职业病防治的管理,提高职业病防治水平。

八、劳动合同的解除、终止和经济补偿

第十八条 甲乙双方解除、终止劳动合同应当依照《中华人民共和国劳动合同法》和国家及北京市有关规定执行。

第十九条 甲方应当在解除或者终止本合同时,为乙方出具解除或者终止劳动合同的证明,并在十五日内为乙方办理档案和社会保险关系转移手续。

第二十条 乙方应当按照双方约定,办理工作交接。应当支付经济补偿的,在办理工作交接时支付。

九、当事人约定的其他内容

第二十一条 甲乙双方约定本合同增加以下内容:
_____
_____
_____
_____

_____。

十、劳动争议处理及其他

第二十二条　双方因履行本合同发生争议,当事人可以向甲方劳动争议调解委员会申请调解;调解不成的,可以向劳动争议仲裁委员会申请仲裁。

当事人一方也可以直接向劳动争议仲裁委员会申请仲裁。

第二十三条　本合同的附件如下_____
_____。

第二十四条　本合同未尽事宜或与今后国家、北京市有关规定相悖的,按有关规定执行。

第二十五条　本合同一式两份,甲乙双方各执一份。

甲方(公章)　　　　　　　　　　　　　　　乙方(签字或盖章)

法定代表人(主要负责人)或委托代理人
(签字或盖章)

　　　　　　　　　　　　　　　　　　　　签订日期:　　年　　月　　日

业务示例1-4　以完成一定工作任务为期限的劳动合同

示范文本

编号：_____

劳 动 合 同 书

（以完成一定工作任务为期限）

甲方：_____
乙方：_____
　　　　　　签订日期：____年____月____日

北京市劳动和社会保障局监制

根据《中华人民共和国劳动法》《中华人民共和国劳动合同法》和有关法律、法规,甲乙双方经平等自愿、协商一致签订本合同,共同遵守本合同所列条款。

一、劳动合同双方当事人基本情况

第一条　甲方_____

法定代表人(主要负责人)或委托代理人_____

注册地址_____

经营地址_____

第二条　乙方_____ 性别_____

户籍类型(非农业、农业)_____

居民身份证号码_____

或者其他有效证件名称_____ 证件号码_____

在甲方工作起始时间____年____月____日

家庭住址_____ 邮政编码_____

在京居住地址_____ 邮政编码_____

户口所在地_____省(市)_____区(县)_____街道(乡镇)

二、劳动合同期限

第三条　本合同为以完成一定工作任务为期限的劳动合同。

本合同于____年____月____日生效,本合同于_____

_____工作完成时终止。

三、工作内容和工作地点

第四条　乙方同意根据甲方工作需要,担任_____

_____岗位(工种)工作。

第五条　根据甲方的岗位(工种)作业特点,乙方的工作区域或工作地点为_____。

第六条　乙方工作应达到_____

_____标准。

四、工作时间和休息休假

第七条　甲方安排乙方执行_____工时制度。

执行标准工时制度的,乙方每天工作时间不超过8小时,每周工作不超过40小时。每周休息日为_____。

甲方安排乙方执行综合计算工时工作制度或者不定时工作制度的,应当事先取得劳动行政部门特殊工时制度的行政许可决定。

第八条　甲方对乙方实行的休假制度有_____

_____。

五、劳动报酬

第九条　甲方每月____日前以货币形式支付乙方工资,月工资为_____元或按

_____
_____
执行。
　　甲乙双方对工资的其他约定：_____
_____。
　　第十条　甲方生产工作任务不足使乙方待工的,甲方支付乙方的月生活费为_____元或按_____执行。

六、社会保险及其他保险福利待遇
　　第十一条　甲乙双方按国家和北京市的规定参加社会保险。甲方为乙方办理有关社会保险手续,并承担相应社会保险义务。
　　第十二条　乙方患病或非因工负伤的医疗待遇按国家、北京市有关规定执行。甲方按_____
_____
支付乙方病假工资。
　　第十三条　乙方患职业病或因工负伤的待遇按国家和北京市的有关规定执行。
　　第十四条　甲方为乙方提供以下福利待遇_____
_____
_____
_____。

七、劳动保护、劳动条件和职业危害防护
　　第十五条　甲方根据生产岗位的需要,按照国家有关劳动安全、卫生的规定为乙方配备必要的安全防护措施,发放必要的劳动保护用品。
　　第十六条　甲方根据国家有关法律、法规,建立安全生产制度;乙方应当严格遵守甲方的劳动安全制度,严禁违章作业,防止劳动过程中的事故,减少职业危害。
　　第十七条　甲方应当建立、健全职业病防治责任制度,加强对职业病防治的管理,提高职业病防治水平。

八、劳动合同的解除、终止和经济补偿
　　第十八条　甲乙双方解除、终止劳动合同应当依照《中华人民共和国劳动合同法》和国家及北京市有关规定执行。
　　第十九条　甲方应当在解除或者终止本合同时,为乙方出具解除或者终止劳动合同的证明,并在十五日内为乙方办理档案和社会保险关系转移手续。
　　第二十条　乙方应当按照双方约定,办理工作交接。应当支付经济补偿的,在办理工作交接时支付。

九、当事人约定的其他内容
　　第二十一条　甲乙双方约定本合同增加以下内容：

_____
_____
_____
_____
_____。

十、劳动争议处理及其他

第二十二条　双方因履行本合同发生争议,当事人可以向甲方劳动争议调解委员会申请调解;调解不成的,可以向劳动争议仲裁委员会申请仲裁。

当事人一方也可以直接向劳动争议仲裁委员会申请仲裁。

第二十三条　本合同的附件如下_____
_____
_____。

第二十四条　本合同未尽事宜或与今后国家、北京市有关规定相悖的,按有关规定执行。

第二十五条　本合同一式两份,甲乙双方各执一份。

甲方(公章)　　　　　　　　　　　　　　乙方(签字或盖章)

法定代表人(主要负责人)或委托代理人
(签字或盖章)

　　　　　　　　　　　　　　　　签订日期:　　年　　月　　日

三、实操演练

> **工作任务1-2**
>
> 【背景材料】
> 同工作任务1-1。
>
> 【具体任务】
> 张宏是C公司新入职的应届大学毕业生,请以北京市的劳动合同示范文本为框架,为其拟定一份劳动合同书,并设计签订劳动合同的程序。劳动合同书要与《细则》的精神相一致。

学习任务三 各类专项协议的拟定

> **学习情境1-3**
>
> 小段是A公司的技术员,公司打算送他去国外脱产学习半年,现在有两个问题困扰着公司:一是担心小段学习完后跳槽;二是小段在培训期间工资该如何支付?该怎样保护双方的合法权益呢?

一、相关知识链接

(一) 专项协议的概念及作用

所谓专项协议,是指劳动关系双方当事人在劳动合同的订立和履行过程中,为明确特定时期、特殊情况、特定事项的权利和义务而签订的协议。专项协议可以在订立劳动合同时协商确定,也可以在劳动合同履行期间为满足主客观情况变化的需要而订立。前者通常包括保守企业商业秘密协议、竞业限制协议、补充保险协议、岗位协议书、聘任协议书等;后者通常适用于劳动合同履行过程中,出现一些特殊情况,使得劳动合同的正常履行受到影响,如员工长休病假、员工培训学习等情况。在这些情况出现时,就要专门拟定协议,就特殊情况作出特殊约定,这就是专项协议。这种专项协议签订后,就作为劳动合同的附件,和劳动合同产生同等法律效力。与劳动合同相比,法律并未强制规定企业必须就商业秘密保护、专项技能培训、竞业限制等问题专门签署相关协议。在用工实践中,企业签署专项协议的积极性却往往胜过签订劳动合同,原因在于这些协议的签订对维护企业合法权益直接,也更为必要。由此也可以看出专项协议的作用,即明确特殊时期、特殊情况、特定事项的双方权利义务。

在实践中,企业常见的专项协议有医疗期协议、服务期协议、保密协议、竞业限制协议等。有的单位还有岗位协议,就劳动合同中应当约定的劳动者的工作内容作出约定。这种岗位协议是就特定事项约定的双方的权利与义务,也是专项协议。

(二) 专项协议拟定的原则

1. 统一原则

专项协议既然作为劳动合同的附件,就应与劳动合同统一起来,即专项协议的内容必须与劳动合同的内容统一,不能矛盾。

2. 具体原则

专项协议概念中的三个特定,实际上对专项协议的内容提出了具体的要求,专项协议必须就特定情况下的具体权利与义务作出规定,内容必须具体明确。

3. 合法原则

关于专项协议的内容,除符合法律的一般规定外,还要符合特别规定。有些专项协议的内容在相关法律中有特别规定,如《劳动合同法》中对服务期协议和竞业限制协议均有相应的规定,双方在签订这类协议时不得违反。

(三) 常见的专项协议

1. 培训服务期协议

培训服务期协议,也叫培训协议或服务期协议,是用人单位与员工双方约定的由用人单位提供专项技能培训,劳动者同意在一定时期(服务期)内为用人单位提供劳动并可约定违约金的协议。

(1) 服务期的含义。

服务期是指劳动者因接受用人单位提供的特殊待遇——提供专项培训费用、进行专业技术培训而承诺必须为用人单位服务的期限。劳动者违反服务期约定,应向用人单位支付违约金。因此服务期的作用主要是为了避免员工在享受了特殊待遇——专项培训后任意离职而给用人单位造成损失。

服务期与劳动合同期限不是一个法律概念。服务期只有在符合法律规定的情况下才能约定,而劳动合同期限是任何一个劳动合同都具有的。劳动合同期限是劳动关系双方当事人约定的劳动关系存续期限,但在此期限内双方尤其是劳动者可以提前解除劳动合同,不用支付用人单位违约金;如果是服务期,劳动者不能提前解除,否则要支付用人单位违约金。

(2) 服务期与劳动合同期限的联系。

服务期是以当事人双方劳动关系的存在为前提的,如果双方不存在劳动关系,那么谈不上有服务期的约定。劳动合同中的服务期条款或双方另行约定的专项协议,均是劳动合同的组成部分,是对劳动合同的补充,与劳动合同具有同等法律效力。用人单位和劳动者对服务期的约定,应考虑劳动合同的相关规定。

在实践中,如果服务期长于劳动合同期限,在劳动合同期满后,用人单位放弃对剩余服务期要求的,劳动合同可以终止,但用人单位不得追索劳动者服务期的赔偿责任。但是,如果用人单位继续要求劳动者履行服务期呢?这里就出现了劳动合同期限满了,而服务期尚未满的情况,以哪个为准呢?《劳动合同法实施条例》第十七条规定:劳动合同期满,但是用人单位与劳动者依照《劳动合同法》第二十二条的规定约定的服务期尚未到期的,劳动合同应当续延至服务期满;双方另有约定的,从其约定。也就是说,双方无约定,以服务期为准,有约定的,按双方的约定办理。

(3) 约定服务期的条件。

《劳动合同法》第二十二条规定：用人单位为劳动者提供专项培训费用，对其进行专业技术培训的，可以与该劳动者订立协议，约定服务期。劳动者违反服务期约定的，应当按照约定向用人单位支付违约金。违约金的数额不得超过用人单位提供的培训费用。用人单位要求劳动者支付的违约金不得超过服务期尚未履行部分所应分摊的培训费用。用人单位与劳动者约定服务期的，不影响按正常的工资调整机制提高劳动者在服务期期间的劳动报酬。

按《劳动合同法》的规定，只有用人单位为劳动者提供专项培训费用，对其进行专业技术培训的，才可以与劳动者签订服务期协议。用人单位特别要注意这里的专项培训的适用范围，不包括用人单位为劳动者提供的正常的职业培训。按照劳动法的相关规定，用人单位应当有计划地对劳动者进行职业培训，并按本单位职工工资总额的一定比例提取和使用职业培训经费。因此，对劳动者进行必要的职业培训是用人单位的义务，如用人单位对劳动者进行的安全卫生培训、技术工种的上岗培训以及提高职工岗位素质培训、入职培训、轮岗培训、调整岗位后进行的培训均不应认为是用人单位提供了专项培训费用。这部分培训费用不得作为用人单位与劳动者约定服务期的条件。

至于什么是专业技术培训，劳动合同法未就此作出明确规定，还需配套的法律、法规和相关解释加以明确。但是在实践中，企业可以将"专业技术培训"与"专项培训费用"结合起来。如对特定的营销人员进行的营销技巧的实战培训、对特定管理人员的 MBA 教育等，这里的培训，一是与其所从事的专业有关，二是不是所有的从事此项工作的人都有这项培训，只是特定的人员。基于此，就可以认定用人单位对劳动者进行了专项培训，就可以约定服务期了。

（4）服务期的期限。

《劳动合同法》未对服务期的年限作出规定，因此，服务期年限由双方协商确定。但是，约定服务期年限应注意：一是要体现公平合理的原则，用人单位不得滥用权力，比如，某用人单位为某 HR 提供了 4 000 元供其参加高级人力资源管理师的培训，但约定劳动者要为用人单位服务 20 年，这种约定显失公平。二是约定的服务期较长的，用人单位应按正常的工资调整机制，提高劳动者在服务期内的劳动报酬。

（5）培训费与违约金的数额约定。

法律将违约金的数额限制在不得超过培训费用的范围内。因此，培训费用究竟可以包括哪些内容，就值得管理者予以关注。

按《劳动合同法实施条例》第十六条的规定，培训费用包括用人单位为了对劳动者进行专业技术培训而支付的有凭证的培训费用、培训期间的差旅费用以及因培训产生的用于该劳动者的其他直接费用。这里的培训费用应该理解为用人单位为员工培训而支出的相关费用，包括培训费、交通费、住宿费、教材费等。在此意义上理解，培训费应不包括单位支付给劳动者的工资，因此，单位在职工脱产学习期间，应调整其工资支付标准，如只发生活费等。

违约金约定多少虽然没有明确规定，但实际上法律已经给出了一个原则，即不得超过用人单位提供的培训费用，也不允许约定劳动者任何时候离职培训费均全额返还，要按照服务期分摊培训费用。

（6）服务期协议的内容。

服务期协议，往往是和培训协议联系在一起的，所以也可称之为培训服务期协议，其主要内容应为职工和用人单位在职工培训期间的权利与义务以及职工培训后为企业服务期的义务作出规定。其主要内容包括：培训期限及方式；培训地点；培训内容；双方在培训期间的权利与义务；培训费用的负担；违约责任；培训结果的考核验收；培训后的服务期限。

培训期限及方式根据不同的情况有所不同，有的是脱产培训，有的是不脱产培训，因而培训期限的长短也不同。培训内容应是与其所从事的和将要从事的工作有关的，对于培训内容要尽可能的具体约定。至于双方培训期间的权利与义务主要是指：员工培训的具体要求、培训期间的工资、福利待遇、单位对员工培训的监督管理责任等。培训费用，有的是由用人单位全额负担，有的是由用人单位和员工各负担一定的比例。关于培训费用的支付时间，有的单位采取先由员工垫付，后由单位报销的形式，而且对于培训费用的报销设置条件，如果员工没有达到约定的条件，用人单位可以不予报销。如有的用人单位约定，培训费用先由员工垫付，经考核合格，拿到合格证书后回企业报销。至于采用什么方式，由企业与员工在培训服务期协议中具体约定。至于违约金数额，在不高于相关的培训费用的基础上，由双方协商确定，但要符合法定的原则，即违约金的数额不得超过服务期尚未履行部分分摊的费用。

由于《劳动合同法》将违约金的数额与培训费用直接挂钩，而培训费用的举证责任在用人单位，因此，关于培训费用的相关证据，用人单位应在各个环节加以注意。培训过程中，应特别注意留存培训费用的相关支付凭证，对发票、收据等进行规范管理，标注清楚。培训后的考核验收，主要是用人单位要求提交培训小结、合格证、结业证等。

也有的单位专门签订服务期协议，而不叫培训服务期协议。如果是专门的服务期协议的话，那就只约定服务期限、违约责任等主要条款即可。

（7）签订服务期协议的注意事项。

第一，企业在与员工签订培训协议时要注意写清培训名称、培训的具体起止时间、培训后服务期限的起止时间也要清楚，特别是起始时间，起始时间可以始于培训期间，也可以始于培训结束后，根据具体情况确定。

第二，对于员工个人原因中途退学要有明确的违约责任。

第三，对于培训期间的待遇要明确，包括培训期间的补贴、工资福利、保险等。要特别注意：在培训协议中写明培训费包括什么费用，不包括什么费用，以防在员工违约时引起争议。要明确在培训期间的住宿标准、交通费等。要注意较长时间的培训（如超过一年）是否有探亲假和年休假等，如有规定要写明。

第四，要写明根据时间长短培训结束后或培训期间对于员工本人要有一个评价，本人要写学习总结，在学习期间定期向单位汇报学习情况，培训结束后要有个人总结。

第五，对于重要的培训，在培训结束后要注明企业根据考核有权调整工作的权限或给予有关职位。

第六，对于服务期限要明确标明，特别是参加了多次培训要应用有关数学公式将培训服务期限写明，要注意累加计算问题。另外，根据国家有关培训服务期限的规定培训费用是逐年递减的。

第七，违约责任要明确，如要求职工支付的培训费用包括哪些，按照什么标准分摊培训费用等。

第八，注意培训协议与公司有关具体规定是否有相悖之处及如何处理等，如果协议中的有关约定与规章制度相悖，职工愿意适用协议规定的，一般适用协议规定。

2. 医疗期协议

(1) 医疗期的含义。

根据原劳动部《企业职工患病或非因工负伤医疗期规定》第二条规定,医疗期是指企业职工因患病或非因工负伤停止工作治病休息不得解除劳动合同的时限。根据国家相关法律,主要通过职工实际参加工作年限以及在本单位的工作年限作为确定医疗期的依据。

还要注意医疗期与病假的区别。两者的区别主要在于性质不同,病假是一个生理概念,是人体在患病后所自然需要的休息时间;医疗期是一个法律概念,由法律确定的劳动者可以享受的期限。病假的时间长短根据病情确定,病重则休假时间长;医疗期的标准则由法律确定,对具体疾病因素考虑较少。病假与劳动关系的存续密切相关,只有存在劳动关系才需要请病假;医疗期与劳动关系的解除密切相关。医疗期其实是建立在病假基础上,当员工病假期限短于医疗期时,不得解除劳动合同;当病假期限长于医疗期时,用人单位有权解除劳动合同。

(2) 医疗期协议。

前已述及,医疗期是职工患病或非因工负伤停止工作治病休息单位不得解除劳动合同的时间,主要是职工因病或非因工负伤不能工作的休息时间。那么在这段休息时间内,劳动合同不能正常履行,双方的权利义务该如何确定,就需要通过一个协议来约定,这就是医疗期协议。什么人要签订医疗期协议呢?是否只要员工有证据表明身体患病即可享受医疗期?答案是否定的。感冒、高血压、糖尿病、抑郁症、椎间盘突出甚至打呼噜都是病,而且病情总在变化之中。如果只要患病就可以享受医疗期,即意味着:员工拿着任何休一天或两天的假条,就可享受3个月甚至24个月的医疗期,这很显然不符合立法本意。所以,是否能享受医疗期待遇要看病情的严重程度。因此,许多用人单位均规定只有严重的病,需要休息多少天以上的,才能享受医疗期待遇,才要签订医疗期协议。如果是感冒、发烧这种几天就可以恢复的,不能进入医疗期。所以,不是所有的员工生病都要签医疗期协议,签订医疗期协议的目的是约定员工病休期间双方的权利与义务。因为在员工病休期间,劳动合同会暂时中止,权利义务会有变化,所以要签订医疗期协议。

(3) 医疗期的计算。

在实践中,员工病休有两种情况:一种是连续病休,另一种是间断病休。员工如果连续休医疗期,则连续计算医疗期直至期满,自然不会存在问题。但更多的时候,员工断断续续会产生一些病假,此种情形应如何计算医疗期呢?如果间断休医疗期,则可累计计算医疗期。根据原劳动部《关于发布〈企业职工患病或非因工负伤医疗期的规定〉的通知》(劳部发〔1994〕479号)第四条规定,医疗期从职工病休第一天起开始累加计算,医疗期3个月的按6个月内累计病休时间计算;6个月的按12个月内累计病休时间计算;9个月的按15个月内累计病休时间计算;12个月的按18个月内累计病休时间计算;18个月的按24个月内累计病休时间计算;24个月的按30个月内累计病休时间计算。

(4) 医疗期协议的内容。

一般而言,医疗期协议的内容主要是就医疗期的长短以及双方在医疗期内的权利与义务作出规定。其主要内容包括:协议期限;甲乙双方的权利与义务;其他事项,如医疗期满后的处理问题、再上岗问题等。

特别要注意的是,职工在病休期间能不能从事有收入的活动,也应在医疗期协议中作出约定。实务中,伤病休假员工往往会利用休假闲暇从事兼职活动,企业是否可以干预？伤病休假的员工依然还是企业的员工,所以仍然需要遵守企业的各项规章制度。根据原劳动部、国务院经贸办、卫生部、国家工商局、全国总工会《关于加强企业伤病长休职工管理工作的通知》(劳险字〔1992〕14号)规定,伤病休假职工不得从事有收入的活动。机关、事业单位、社会团体和企业不得聘用伤病休假职工。对利用伤病假从事有收入活动的职工,要停止其伤病保险待遇,不予报销医疗费,并限期返回单位复工。实务中,对于休病假的员工从事其他有收入的活动,可以责令其改正,如果拒不改正的,可以作为严重违纪解除劳动合同。因此,这项内容也应在医疗期协议中作出约定。

3. 保密协议与竞业限制协议

(1) 商业秘密与保密协议、竞业限制协议。

按照我国《反不正当竞争法》的规定,商业秘密(Business Secret)是指不为公众所知悉、能为权利人带来经济利益,具有实用性并经权利人采取保密措施的技术信息和经营信息。因此商业秘密包括两部分：技术信息和经营信息。如管理方法、产销策略、客户名单、货源情报等经营信息;生产配方、工艺流程、技术诀窍、设计图纸等技术信息。

对于商业秘密的保护,很多单位是通过规章制度来规定的,即在规章制度中规定员工有保密的义务,如若违反,要承担相应的责任。但是再完善的保密制度,也只能约束单位内部的在职员工,对于人才流出后的职工却无约束力。因此,很多单位通过与员工订立保密协议或竞业限制协议来保护其商业秘密。但是实践中,有些用人单位和劳动者往往会在一份协议中同时约定保守商业秘密和竞业限制义务,比如订立一份保密及竞业限制协议,这常导致人们产生一种模糊的认识,认为保密协议和竞业限制协议没有什么区别,两者是一回事,实际上两者是不同的法律概念。

保密协议是指用人单位针对知悉企业商业秘密的劳动者签订的要求劳动者保守用人单位商业秘密和与知识产权相关的保密事项的协议。竞业限制协议是指用人单位与劳动者约定在解除或者终止劳动合同后一定期限内,劳动者不得到与本单位生产或者经营同类产品、从事同类业务的有竞争关系的其他用人单位任职,或者自己开业生产或是经营同类产品,从事同类业务的书面协议。

从以上两者的概念可以看出,竞业限制是保密的一种手段,通过订立竞业限制协议,可以减少商业秘密被泄露的概率;保密是竞业限制的目的,竞业限制主要是为了督促离职后的员工并采取一定的手段强制其履行保密的义务,从而保护用人单位的合法权益。但是保密协议和竞业限制协议也有明显的区别：① 保密义务一般是法律的直接规定或劳动合同的附随义务,不管用人单位与劳动者是否另外签订保密协议,劳动者均有保守商业秘密的义务,这是劳动者对用人单位的忠诚义务,如果因为泄密给用人单位造成损失,劳动者得赔偿用人单位的损失;而竞业限制是基于用人单位与劳动者的约定产生,没有约定就无须承担竞业限制义务。② 劳动者承担保密的义务仅限于保密,并不限制劳动者的就业权;而竞业限制义务在一定范围、地域和期限内限制了劳动者的就业。③ 劳动者履行保密义务的期限较长,只要商业秘密存在,劳动者的保密义务就存在;而竞业限制期限较短,按照《劳动合同法》第二十四条规定,在解除或者终止劳动合同后,竞业限制期限最长不超过2年。④ 在对价补偿上,员工承担保密义务不需要支付保密费;而对于离职后履行竞业限制的劳动者,用人单位则须支付竞业限制补偿费。

对于竞业限制的内容,可以包含在保密协议中,也可以单独签订竞业限制协议来加以确定。

(2) 保密协议的内容。

一份完整的保密协议应当包括以下内容：

第一，商业秘密的范围：应在合同中明确界定哪些信息或技术属于商业秘密，不宜笼统地将所有的信息或技术都约定为商业秘密，造成操作中的不便。

第二，保密措施：企业采取了哪些措施来保护自己的商业秘密。

第三，保密义务和泄密行为：明确规定员工应当负有保护本企业商业秘密的义务，不得做出有损于该义务的行为。确定了保密义务以后，应确定员工的哪些行为属于泄密行为。宜采用列举和概括相结合的方法，对泄密行为作出详尽的规定。

第四，保密待遇：我国的现行法律法规并没有对承担保密义务的员工是否给予保密费用或保密待遇作出明确规定。因此，企业可以根据本单位的经济实力和实际情况决定是否给予保密待遇。我们认为，适当支付保密费用，一定程度上有助于提高员工保密的积极性，也符合权利义务相一致的原则。保密费用属于津贴的一种，属于工资的一个组成部分。

第五，保密期限：员工承担保密义务的具体期限，离职后是否还要员工保守商业秘密以及保密的期限。

第六，脱密期约定：企业可以和员工约定，当员工单方面要求解除劳动合同的提前通知期（最长不得超过 6 个月）。在此期间，企业可以采取相应的脱密措施，如调整其工作岗位，变更劳动合同的相关内容。

第七，与保密有关的其他事项：例如，是否限制员工在职期间的兼职活动；在职期间是否能在与本公司有业务往来的企业或公司担任股东等。

第八，违约责任：如员工违反了保密义务，泄露了用人单位的商业秘密，应如何承担违约责任。

第九，其他条款：如保密协议的有效期限；随着工作岗位的调整，保密协议是否相应变更等内容。

(3) 竞业限制协议的内容。

所谓竞业限制，是指用人单位与劳动者约定在解除或者终止劳动合同后一定期限内，劳动者不得到与本单位生产或者经营同类产品、从事同类业务的有竞争关系的其他用人单位任职，或者自己开业生产或者经营同类产品。竞业限制是基于诚实信用原则而产生的劳动者的基本职业道德要求，也是世界各国在法律及实践中广泛采取的做法。竞业限制的实质是限制员工的就业、经营范围，以达到保护用人单位商业秘密的目的。

对负有保密义务的劳动者，用人单位可以在劳动合同或者保密协议中与劳动者约定竞业限制条款，一份完备的竞业限制协议一般应当包括如下内容：

第一，竞业限制的人员范围：限于用人单位的高级管理人员、高级技术人员和其他负有保密义务的人员，实际上限于知悉用人单位商业秘密和核心技术的人员，并不适用于每个劳动者。签订竞业限制协议的职工范围应当是确实掌握了单位商业秘密的相当层次的管理人员和技术人员。但对于董事、经理则不需另外约定，因为根据公司法的规定，竞业限制是他们法定的义务。

第二，竞业限制的地域范围：竞业限制协议限制了劳动者的就业权，因此不能任意扩大竞业限制的范围。原则上，竞业限制的范围、地域，应当以能够与用人单位形成实际竞争关系的地域为限。

第三,竞业限制期限:根据《劳动合同法》的规定,竞业限制的期限不得超过两年。

第四,竞业限制补偿:竞业限制限制了劳动者的劳动权利。由于受到协议的限制,劳动者的就业范围大幅缩小,甚至于失业,因此对劳动者进行补偿成为必要。法律没有规定补偿的具体标准,实践中多是由用人单位与劳动者协商确定。于2013年2月1日实施的最高人民法院《关于审理劳动争议案件适用法律若干问题的解释(四)》对竞业限制的补偿金做了原则的规定,规定:"当事人在劳动合同或者保密协议中约定了竞业限制,但未约定解除或者终止劳动合同后给予劳动者经济补偿,劳动者履行了竞业限制义务,要求用人单位按照劳动者在劳动合同解除或者终止前十二个月平均工资的30%按月支付经济补偿的,人民法院应予支持。""前款规定的月平均工资的30%低于劳动合同履行地最低工资标准的,按照劳动合同履行地最低工资标准支付。"至于竞业限制性补偿金的支付,要严格按照法律规定:一是支付时间,即解除或终止劳动合同后;二是支付方式为按月支付。

第五,违约责任:约定劳动者违反竞业限制协议应当承担的违约责任。法律没有对违约金的标准作出规定,可由用人单位与劳动者协商确定。

二、业务示例

业务示例1-5　培训服务期协议样本

员工培训服务期协议

甲方:

法定代表人或主要负责人:

地址:　　　　　　　联系电话:

乙方:　　　　　　　身份证号码:

住址:　　　　　　　联系电话:

为提高员工的基本素质及职业技能,公司鼓励并支持员工参加公司组织、举办的在职培训。为确保员工圆满完成培训学业,并按时返回公司工作,根据《劳动合同法》等有关规定,甲乙双方在平等互惠、协商一致的基础上达成如下协议,以共同遵守。

第一条　培训协议前提

甲方按照本协议第四条的约定出资支持乙方参加培训;

乙方参加培训后,应保证在甲方继续工作＿＿＿＿＿＿年以上。

(一)甲乙双方已经签订的劳动合同期限在本协议约定的日期前届满的,则该劳动合同将自动延期,直至本协议约定的期限为止。

(二)甲乙双方已经签订的劳动合同期限在本协议约定的日期后届满的,则依照劳动合同的约定履行。

第二条　培训服务事项

甲方根据工作需要,出资为乙方提供　　　　脱产培训:

(一)培训地点:

(二)培训时间:本培训为期　　　　(天/月/年),自　　年　　月　　日至　　年　　月　　日止。

第三条　培训服务费用

甲方为乙方此次专业技术培训提供专项培训费用共计_____元人民币。

（一）培训费用项目：学杂费、教材费、住宿费、交通费、伙食费等；

（二）培训费用总计：按实际发生费用统计；

（三）其他费用：乙方在培训期间的个人生活支出费用由乙方自己承担。

第四条　培训期间的工资及待遇

乙方的学习培训时间计入工作时间之内，按在甲方连续工龄累计。乙方的培训时间视为正常出勤，如果培训机构在公休日和法定节日安排培训课程的，不属加班。甲方按照乙方正常出勤时间支付工资。

（一）工资：发放标准为该员工或该岗位去年平均工资的70%；

（二）保险：按甲方统一规定标准执行；

（三）培训期间的年度内不享受年休假及探亲假待遇；

（四）其他福利待遇：按甲方统一规定标准执行。

第五条　甲方责任与义务

（一）及时向乙方支付约定范围内的各项培训费用；

（二）向乙方提供必要的服务和帮助；

（三）在培训期间，做好培训指导、监督、协调和服务工作；

（四）保证在乙方完成培训任务后，安排其适合的工作岗位或职务，并给予相应的工资待遇（可明确）；

（五）甲方有权利根据公司经营状况，自主决定乙方的培训进程；

（六）甲方有权根据乙方的阶段性培训效果来决定乙方的培训进程，对培训效果不良的，有权立即终止本协议。

第六条　乙方责任与义务

（一）按照本协议约定要求甲方支付相关培训费用；

（二）尽勤勉义务，完成培训目标任务；

（三）培训期服从管理、服从甲方各项安排；

（四）培训期内定期（每隔____日）与甲方沟通，汇报学习情况；

（五）自觉遵守培训单位的各项政策、制度与规定，维护甲方形象；

（六）培训期结束后，继续在甲方工作，服从甲方分配，胜任_____工作岗位（或职务），继续服务期限依照本协议第一条第二款的规定。

第七条　乙方的违约责任

乙方违反本协议的约定，应承担违约责任

（一）在培训期结束时，未能按照甲方要求完成培训目标任务，乙方应向甲方返还本协议第二条项下的全部培训费用；

（二）在培训期内违反了甲方和培训单位的管理和规定，按甲方和培训单位奖惩规定执行；若损坏甲方形象和利益，造成了一定经济损失，乙方应补偿甲方全部经济损失；若因培训机构遣返或者要求甲方召回乙方的，甲方有权要求乙方返还甲方为此实际支出的全部培训费用；

(三)培训期内自行提出中止培训或解除培训协议或解除劳动合同,乙方应向甲方返还甲方为此实际支出的全部培训费用;

(四)培训期结束回到甲方工作后,未达到本协议约定的期限的,乙方应向甲方支付违约金,违约金=培训费×(约定的服务期年限—已服务年限/约定服务期年限);

(五)乙方违反本协议规定可能引起的一切法律责任,由乙方自行承担,由此给甲方带来经济损失的,乙方负责赔偿。

第八条　协议的终止和解除

双方协商一致,可以变更、提前终止或解除本协议。

甲方因经营状况或者经营方针的变更等,可以随时终止或者解除本协议。

因乙方存在下述行为的,甲方可以单方终止或解除本协议:

(一)培训期内,乙方的阶段性培训成绩有不合格现象或者有其他情形表明乙方不适合继续该项培训的;

(二)培训期内,乙方因违反培训单位的管理规定,受到培训单位的处分、遣返或者培训单位要求甲方召回乙方的;

(三)培训期内,乙方有违法或非法行为的;

(四)乙方为损害甲方利益行为的。

其他导致本协议终止或解除的情形。

第九条　其他

(一)未尽事宜,双方可另作约定;

(二)本协议一式两份,自双方签字盖章之日起生效,双方各执一份,具有同等法律效力。

甲方:　　　　　　　　　　　　　　　　　　乙方:

法定代表人:

　年　　月　　日　　　　　　　　　　　　　　年　　月　　日

业务示例1-6　医疗期协议样本

医疗期协议书

甲方(用人单位全称):＿＿＿＿＿＿＿＿＿＿

住址:＿＿＿＿＿＿＿＿＿＿＿

法定代表人:＿＿＿＿＿电话:＿＿＿＿＿

乙方:＿＿＿＿＿性别:＿＿＿＿居民身份证:＿＿＿＿＿＿＿＿

常住地址:＿＿＿＿＿＿＿＿＿＿邮编:＿＿＿＿＿

电话:＿＿＿＿＿

根据《中华人民共和国劳动合同法》《中华人民共和国劳动法》、原劳动部《企业职工患病或非因工负伤医疗期规定》(简称《规定》)及其他相关规定,经甲、乙双方协商一致,签订本协议。

第一条　乙方提供基本医疗定点医院就医证明患有＿＿＿＿＿病,需停止工作治病休息。

第二条　乙方实际参加工作年限为：_____年,本单位工作年限为：_____年,符合下列第(　　)选项：

(一) 连续治病休息,医疗期为_____个月。自病休之日____年____月____日起开始计算,节假日按病休计算。

(二) 医疗期_____个月,从____年____月____日起按_____月内累计病休时间计算。在规定的时间内累计病休时间(制度工作日)达到规定医疗期时限的视为医疗期满。

第三条　甲方的权利与义务

(一) 负责支付乙方在病休期间治病所需的符合国家及甲方规定的医疗费用。

(二) 按国家有关规定支付乙方病假工资或疾病救济费。

(三) 乙方有下列情形之一的,甲方有权即时解除本协议并解除劳动合同：

1. 乙方在病休期间另谋职业的；
2. 乙方在病休期间从事各种有收入的活动的；
3. 乙方违法犯罪,被有关机关拘留、劳动教养或被判刑的；
4. 乙方提供虚假医疗证明的。

第四条　乙方的权利与义务

(一) 有权享受医疗期。

(二) 有权要求甲方按国家有关规定支付病假工资或疾病救济费,双方约定乙方的病假工资或疾病救济费为北京市最低工资标准的80%,医疗期内乙方不享受除病假工资外的其他工资性收入和福利待遇。

(三) 有权要求甲方按国家有关规定报销规定的医疗费用。

(四) 在医疗期内,乙方须按甲方要求提供乙方基本医疗定点医院的相关诊断证明及假条,逾期不交的,公司将视为其医疗终结即医疗期满,医疗期满或医疗终结时劳动合同未到期的,乙方应到岗上班,如未经批准不到岗上班的,甲方将按照旷工处理。

(五) 病休期间,必须严格遵守国家的各项法律、法规和有关规定,不违法乱纪。

(六) 乙方在病休期间应安心养病,不得在病休期间从事有偿活动。

(七) 在享受甲方规定的医疗期内,要按照医疗部门的意见安心治疗,争取尽快恢复回到原工作岗位。

第五条　乙方在医疗期内或医疗期满后,凭医院证明,可以上岗试工,试工期为一个月,试工合格后,方可恢复各项正常工作和各种待遇。

医疗期满后,仍不能坚持正常工作的,按劳动合同的有关规定办理。

第六条　本协议未尽事宜,凡属国家有规定的,按有关规定办理,凡属国家没有规定的,甲乙双方可协商修订补充。

第七条　本协议一式两份,甲乙双方各执一份,自签订之日起生效。

甲方(盖章)　　　　　　　　　　　　　　　　　乙方(签字盖章)

法定代表人(签字盖章)
　　年　　月　　日　　　　　　　　　　　　　　年　　月　　日

业务示例1-7　保密协议样本

员工保密协议

甲方：_____

乙方：_____

签订时间：_____

签订地点：_____

员工保密协议

甲方：_____
乙方：_____　身份证号码：_____

鉴于乙方在甲方任职，工作中将接触并知悉甲方商业秘密，为了有效保护甲方的商业秘密，明确乙方的保密义务，根据《合同法》《劳动合同法》《反不正当竞争法》等有关法律法规，甲、乙双方本着平等、自愿、公平和诚实信用的原则签订本保密协议。

第一条　本协议提及的"商业秘密"指不为公众知悉，能为权利人带来经济利益，具有实用性，并经权利人采取保密措施的技术信息和经营信息。该商业秘密既包括甲方及其关联公司所有或持有的商业秘密，也包括虽属于第三方所有或持有，但甲方负有保密义务的商业秘密。

技术信息包括但不限于：技术方案、工程设计、电路设计、制造方法、配方、工艺流程、制作方法、操作方法、控制方法、测试方法、技术指标、计算机软件、数据库、研究开发记录、技术报告、检测报告、实验数据、试验结果、图纸、样品、样机、模型、模具、操作手册、技术文档、相关的函电等。

经营信息包括但不限于：管理诀窍、客户名单、货源情报、产销策略、生产成本、负债情况、重大诉讼、谈判底线、标底及标书内容、行销计划、发展战略、采购资料、定价政策、财务资料等。

第二条　本协议中所称的任职期间，以乙方与甲方签订的书面劳动合同所约定的期间为准；没有签订书面劳动合同的，以实际形成劳动关系的期间为准。任职期间包括乙方在正常工作时间以外加班的时间，而无论加班场所是否在甲方工作场所内。

本协议中所称的离职包括但不限于劳动合同期满、退休、调动、辞职、辞退、自动离职、除名等。

第三条　按照法律规定，乙方在甲方任职期间，因履行职务、承担甲方交给的任务或者主要是利用甲方的物质技术条件、业务信息等产生的商业秘密归甲方所有。

一切记录着甲方商业秘密的文件、资料、图表、笔记、报告、信件、传真、磁带、磁盘、仪器以及其他任何形式的载体，属甲方资产，均归甲方所有。

第四条　乙方在甲方任职期间，由于工作关系，知悉甲方的商业秘密，因此乙方应履行以下义务：

（一）遵守甲方制定的任何成文的和其他形式的保密规章、制度，履行与其工作岗位相应的保密职责。甲方的保密规章、制度没有规定或者规定不明确之处，乙方亦应本着谨慎、诚实的态度，采取必要、合理的措施，保持甲方商业秘密的秘密性。

（二）不到与甲方生产同类产品、经营同类业务或与甲方有竞争关系的其他用人单位兼职，也不组建或参与组建、参股这样的单位，但事先取得甲方书面同意的除外。

（三）未经甲方同意，不以泄露、告知、公布、发布、出版、传授或者其他方式使任何第三方（包括按照保密规章、制度规定不得知悉该项秘密的甲方其他职员）知悉甲方的商业秘密，也不在履行职务之外使用、许可或转让上述商业秘密；不非法使用任何属于他人的商业秘密。

（四）离职时，应将本协议第三条所述的甲方资产归还甲方，并将记载于自有载体上的商业秘密立即删除；不能删除的，应当立即销毁或无条件移交给甲方，同时向甲方书面保证已经全部归还或销毁上述资料及其他载体。

第五条　无论乙方因何种原因离职，乙方离职之后仍对其在甲方任职期间接触、知悉的甲方商业秘密承担如同任职期间一样的保密义务。

第六条　乙方离职后承担保密义务的期限为下列第____种（没有作出选择的，视为无限期保密）：

（一）无限期保密，直至甲方宣布解密或者秘密信息实际上已经公开；

（二）有限期保密，保密期限自离职之日起，至____年____月____日止。

第七条　根据乙方涉密程度，在乙方离职前双方协商确定是否签订竞业限制协议。该竞业限制协议另行签订。

第八条　乙方若违反本协议约定保密义务，甲方有权采取以下措施：

（一）根据乙方所造成的后果轻重分别采取调离涉密岗位、解除劳动合同等处置措施。

（二）乙方违约行为构成犯罪的，提请有关机关依法追究乙方刑事责任。

（三）乙方违约行为造成甲方经济损失的，甲方在采取上述处理措施的同时，有权要求乙方对实际损失进行赔偿。

第九条　双方因履行本协议发生争议的，可向甲方所在地劳动仲裁机构申请仲裁或向人民法院提起诉讼。

第十条　双方一致同意对本协议补充、修改时，以书面方式签订补充或变更协议。

第十一条　双方确认，在签署本协议前已仔细审阅过协议的内容，并完全了解协议各条款的法律含义。

第十二条　本协议一式两份，甲乙双方各执一份，具有同等法律效力，自甲方签字盖章、乙方签字后生效。

甲方（盖章）：　　　　　　　　　　　　　　乙方（签名）：
法定代表人：
　　　年　月　日　　　　　　　　　　　　　　　　　年　月　日

业务示例1-8 竞业限制协议样本

竞业限制协议

甲方(用人单位)名称：_____

法定代表人：_____

地址：_____

乙方(劳动者)姓名：_____ 性别：_____

出生年月：_____ 民族：_____ 文化程度：_____

常住户口所在地及地址：_____

身份证号码：_____

鉴于乙方已经知悉甲方的商业秘密和与知识产权相关的保密事项,防止出现针对甲方的不正当竞争行为,保护甲方的合法权益以及乙方合理流动的权利,依据《中华人民共和国劳动法》《中华人民共和国劳动合同法》《中华人民共和国反不正当竞争法》及其他相关法律、法规和规章的规定,本着合法、公平、平等自愿、协商一致、诚实信用的原则,订立本协议。

第一条 竞业限制范围、期限：

(一)乙方承诺,未经甲方同意,乙方在职期间不得在_____范围、_____地域,生产或经营与甲方同类产品、业务或者为他人生产或经营与甲方同类产品、业务。

(二)不论因何种原因,甲、乙双方劳动关系解除或终止后,____年内,从____年____月____日至____年____月____日止,乙方不得在_____范围、_____地域到与甲方生产或经营同类产品、从事同类业务的有竞争关系的其他用人单位,或者自己开业生产或者经营同类产品、从事同类业务。

第二条 补偿标准：

双方劳动合同解除或终止后,在竞业限制期间甲方给予乙方一定的经济补偿,具体标准为_____。补偿费按月支付,由甲方通过银行向乙方支付。

第三条 违约责任：

(一)乙方违反本协议第一条约定的,应当承担违约责任,一次性向甲方支付违约金,违约金数额为_____元。如果违约金不足以弥补甲方所受的实际损失的,甲方保留向乙方追偿实际损失的权利。

(二)甲方不履行本协议第二条义务,拒绝支付乙方的竞业限制补偿费的(甲方无正当理由,延迟支付该到期补偿费超过一个月,或者甲方支付该到期补偿费的数额不足本协议约定数额的,即可视为拒绝支付),甲方应当一次性向乙方支付违约金_____元。

第四条 有下列情形之一的,本协议终止：

(一)乙方所掌握的甲方重要商业秘密和与知识产权相关的保密事项已经公开,而且由于该公开致乙方对甲方的竞争优势已无重要影响；

(二)甲方不履行本协议第二条的义务,拒绝向乙方支付竞业限制补偿费的；

(三)甲方法人(或者其他组织)终止,又没有承受其权利义务的人；

(四)甲乙双方协商一致,可以终止本协议。

第五条 甲、乙双方约定的其他事项。

第六条 争议处理及其他:

(一)甲、乙双方因履行本协议而发生争议均可依法申请仲裁,提起诉讼。

(二)本合同一式两份,甲乙双方各执一份。

甲方(单位盖章): 乙方(签名或盖章):

法定代表人(委托代理人)签名或盖章:

　　年　　月　　日 　　年　　月　　日

三、实操演练

工作任务 1-3

【背景材料】

同工作任务 1-1。

【具体任务】

以公司的高级工程师为例,拟定一份竞业限制协议。

工作任务 1-4

【背景材料】

王一是 E 公司的销售人员,2005 年参加工作,到 2013 年 5 月底在 A 公司工作了 8 年。2013 年 6 月 1 日被医院诊断为白血病,需要住院治疗,E 公司要与其签订一份医疗期协议。

【具体任务】

请为 E 公司拟定一份医疗期协议。

学习任务四 员工试用期管理

学习情境 1-4

王先生经层层面试,被一家公司录用。经双方协商,公司与王先生签订了为期 3 年的劳动合同,其中约定试用期为 3 个月。

然而,劳动合同履行不到 2 个月,这家公司因经营战略调整,忽然决定裁员。包括王先生在内的许多公司新进人员,均被列入了裁员名单。当公司正

> 式将裁员决定通知王先生时,王先生提出,公司应补偿他2个月的工资,理由是公司先提出解除劳动合同但没有提前30日通知他,应支付一个月工资的代通知金。此外,公司在试用期无理由辞退他属于违法解除,应支付双倍的经济补偿金作为赔偿。对于王先生的要求,公司当场予以拒绝,认为公司在试用期有权随时解除劳动合同,且无需支付补偿金。王先生因此将公司诉至劳动仲裁,最后裁决的结果是公司败诉。公司不理解:解雇试用期内的员工还要理由吗?还要赔偿吗?

一、相关知识链接

(一) 试用期的概念

试用期是指用人单位和劳动者双方相互了解、确定对方是否符合自己的招聘条件或求职条件而约定的不超过6个月的考察期。在劳动合同中约定试用期,一方面可以维护用人单位的利益,为每个工作岗位找到合适的劳动者;另一方面,可以维护新招收职工的利益,使被录用的职工有时间考察了解用人单位的工作内容、劳动条件、劳动报酬等是否符合劳动合同的规定。在劳动合同中规定试用期,既是订立劳动合同双方当事人的权利与义务,同时也为劳动合同其他条款的履行提供了保障。

(二) 试用期规则

实践中,滥用试用期侵犯劳动者权益的现象比较普遍,包括什么样的劳动岗位需要约定试用期、约定多长的试用期、以什么作为参照设定试用期等,实践中比较混乱。用人单位通常不管是什么性质、多长期限的工作岗位,也不管有没有必要约定试用期,一律约定试用期。滥用试用期的现象主要存在于用人单位。为了避免用人单位滥用试用期,法律上做了如下规定:

(1) 不是所有劳动合同都可约定试用期。为遏制用人单位短期用工现象,法律规定以完成一定工作任务为期限的劳动合同或者劳动合同期限不满3个月的,不得约定试用期。

(2) 限定能够约定试用期的固定期限劳动合同的最短期限,并且规定劳动合同期限短的,试用期也要相应的短。针对用人单位不分情况,一律将试用期约定为6个月的情况,《劳动合同法》做了完善的规定,具体规定是:劳动合同期限在3个月以上的,可以约定试用期。也就是说固定期限劳动合同能够约定试用期的最低起点是3个月。劳动合同期限1年以上不满3年的,试用期不得超过2个月;3年以上固定期限和无固定期限的劳动合同试用期不得超过6个月。

(3) 同一用人单位与同一劳动者只能约定一次试用期。

(4) 劳动合同只约定试用期或试用期限与劳动合同期限相同的,试用期不成立,该期限即为劳动合同期限。

(三) 试用期违法的法律责任

用人单位违反本法规定与劳动者约定试用期的,由劳动行政部门责令改正;违法约定的试用期已经履行的,由用人单位以劳动者试用期满月工资为标准,按已经履行的超过法定试用期的期间向劳动者支付赔偿金。单位违法约定试用期的表现主要有：约定的试用期超过了法律规定的最高时限;同一单位与劳动者约定超过了两次的试用期;劳动合同仅约定试用期或试用期限与劳动合同期限相同;以完成一定工作任务为期限的劳动合同和不满 3 个月的劳动合同约定了试用期。

(四) 试用期管理的内容

随着人才流动性的加大,新员工在一个企业工作的平均时间也趋于缩短。对于企业而言,在有限的时间内发现并留住需要的人才,员工试用期管理是关键。

1. 试用期管理的目的

(1) 验证并确认员工的能力及相关条件是否真正符合公司的要求,测算招聘工作的效能指标并改进招聘管理工作的不足之处;

(2) 及时发现不合格员工,及早进入第二轮招聘,控制不必要的成本支出并为该员工重新找工作创造条件;

(3) 通过管理、培训让合格员工全面了解公司文化、管理风格、工作内容和工作路径,基本能够独立上岗操作并达到公司岗位要求。

2. 试用期管理的内容

(1) 制定单位的试用期管理办法：试用期管理办法是单位进行试用期管理的依据,这项制度包括适用试用期的范围、试用期管理的主体、录用条件的明确、试用期考核的主体和流程、考核结果的使用等。

(2) 对试用期员工的工作按录用条件进行考核：要按办法规定的考核主体和流程对试用期内的员工进行考核。

(3) 对试用期员工的管理不仅是考核,还要有行为管理和情绪管理。新员工由于对单位不熟悉,对单位的许多规定和文化不了解,因此,单位要通过观察和必要的干预,使员工能接受和了解单位的文化和行为准则。另外,新员工,特别是刚毕业的学生在试用期中很容易受到外界因素的影响,导致情绪低落,作为管理者,要及时发现并帮助其树立信心。

3. 试用期管理的注意事项

(1) 书面约定试用期的工作内容、工作目标、工作职责、考核时间、考核指标和办法以及考核结论将要导致的后果,双方签字确认。书面的好处在于严肃、正规,给员工以明确的工作方向和目的,并能成为解决纠纷的证据。

(2) 工作管理。管理的松紧程度和节奏要基本如一,工作的安排要尽可能覆盖所要验证的能力范围,使员工能力在各个方面得到具体的体现,有问题及时提出并帮助分析原因,找出解决办法,做得好时要及时予以鼓励和支持。

(3) 行为管理。通过观察和必要的干预,考察员工的品性和自控能力,使员工能了解并接受公司的文化和行为准则,明白什么样的行为公司是禁止的,什么样的行为公司是认可并倡导的,逐渐引导员工融入团队当中,不要发现问题不予指出,专等员工不符合条件的行为出现而解除合同,单位的这种"守株待兔"的行为是不可取的。

(4) 考核管理。上级和人力资源部门要按约定及时进行考核沟通,考核要实事求是、客观公正,对结论双方进行核实确认并签字。

二、业务示例

业务示例1-9 试用期管理制度
员工试用期管理办法

为准确把握新进员工的专业能力、技术水平、职业素养以及思想动态,帮助新进员工有效地融入集团公司,充分发挥其工作潜能,弥补其缺陷和不足,打造适合集团公司经营发展需要的团队,特制定本办法。

一、试用期管理的目的

(一)考核新进员工专业能力和综合素质,确认新进员工与岗位的匹配度。

(二)促进新进员工与企业的相互了解,帮助新进员工更快更好地融入企业。

二、试用期期限及薪酬待遇

(一)新进员工原则上都应设定试用期。新进员工试用期期限根据集团需要、岗位要求、员工本人情况,在不违反相关法律法规的前提下进行设定。

(二)员工试用期薪酬由集团公司与应聘人员协商确定,原则上试用期薪酬不低于员工月薪的80%。

(三)员工的试用期福利根据集团相关福利规定执行。

三、试用期管理

员工在试用期期间应严格遵守公司相关规章制度,对试用期员工的日常管理依据公司《员工手册》及相关规定执行。

四、试用期考核

1. 考核组织及周期

(1)部门主管及以下职位员工试用期期间由员工直接领导(或同事)、部门领导及集团公司人力资源部负责对其进行考核。

部门副职及以上职位员工试用期期间由集团人力资源部、总裁室分管领导及董事会负责对其进行考核。

(2)员工试用期考核按月度,每月一次。每月20日前(含20日)入职员工当月考核,20日后入职员工次月开始考核。

2. 考核办法与形式

(1)员工试用期考核分为工作计划考核和综合评估两类。

(2)工作计划考核为集团人力资源部组织的由试用期员工部门相关领导参加的考核,每月进行一次,其考核结果将作为综合评估相关项目以及员工试用期转正决策的依据。

每月25日(入职当月在员工入职当天),由人力资源部发放员工试用期月度工作计划及考核表给员工直接领导,启动员工工作计划考核。试用期员工在每月28日前根据岗位安排及领导要求,编排次月工作计划及指标,经直接领导及分管领导确认后执行(入职当月由直接领导编排)。次月25日前根据工作计划核定完成情况,并由员工所属职级考核组织对其进行评价。

(3) 综合评估为集团人力资源部组织的由试用期员工所在职级考核组织相关人员共同参加的考核,每月进行一次,其考核结果将作为员工试用期转正决策的关键依据。

每月25日由人力资源部组织员工所在职级考核组织相关人员,根据综合评估表相关内容对员工当月工作计划完成情况进行考核。并于30日前汇总考核成绩,由员工直接领导对员工进行反馈,并提出改进意见。

(4) 员工工作计划考核表及综合评估表,由员工直接上级汇总至集团人力资源部统一归档。日后作为员工转正(或辞退)的依据。

3. 考核结果处理

(1) 员工试用期内两次以上出现未完成核定的工作计划情况的,视为不胜任岗位要求,集团可据此进行辞退处理。有特殊情况的,可酌情延长试用期,但最长不得超过相关法律法规的规定。

(2) 在全面完成计划工作的前提下,员工试用期内综合评估最终得分低于70分的,视为不胜任岗位要求,集团可据此进行辞退处理。

根据该员工"能力指标"与"态度指标"得分,在双方协商一致情况下,可酌情考虑为该员工转岗。

根据该员工"能力指标"与"态度指标"得分,结合合同约定试用期限可酌情延长试用期,但不得超过相关法律法规的规定。

(3) 在全面完成计划工作的前提下,员工试用期内综合评估最终得分70分及以上的,视为胜任岗位要求予以转正。

(4) 在全面完成计划工作的前提下,员工试用期内综合评估最终得分95分及以上的,可纳入集团重点培养人才队伍。

4. 考核面谈

员工在试用期结束前15日内,由集团人力资源部组织有关人员进行试用期考核面谈,面谈内容应包括:

(1) 试用期内的工作心得,对所在岗位工作开展、所在部门工作以及集团工作的意见和建议;

(2) 对所属部门同事、领导的意见和评价;

(3) 对集团企业文化建设和团队建设的意见和建议。

考核面谈由集团人力资源部形成书面记录并由面谈当事人签字确认后作为保密资料保存。

五、试用期转正

试用期员工在试用期满前15日,向集团人力资源部递交试用期转正审批表。人力资源部会同员工职级所在考核组织相关人员针对员工试用期表现,提出是否转正意见。经集团相关领导批准后决定是否转正。

六、附则

(1) 本办法由集团人力资源部负责解释和修订。
(2) 本办法经集团总裁室批准、职代会审议通过后实施。

附件：
- 试用期月度工作计划考核表（略）
- 试用期综合评估表（及说明）
- 试用期转正申请表
- 试用期考核面谈记录表（略）

评估表使用指导说明

1. 使用说明

《试用期综合评估表》适用于集团内部管理岗位试用期内员工。

2. 指标说明

(1) 评估一级指标分为工作业绩指标、工作态度指标与工作能力指标三大类，分别占 50 分、25 分、25 分。
- "工作业绩指标"有四个二级指标，每个指标二级权重为 25%；
- "工作态度指标"有四个二级指标，每个指标二级权重为 25%；
- "工作能力指标"有五个二级指标，每个指标二级权重为 20%。

(2) 每个二级指标分为：优秀、良好、合格、待提高、较差五个档次，评估者根据被评价对象在过去一个月的实际业绩选择相应的档次进行客观评估。

3. 评估者

评估参与者分为三个层级，分别根据员工职级所在的考核组织确定评估者，在同一指标的评分权重是 30%、50%、20%。其中：

(1) 部门主管及以上职位员工：
  A：直接领导（或同事）评估：30%；
  B：部门领导评估：50%；
  C：人力资源部评估：20%。

(2) 部门副职及以上职位员工：
  A：总裁室分管领导：30%；
  B：董事会：50%；
  C：人力资源部：20%。

4. 计算公式

二级指标综合得分 ＝ A 级得分 × 30% ＋ B 级评分 × 50% ＋ C 级评分 × 20%

一级指标综合得分 ＝ $\sum$ 二级指标(M_n × 二级权重分)

    （M 为二级指标综合得分，$M \leqslant 5$，$n \leqslant 5$）

月度评估综合得分 ＝ 业绩考核指标 × 50% ＋ 能力考核指标 × 25% ＋ 态度考核指标 × 25%

试用期最终得分 = $\sum$ 月度评估综合得分$(N_1+N_2+\cdots N_6)/N$，(N 为试用期月数，$N\leq 6$)

试用期第_____月份综合评估表(1)

部门：_____ 姓名：_____ 职务：_____

评价模块	具体项目	评分标准					得分
		90~100分 优秀	80~89分 良好	70~79分 合格	60~69分 待提高	60分以下 较差	
工作业绩 50%	工作数量	任务超额完成	任务完成	任务完成90%及以上	任务完成80%及以上	任务完成80%以下	
	工作质量	高质量完成	无质量问题	有较少质量问题	有较多质量问题，但不影响产出	存在严重质量问题	
	工作难度	任务难度非常高	任务难度高	任务难度较高	任务有一定难度	简单的常规工作	
	工作方法	善于提出新思路与建议	能够提出新思路与建议	偶尔出个新思路与建议	难得提出新思路和建议	缺乏改善意思	
工作态度 25%	积极性	长期学习业务知识；经常承担很多额外任务	主动学习；承担较多额外任务	偶尔学习；承担一般额外任务	被动学习；很少主动承担额外任务	从不学习；拒绝承担额外事务	
	协作性	主动协助同事出色地完成工作	能够保持良好的合作关系，协助完成工作	根据同事的请求能够提供一般协助	不能积极协作同事，团队完成任务质量较差	拒绝协助，影响同事工作	
	纪律性	当月无任何违纪现象，并能主动要求他人遵守纪律，出勤率达到100%	当月无违纪现象，出勤率达到100%	基本能够遵守工作规定和标准，有1次违纪现象，出勤率达到99%	纪律性不强，有违纪现象，出勤率达到98%	不能遵守工作规定和标准，经常发生违规情况，出勤率在95%以下	
	责任心	工作有强烈的责任心，工作能够非常出色地完成	工作有较强的责任心，工作按要求完成	工作有一定的责任心，工作基本上能完成	工作有一定的责任心，经督促基本上能完成	工作责任心不强，上司不能放心交办工作	
工作能力 25%	沟通能力	善于沟通，能主动与人合作	乐意与人沟通	尚能与人沟通	不善沟通	不能与人沟通	
	执行能力	上级指令准时、高质量的执行，从无抱怨	上级的指令及时完成，无抱怨	上级指令完成，但有较少抱怨	上级的指令基本完成，且有抱怨	上级指令不执行，且经常抱怨	

(续表)

评价模块	具体项目	评 分 标 准					得分
		90～100分 优秀	80～89分 良好	70～79分 合格	60～69分 待提高	60分以下 较差	
工作能力 25%	组织能力	善于组织协调各种工作	能较好组织协调各种工作	能组织协调各种工作	不善协调致使工作发生困难	无法与人协调	
	管理能力	能高效管理业务和团队	能较好管理业务和团队	能基本管理业务和团队	需要提高管理能力	缺乏管理能力	
	专业技能	具备技能,完全胜任岗位需求,并大有超出	具备技能胜任岗位需求,略有超出	具备技能,胜任岗位要求	具备技能,基本胜任岗位要求,略有不足	不具有胜任岗位技能	
		小计					

试用期第_____月份综合评估表(2)

姓　　名		岗　　位	
部　　门		试用期限	
员工自评	(另附页,内容:试用期工作任务及完成情况、对公司规章制度的遵守情况、工作态度、今后在公司的发展计划等)		
直接领导评语			
	直接领导签字:	年　月　日	
部门经理评语			
	部门经理签字:	年　月　日	
人力资源部评语			
	部门盖章:	年　月　日	
分管领导审核			
	分管领导签字:	年　月　日	

注:综合评估表作为判断试用人员能否转正的重要依据。

员工试用期转正申请表

姓名		岗位名称	
部门		试用期限	
员工自评	(另附页，内容：试用期工作任务及完成情况、对公司规章制度的遵守情况、工作态度、今后在公司的发展计划、对公司及部门经营管理的建议等)		
部门经理评语及任用意见	评价： 任用意见： □同意按期转正 □建议解聘 部门经理签字：		
分管领导意见	 分管领导签字：		
人力资源部意见	任用意见： □同意按期转正 □建议解聘 人力资源部盖章：		
总裁审批			
董事会审批			

三、实操演练

工作任务 1-5

【背景材料】

A 学院是一所民办高职学院，为加强员工试用期管理，人力资源部制定了《A 学院试用期考核管理办法》如下：

A 学院员工试用期考核管理办法

一、为了提高工作效率，规范员工试用期考核管理流程，特制定本办法。

二、本办法适用于学院中层干部以下正式员工，原则上实行逐级考核，由被考核人的直接上级考核，部门负责人审核并签署意见。

三、试用期考核时间安排及相关规定：

1. 教学部门员工试用期考核使用学期考核结果，不再专门进行试用期考核。

2. 职能部门员工试用期一般为三个月，试用期内如遇寒暑长假，在试用期员工中断本岗位工作的情况下，试用期自动往后顺延。

试用期考核按入职时间上半月和下半月分两批进行。上半月入职者，在入职后第三个月20～25日进行试用期考核；下半月入职者，在入职后第四个月5～10日进行试用期考核。《员工转正审批表》由考核人在规定的考核时间内交人力资源处，逾期交表者转正时间顺延（例如：2012年7月1～15日入职者，须在2012年9月20～25日进行试用期考核；2012年7月16～31日入职者，须在2012年10月5～10日进行试用期考核）。

3. 试用期考核不合格的员工，由用人部门通知其本人延长试用期或予以辞退，延长试用期最长不超过三个月。

四、职能部门员工试用期考核流程：

1. 被考核人从办公平台→信息管理→人事文件→员工试用期考核文件夹中下载并填写《员工转正审批表》；
2. 考核人填写试用期评价；
3. 用人部门负责人审核并签署意见；
4. 人力资源处签署意见；
5. 执行相关人事政策。

附：试用期考核流程图

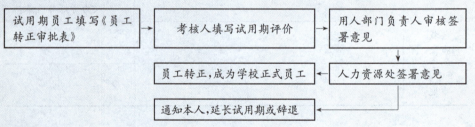

【具体任务】

请你分析A学院的该管理办法存在哪些问题？试着加以完善。

工作任务1-6

2011年3月，王某被昌平区某公司录用。公司口头通知他3月15日报到上班，同时告知他试用期为6个月，试用期月工资3 000元，转正后月工资5 000元，试用合格后签订劳动合同，办理社会保险手续。2011年7月14日，王某以公司老板强迫自己干活为由辞职，同时要求公司支付半个月工资的经济补偿1 500元，王某申请仲裁。庭审中，公司认为，王某是在试用期内自己主动辞职的，没有权利和法律依据要求各项待遇。

【具体任务】

1. 请你为王某设计仲裁请求。

2. 通过本案并结合《劳动合同法》的相关规定,请你分析一下试用期内的劳动争议类型可能有哪些?

履行劳动关系管理

学习目标

能力目标

能够撰写支付令异议书;能够处理特殊情形下劳动合同履行问题。

知识目标

了解劳动合同履行的原则;理解特殊情形下劳动合同的履行方法;掌握支付令异议程序的启动方法。

学习任务一　劳动合同的履行管理

学习情境 2-1

张某与某机械公司签订了为期3年的劳动合同,约定从事人力资源管理工作。后由于更换了法定代表人,机械公司就将张某安排到其下属一家企业当推销员。张某要求机械公司按照合同的约定安排自己的工作,而机械公司以合同是前任领导签订的为理由,不同意张某的要求。双方发生争议,张某便向当地劳动争议仲裁委员会提出申诉,要求机械公司履行双方签订的劳动合同。

法定代表人改变后,机械公司的原法定代表人与劳动者签订的劳动合同是否仍然有效?新任法定代表人是否应当继续履行劳动合同?

一、相关知识链接

(一) 劳动合同的履行及履行原则

劳动合同的履行,是指合同当事人双方履行劳动合同所规定的义务,实现合同内容的法律行为。劳动合同一经签订即具有法律效力,双方当事人应严格履行。

劳动合同履行的原则包括以下几个:

(1) 亲自履行:用人单位与劳动者签订劳动合同后即建立起劳动关系,而劳动关系既具有财产关系的属性,也具有人身关系的属性,因此,劳动合同的履行具有不可替代性,不能由他人代为履行。对于用人单位来说也是一样的,劳动合同也不能由其他的主体代为履行。

(2) 全面履行:劳动合同的全面履行,是指劳动合同中订立的各项条款都必须得到认真履行,要求劳动合同的当事人双方必须按照合同约定的时间、期限、地点,用约定的方式,按质、按量全部履行自己承担的义务。因为劳动合同是一个整体,合同中订立的条款相互之间有内在联系,不能任意割裂。只有当事人双方认真地全面履行了劳动合同所规定的全部义务,当事人双方的权利才能充分实现。要克服那种有利于自身的条款就积极履行,有利于对方的条款则消极对待的现象。要通过全面履行,使双方当事人的合法权益得以全面实现。劳动合同的全面履行,既不能只履行部分义务而将其他义务置之不顾,也不得擅自变更合同,更不得任意不履行合同或者解除合同。对于用人单位而言,必须按照合同的约定向劳动者提供适当的工作场所和劳动安全卫生条件、相关工作岗位,并按照约定的金额和支付方式按时向劳动者支付劳动报酬;对于劳动者而言,必须遵守用人单位的规章制度和劳动纪律,认真履行自己的劳动职责,并且亲自完成劳动合同约定的工作任务。在劳动合同关系中,劳动者提供劳动力,而用人单位则是使用该劳动力,劳动合同作为具有人身关系性质的合同,其所规定的条款相互之间有内在联系,不能割裂。因此,全面履行劳动合同也是劳动合同的基本要求。

(3) 协作履行:是指双方在履行劳动合同过程中,要互相理解和配合,相互协作履行,互相帮助,共同完成合同规定的义务,共同实现合同目的。

(二) 特殊情形下劳动合同的履行

在劳动合同履行过程中,会出现一些特殊情形,这些特殊情形下的劳动合同如何履行呢?

(1) 规定用人单位变更名称、法定代表人、主要负责人或者投资人等事项,不影响劳动合同的履行。用人单位变更名称,新的用人单位事实上继承了原单位的一切权利与义务,当然包括原单位对劳动者的劳动合同权利与义务。法定代表人的变更对劳动合同也没有实质性的影响,因为根据《民法通则》的有关规定,代表法人行使职权的负责人是法定代表人。法定代表人只是代表用人单位与劳动者订立劳动合同,真正的用人单位是企业、国家机关、事业单位等法人组织,而不是作为法人组织代表的法定代表人。因此,只要用人单位作为劳动合同一方当事人的情况没有变化,单位更换法定代表人就不会影响原法定代表人代表用人单位与劳动者签订的劳动合同的效力,该合同仍然有效。变更主要负责人、投资人等事项,同理也不影响劳动合同的履行,不需要重新签订劳动合同。

(2) 规定用人单位发生合并或者分立等情况,原劳动合同继续有效,劳动合同由承继其权利义务的用人单位继续履行。公司合并是指两个或两个以上的公司订立合并协议,依照公司法的规定,不经过清算程序,直接合并为一个公司的法律行为。公司分立是指公司因生产经营或管理上的需要,依照法律或合同的规定,不经清算程序,将公司依法变更为两个或两个以上公司的法律行为。按我国《民法通则》的规定,企业法人分立、合并,它的权利义务由变更后的法人享有和承担。因此,用人单位发生分立或合并后,原劳动合同继续有效,劳动合同由承继其权利义务的用人单位继续履行。

二、业务示例

业务示例 2-1　企业合并后劳动合同的处理

【背景材料】

刘齐通过社会招聘进入某 A 有限公司工作,双方签订了为期三年的劳动合同。在合同履行期间,由于 A 有限公司经营上的原因,经资产重组与 B 公司合并,并将合并后的公司在工商行政管理局重新注册登记为 C 公司。

C 公司成立后,以原劳动合同公司主体已变更,以前签订的劳动合同无法继续履行为由,要求员工与 C 公司重新签订劳动合同,否则将按员工个人不愿签订合同为由解除劳动关系。刘齐认为,企业老板没有变,自己的工作地方没有变,工作岗位也没有变,重新签订劳动合同是多此一举,因而拒绝。

C 公司见刘齐拒绝签订新合同,以此为由,随即作出了解除刘齐劳动关系的决定。刘齐对公司的决定不予接受,双方由此发生争议,遂向劳动争议仲裁委员会申请仲裁。

庭审中,刘齐认为:C 公司是由 A 公司与 B 公司合并成立的,A 公司的所有权利义务应当由 C 公司承继;自己仍在原岗位工作,A 公司与自己签订的劳动合同已由 C 公司继续履行,不存在无法履行的情况。因此,C 公司作出解除原劳动关系的决定缺乏依据,要求 C 公司继续履行自己与 A 公司签订的原劳动合同。

C 公司则认为:C 公司是由 A、B 两公司合并之后成立的新公司,公司名称、实质都已发生变更,刘齐与 A 公司签订的原劳动合同已无法继续履行。因此,A 公司已不再存在,刘齐应当与公司签订新的劳动合同。现在刘齐拒绝签订新合同,C 公司就可以解除其与 A 公司的原劳动关系。

【仲裁结果】

劳动争议仲裁委员会认为:C 公司不符合解除刘齐劳动合同的条件,故支持刘齐的仲裁请求。

【评析】

本案的争议焦点是:企业合并后原劳动合同是否有效。

《劳动法》第十七条第二款规定:"劳动合同依法订立即具有法律约束力,当事人必须履行劳动合同规定的义务。"根据该项规定,劳动合同一经签订即具有法律约束力,双方当事人必须按合同履行其应承担的义务。如果要解除已签订的劳动合同,《劳动合同法》规定了双方可以解除合同的条件,符合解除合同条件的,则解除行为成立;不符合解除合同条件的,则解除行为不能成立。

那么,企业合并是不是可以作为解除合同的条件呢?《劳动合同法》第三十四条规定:"用人单位发生合并或者分立等情况,原劳动合同继续有效,劳动合同由承继其权利和义务的用人单位继续履行。"根据以上法律规定,劳动合同不因用人单位的合并、分立而解除。合并、分立后的用人单位有继续履行原劳动合同的义务。因此,企业合并不可以作为解除合同的条件。

本案中,A、B公司合并成为C公司后,C公司依法应当继续履行与刘齐的原订劳动合同。如要变更或解除,也应通过协商的途径进行,如未经协商也无其他约定事项的,原劳动合同仍然有效,C公司不得解除与刘齐的劳动关系,应当继续履行原劳动合同。

三、实操演练

工作任务2-1

【背景材料】

湖南籍的小刘2008年8月进入北京某制造企业工作,企业对其进行了专项技术培训,并与其签订了为期5年的劳动合同和服务期协议。协议约定,小刘违反服务期协议须向企业支付5万元违约金。

2009年10月,小刘所在的企业与另一家企业合并成立了一家新的公司。新公司成立后,即开始与所有员工重新签订劳动合同。新合同用人单位名称改变为新公司名称外,合同的岗位、期限等其他内容与原合同保持不变。小刘表示不愿与新公司签订劳动合同,并要求公司为其办理退工手续,还要求企业支付解除劳动合同的经济补偿金。公司不予同意,要求小刘要么签订劳动合同和服务期协议,要么支付违约金后自行离职,双方发生争议。小刘遂于2009年11月向区劳动争议仲裁委员会申请仲裁,要求公司为其办理退工手续,并支付经济补偿金。

仲裁庭上,小刘表示,新公司无论是企业性质还是企业名称都已不是他原来签订劳动合同的用人单位了,原劳动合同已因企业的原因而不能履行,该劳动合同应予解除。由于合同不能履行的责任在企业方,因此,他无需承担违约金,相反企业还应当支付他解除劳动合同的经济补偿金。

公司辩称,企业合并,并未导致原劳动合同无法履行,原劳动合同继续有效,劳动合同用人单位方权利和义务由合并后的用人单位继续履行。刘某要求离职,应当按照劳动合同约定和服务期协议的约定承担违约责任。

【具体任务】

1. 分析小刘的要求能否得到支持。

2. 作为用人单位的劳动关系管理员,请设计一套用人单位发生分立或合并后劳动者劳动合同后继问题的处理意见书。

学习任务二　劳动合同的中止管理

> **学习情境 2-2**
> 王先生与某企业签订了 5 年期的劳动合同,劳动合同履行 1 年后,因涉嫌违法犯罪被有关机关收容审查。单位人力资源经理准备将其辞退,王先生的代理律师向企业提出异议。企业人力资源经理对此感到困惑,员工违法了还要保持劳动关系吗?

一、相关知识链接

(一) 劳动合同中止的概念

劳动合同中止是指在劳动合同履行的过程中,出现法定或者约定的状况,致使没有劳动过程,但是劳动合同关系仍继续保持的状态。劳动合同中止履行的,劳动合同约定的权利和义务或部分权利义务暂停履行(但是法律、法规、规章另有规定的除外),待到法定或约定的原因消除后,劳动合同仍继续履行。中止期间如若劳动合同期满的,劳动合同终止。实际上,劳动合同的中止就是由于某种特殊情形的出现致使用人单位与劳动者之间暂时不能互相履行劳动合同约定的各项义务;同时也不能互相享受劳动合同约定的各项权利,双方无法定给付义务的拘束,用人单位与劳动者又不能或不愿解除劳动合同的情形,包括法定的中止履行和约定的中止履行。或者简单地说,在劳动合同中止履行期间,劳动者与用人单位之间仅存在劳动关系之名,而无劳动关系之实。

要注意这里的"中止"与"终止"不同,这里的"中止",是暂时停止的意思,待"中止"的原因消除后劳动合同继续履行,而终止是劳动关系的消灭。

(二) 中止履行劳动合同的后果

中止履行劳动合同期间,双方的权利义务可以全部不履行,也可以部分不履行。如有的单位中止履行劳动合同期间,用人单位一般会办理社会保险账户暂停结算(封存)手续。但也有些用人单位与劳动者中止合同,但仍以单位的名义给其办理各项社会保险手续,但用人单位和劳动者应缴纳的社会保险费用均由劳动者个人承担,或者用人单位继续为其上工伤和生育保险,另外几项社会保险仍以单位的名义办理,但费用全由劳动者个人承担。

中止履行劳动合同期间,不计算劳动者在用人单位的工作年限;但是,因劳动者应征入伍中止履行劳动合同的除外。中止履行劳动合同的情形消失,除劳动合同已经无法履行外,劳动合同应当恢复履行。

(三) 劳动合同中止的情形

1. 劳动者应征入伍或者离职履行国家规定的其他义务的,劳动合同应当中止或者中止部分履行

根据《兵役法》第五十六条和《退伍义务兵安置条例》第十一条规定,入伍前原是用人单

位正式职工的,退伍后原则上回原单位复工复职。

2. 劳动者因被依法限制人身自由而不能履行劳动合同约定义务的,劳动合同可以中止或者部分中止履行

根据《关于贯彻执行〈中华人民共和国劳动法〉若干问题的意见》第二十八条的规定,劳动者涉嫌违法犯罪被有关机关收容审查、拘留或逮捕的,用人单位在劳动者被限制人身自由期间,可与其暂时停止劳动合同的履行。暂时停止履行劳动合同期间,用人单位不承担劳动合同规定的相应义务。劳动者经证明被错误限制人身自由的,暂时停止履行劳动合同期间的劳动者的损失,可由其依据《国家赔偿法》要求有关部门赔偿。如果劳动者被判犯罪的,用人单位可以与劳动者解除劳动合同,且不支付经济补偿金。

3. 双方协商一致

双方协商一致,可以中止劳动合同的履行。例如:员工因家中有事须亲自处理,要请三个月的事假,但单位规定事假一年最多不超过 15 天,这种情况下就可以适用劳动合同中止。相关法律法规并未禁止双方协商一致情况下劳动合同中止履行的情形,并且现实中类似的情况又时有发生。但要注意:这种方式的适用范围相对较窄,仅适用于对用人单位来说有非常强烈的留用需要或留用意愿的员工。一旦双方协商中止履行,就等于把主动权交到了员工手里。一方面,若员工在中止履行的原因消灭之后,不愿继续履行劳动合同,企业没有较好的方法对员工进行约束,因为《劳动合同法》明确规定除培训服务期和竞业限制外,用人单位不得向劳动者收取违约金。另一方面,若员工在中止履行的原因消灭之后,用人单位不愿继续合同时,若无适当理由,反而可能构成违法解除合同,要承担相应的不利后果。

(四) 劳动合同中止的操作

1. 签订劳动合同中止协议

对于劳动合同的中止履行,应当尽量根据《劳动合同法》第三十五条的规定签订书面协议,变更原劳动合同,并对劳动合同中止期间双方的权利义务、可能产生的费用、恢复履行的条件、可能发生的经济补偿金计算年限、年休假等具体事项作出明确约定。

2. 出具劳动合同中止决定书

另外,如果是法定中止,如职工被依法限制人身自由期间的中止,应当出具劳动合同中止决定书。此行为属于用人单位单方终止劳动合同。用人单位单方中止劳动合同,主要是指劳动者由于各种原因不能履行劳动合同,但按法律规定单位又不能与之解除劳动合同的情形。这主要适用于:劳动者被依法限制人身自由期间;劳动者失踪但尚未被法院宣告失踪或宣告死亡的。这种情况,用人单位只需作出中止劳动合同的决定即可,表明已对职工进行了处理。

二、业务示例

业务示例 2-2　劳动合同中止协议书样本

【背景材料】

职工乙因要自费出国留学一年,单位认为其是个人才,不想与之解除劳动合同,于是双方签订了一份劳动合同中止协议书。

劳动合同中止协议书

甲方_____

法定代表人(主要负责人)或委托代理人_____

乙方_____ 性别_____ 电话：_____

因乙方自费出国留学，双方于2012年签订的为期5年的编号为036的劳动合同中止。现就劳动合同中止期间双方的权利义务作如下约定：

一、中止期限自____年____月____日至____年____月____日。

二、劳动合同中止期间，甲方不支付工资和生活费，甲乙双方均不履行劳动合同规定的义务。

三、乙方自愿延续社会保险关系，先行缴纳劳动合同中止期间的全部社会保险费（甲方应缴纳和乙方应缴纳的部分）共_____元(人民币)，由甲方继续为其办理社会保险手续。缴费基数以北京市社会保险最低缴费标准确定。

四、劳动合同中止期间，乙方必须遵纪守法，如从事非法活动或发生对甲方造成严重影响的行为，符合《劳动合同法》规定的甲方解除劳动合同条件，甲方有权按规定解除与乙方的劳动合同关系。

五、劳动合同中止期满，乙方愿意回甲方工作，须在一个月前提出申请，以便甲方及时安排工作。劳动合同中止期限届满，乙方应按时回甲方履行劳动合同，逾期未回甲方报到的，甲方可以解除劳动合同。

六、本协议在履行期间，如遇法律、法规、规章政策调整等客观因素发生变化时，可以依照相关规定执行。

七、本协议为《劳动合同书》附件，与《劳动合同书》具有同等约束力。

八、本协议一式两份，甲、乙双方各执一份，自签订之日起生效。

甲方(盖章)　　　　　　　　　　　　　　　　　　　　乙方(签字)

法定代表人：

　　年　　月　　日　　　　　　　　　　　　　　　　年　　月　　日

业务示例2-3　劳动合同中止决定书

【背景材料】

FS公司的职工张豪因涉嫌违法犯罪被有关机关刑事拘留，公司决定对他的劳动关系做中止处理。

劳动合同中止决定书

员工__张豪__(员工工号：__109__)与FS公司订立的劳动合同，现因下列第__1__项原因中止。

1. 员工被依法限制人身自由；

2. 员工失踪；
3. 其他 _____。
特此决定

2013 年 3 月 9 日

三、实操演练

工作任务 2-2

【背景材料】

陈阳与某单位签订了为期 5 年的劳动合同。劳动合同签订后的第一年，陈阳被当地征兵部门征召入伍。陈阳参军入伍后，陈阳的家属收到了单位的信函，信函中说由于陈阳已经应征入伍，将在几年之内不能正常履行劳动合同，所以单位决定与陈阳解除劳动合同，希望家属代理陈阳前来办理解除劳动合同的相关手续。陈阳家属将此事通知了陈阳，陈阳认为自己因履行国家兵役义务而无法正常履行劳动合同，但自己愿意在服役期满后继续回单位履行劳动合同，单位在自己服役期未满时不应当解除劳动合同，于是委托家属与单位交涉，双方就此产生争议。

【具体任务】

1. 请分析单位能否解除与陈阳的劳动合同。
2. 单位对陈阳的要求该如何处理？请为单位设计处理方案。

工作任务 2-3

【背景材料】

女职工李红云是某制药公司行政部职工，双方签订有期限自 2010 年 5 月 1 日至 2015 年 4 月 30 日的劳动合同。2012 年 12 月，李红云怀孕（符合国家计划生育政策），由于其有习惯性流产史，医生建议其卧床保胎，从当月 20 日起，李红云开始请病假休息，制药公司予其享受病假待遇。2013 年 3 月 22 日，公司书面通知李红云：按照规定你只能享受 3 个月的医疗期，现你的病假已超过 3 个月，请你于收到通知之日起 3 日内报到上班，逾期公司将依据《劳动合同法》第三十九条第二项"严重违反劳动纪律"与你解除劳动合同。李红云此时仍然在卧床保胎，其爱人作为委托代理人与制药公司协商未果。2012 年 3 月 26 日，制药公司作出与李红云解除劳动合同的书面决定，并于当日向李红云送达。李红云认为制药公司的行为严重违反劳动法，自身合法权益受到侵害，遂向当地劳动争议仲裁委员会提起申诉，诉请：（1）依法裁决撤销制药公司解除劳动合同的决定；（2）依法裁决制药公司继续给予其享受病假待遇。

【具体任务】

1. 请分析李红云的仲裁请求能否得到支持。

2. 如果李红云的请求能得到支持,那么公司对李红云的情况该如何处理呢？请为公司设计一份关于李红云问题的处理方案。

3. 请为单位与李红云设计一份中止劳动合同协议书。

学习任务三　支付令异议程序的启动

学习情境 2-3

北京的赵女士来电话咨询：她在北京市一家公司上班,签订的劳动合同期限为2年。公司在头年均能够按时支付工资,但从今年开始,经常拖欠工资,今年的3、4两个月的工资至今没有支付。6月她就向公司提出了解除合同的要求,并要求支付2个月的工资。公司说解除合同可以,2个月的工资要等一段时间给她,她只好同意,公司向她出具了一张欠条。但是等了很长时间,公司仍然没有支付她工资。请问：她可以向法院提出申请维护自己的权益吗？

一、相关知识链接

(一) 支付令的概念

所谓支付令,即督促程序。它是指人民法院根据债权人的给付金钱和有价证券的申请,以支付令的形式,催促债务人限期履行义务的一种特殊法律程序。督促程序,是一种简易、迅速、催促债务人清偿债务的特殊程序。它对于方便当事人诉讼,减少诉讼成本,提高人民法院的办案效率,减轻当事人的讼累,及时保护债权人的合法权益,维护正常的经济秩序,促进社会主义市场经济的发展具有重要的意义。根据《民事诉讼法》第一百八十九条规定,支付令的主要特征有：(1) 督促程序是一种诉前性质的略式程序,具有非诉讼性和简易、灵活的特点。它没有对立双方当事人参加诉讼,也不必经过辩论、调解和裁判等程序,而是经过书面审查,以支付令的方式催促债务人履行义务。(2) 适用案件标的物的特定性。督促程序仅适用于债权人请求给付金钱和有价证券的案件,这类案件不存在交叉的权利义务争议。钱是指货币,包括人民币和外国货币。有价证券,是指汇票、本票、支票、股票、债券、国库券以及可以转让的存单。(3) 发出支付令和对支付令异议的期限性。债权人提出的债务关系明确、合法的支付令申请,人民法院应在受理之日起15日内向债务人发出支付令；债务人应在15日内向人民法院提出书面异议,超过法定期限提出的异议无效。(4) 支付令的强制性。发生法律效力的支付令与人民法院生效判决、裁定具有同等强制力。《民事诉讼法》第一百九十一条第二、三款规定,债务人应当自收到支付令之日起15日内清偿债务,或者向人民法院提出书面异议。债务人在规定的期间不提出异议又不履行支付令的,债权人可以向人民法院申请执行。

《劳动合同法》第三十条第二款规定："用人单位拖欠或者未足额支付劳动报酬的，劳动者可以依法向当地人民法院申请支付令，人民法院应当依法发出支付令。"《劳动争议调解仲裁法》第十六条规定："因支付拖欠劳动报酬、工伤医疗费、经济补偿或者赔偿金事项达成调解协议，用人单位在协议约定期限内不履行的，劳动者可以持调解协议书依法向人民法院申请支付令。人民法院应当依法发出支付令。"所以，在劳动争议案件中引入支付令制度，主要目的是为了尽快解决劳动争议，保护劳动者的合法权益。

(二) 支付令异议

支付令的异议，是指债务人向人民法院申明不服支付令确定的给付义务的法律行为。它是债务人维护自己合法权益的一项法律手段。支付令是人民法院只以债权人一方提出的主张和理由为根据，未经债务人答辩，所以法律允许债务人以异议的方式对支付令提出自己的答辩意见。这从立法上保证了人民法院公正处理这类债务案件，平等保护双方当事人的合法权益。

支付令异议的一个重要特点是，异议可以不附任何理由，即债务人不必提供事实和证据来证明异议的成立，只要作出异议陈述即可。

异议成立的条件，是债务人对人民法院的支付令提出异议的程序要件。不符合法律规定的要件，异议不能成立。异议成立的条件有以下三个方面：

(1) 异议应在法定期间提出。债务人收到人民法院发出的支付令，如认为不应当清偿债务的，应在收到支付令次日起15日内向人民法院提出异议。超过法定期限提出异议的，异议不能成立，人民法院可以裁定驳回异议。民事诉讼法规定15日异议期限，为不变期间，人民法院不得任意变更，债务人也必须遵守。

(2) 债务人的异议必须针对债权人的请求，即异议应针对债务关系本身。如果债务人的异议是陈述自己无力偿还债务，或者对清偿期限、清偿方式等提出不同意见的，异议不能成立。在司法实践中，债务人的异议有下述几种情况：一是债权人在申请中提出多项独立的给付请求，债务人就其中一项请求提出异议，其异议效力不能及于其他请求。二是债权人的支付令申请涉及几个债务人，如果该项债务为共同债务，其中一个债务人提出异议的，该异议视为全体债务人的异议；如果该项债务不属共同债务，而是各自独立的债务，那么一人的异议，不涉及其他债务人。

(3) 异议必须以书面方式提出，债务人以口头方式提出的异议无效。

(三) 支付令异议书的制作

企业一旦被法院发出了支付令，如果有正当的理由，就应该对支付令提出异议，以保护企业的合法权益。如要启动支付令异议程序，企业要制作支付令异议书。

1. 支付令异议书的制作

支付令异议书的制作要点是：

(1) 首部：

① 注明文书名称。

② 申请人的基本情况：写明单位的全称、地址及法定代表人姓名、职务。有委托代理人的须写明其姓名和所在律师事务所名称。

(2) 正文：

阐明债务人的异议请求及事实与理由。

① 请求事项：明确表示对支付令所要求其履行的给付义务的拒绝，并请求法院终结督促程序。

② 事实与理由：这部分着重阐明债务人对支付令所确定的义务提出异议的事实根据。叙述时可以首先叙述支付令所涉债权债务关系发生、存在的具体情况，然后陈述其不履行债务的原因。根据所述事实与理由，并依照法律有关规定，提出支付令异议。

（3）尾部：

① 致送人民法院名称。

② 申请人签名，并加盖企业公章。

③ 申请日期。

④ 附项：如果有证据支持债务人的异议，则可以附上有关证据材料。

2. 制作支付令异议书的注意事项

制作支付令异议书时，应注意：(1) 请求事项、事实与理由中要明确表示拒绝履行支付令中要求债务人履行给付义务的态度，即要对债务关系提出实体性异议；(2) 由于支付令异议不需要说明理由，因此事实与理由部分关于债务人对支付令提出异议的原因可写可不写，法律没有强制性要求。

二、业务示例

业务示例 2-4　支付令异议书样本

【背景材料】

2010年9月起申请人李霞在被申请人 TR 建材有限公司做销售，被申请人拖欠申请人10月、11月及2011年1月工资共计9 800元。为此，申请人于2011年12月16日向某区人民法院提出申请，请求下发支付令，由被申请人向申请人支付工资欠款9 800元。申请人附加盖被申请人公司印章欠条一张为证。

某区人民法院经审查，于2011年12月20日发出支付令，被申请人于21日签收后，在法律规定期限内向法院递交了书面异议书。

依照法律规定，某区法院发出民事裁定书裁定：终结本案的督促程序。原支付令自行失效，申请人可依法起诉。

下面是 TR 建材有限公司撰写的一份支付令异议书。

支付令异议书

异议人：北京 TR 建材有限公司

公司地址：_____

法定代表人：_____

异议事项：裁定终止支付令效力，终结督促程序。

支付令申请人李霞提出公司拖欠其工资的问题根本不存在。我公司对销售部员工的工资实行的是基本工资加提成的制度，提成是与业务量有密切联系的。由于李霞没有完成工作量，所以，李霞支付令申请中所提的工资根本就是她不该得到的。李霞多次到财务部闹事,财务部在不了解情况的情况下,经不起李霞的软磨硬泡,才给她出具了欠条。实际上公司根本不存在拖欠其工资的问题。

基于上述事实,异议人与申请人间根本不存在债务关系,故根据《中华人民共和国民事诉讼法》有关规定,对_____人民法院发出的(2011_____)京民督字25号支付令提出异议,请依法裁断,终止支付令效力,终结督促程序。

此致

_____人民法院

异议人:北京 TR 建材有限公司

2011 年 12 月 30 日

三、实操演练

工作任务 2-4

【背景材料】

A 建筑有限公司的 15 名农民工因被欠薪,向法院申请支付令,法院正式受理此案,并依法向欠薪的 A 企业发出支付令。但公司认为,农民工的请求不成立,他们不存在拖欠工资的问题,于是决定向法院提出支付令异议。

【具体任务】

为 A 公司撰写一分支付令异议书。

项目三

变更劳动关系管理

学习目标

能力目标

能够拟定变更劳动合同协议书;能够办理劳动合同变更的相关手续。

知识目标

了解劳动合同变更的原则;理解劳动合同变更的条件;掌握劳动合同变更的程序。

学习任务一　劳动合同变更条件的确认

学习情境 3-1

赵某,2011 年 5 月到北京某化工有限公司应聘文员工作,公司要求其签订为期一年的劳动合同,其中合同中有如下约定:"公司有权根据经营情况调整赵某的工作岗位,赵某应予以配合,否则视为严重违纪,公司有权立即解除劳动合同。"赵某为求工作心切,并未过多地研究合同内容,仅简单地看了薪酬待遇等条款后便匆匆签约。

2011 年 10 月份,因业务扩展公司决定安排 5 名员工到昆明销售部驻点工作,主要从事产品推销工作,原福利待遇不变,被派驻员工中便包括赵某。当月,公司将前述派驻决定向相关员工下发了到岗通知。赵某收到该通知后立即找上级主管反映情况,称因其妻子刚生完小孩一个月,妻子和孩子都需要自己照顾,故如长期在昆明工作将十分不便,希望公司能变更派驻人员。公司对赵某的要求未予理睬,坚持要求赵某按期到派驻点报到,否则将对其按严重违纪处理。双方未能对此协商一致,就此产生争议。

问题:公司能否以合同有约定为由变更职工的工作岗位?

一、相关知识链接

(一)劳动合同变更的概念及原则

劳动合同的变更是指在劳动合同开始生效但尚未完全履行之前,因订立劳动合同的主客观条件发生了变化,当事人依照法律规定的条件和程序,对原合同中的部分条款修改、补充的法律行为。

劳动合同变更的原则与订立的原则相同,即合法、公平、平等自愿、协商一致、诚实守信。

(二)劳动合同变更的条件

(1) 双方当事人协商一致,可以变更劳动合同。劳动合同是在平等自愿,协商一致的基础上订立的,双方协商一致也可以变更劳动合同。

(2) 订立合同时所依据的法律、法规发生变化,应当依法变更劳动合同。

(3) 订立劳动合同时所依据的客观情况发生重大变化,致使原合同无法履行。这里的客观情况发生重大变化是指发生不可抗力或出现致使劳动合同全部或部分条款无法履行的其他情况,如企业迁移、被兼并、企业资产转移等;也包括劳动者的情况发生变化,如劳动者的身体状况发生变化不能从事原工作、劳动者的职业技能等级发生变化致使不能履行原合同的情形。

(4) 劳动者患病或非因工负伤,不能从事原工作的,单位应为其调整适当的工作岗位,也就是说在这种情况下用人单位调整劳动者的工作岗位是单位的义务,单位应与劳动者协商变更劳动合同。

(5) 劳动者不能胜任工作,用人单位有权单方调整其工作岗位。这种情形下单位调整劳动者的工作岗位是法定的,而非约定,属于用人单位的自主权。如果劳动者不能胜任工作用人单位调整其工作岗位,劳动者应服从。

二、业务示例

业务示例 2-1　变更劳动合同的条件

【背景资料】

2010年5月,小李与北京市昌平区某酒店签订了5年的劳动合同,合同中约定其工作岗位为培训主管。2012年10月,小李被酒店以不适合本岗工作为由,调至前台做文员,工资也相应地降低了。小李认为,酒店变更岗位前没有和她进行协商,也没有证据证明其不适合培训主管岗位,这么做是逼自己辞职。遂向劳动仲裁委申请仲裁,请求撤销酒店的岗位变更通知,恢复其原工作岗位,并补发岗位变更期间的工资差额及25%的赔偿金。

【审理结果】

劳动仲裁委经审理裁决,撤销酒店对小李的岗位变更通知,补发调岗后工资差额及25%的工资赔偿金。

【本案评析】

调动劳动者的工作岗位属于劳动合同的变更范畴。劳动合同的全面履行要求劳动合同的当事人双方必须按照合同约定的时间、期限、地点,用约定的方式,按质、按量全部履行自己承担的义务,既不能只履行部分义务而将其他义务置之不顾,也不得擅自变更合同,更不得任意不履行合同或者解除合同。

根据《劳动合同法》第三十五条规定,劳动合同的变更首先应当遵守协商一致的原则。酒店以小李工作期间的表现不符合岗位职责要求为由,对其工作岗位进行了调整,双方既未协商一致,酒店也没有提供证据证明小李不符合其工作岗位的要求。

其次,变更劳动合同应当采用书面形式。变更后的劳动合同仍然需要由劳动合同职工当事人签字、用人单位盖章且签字,方能生效。酒店的以上做法不仅有违常理,而且违法。

三、实操演练

工作任务 3-1

【背景材料】

许某是北京市某生产型企业的员工,她在公司担任生产设备统计工作。2012年上半年,许某发现自己怀孕了,也开始感到腰酸背痛。为此,她到医院就诊,医生认为这是她孕后的正常反应,建议她注意休息。于是,许某拿着医院的证明按公司规定向公司请假。公司认为,许某怀孕了,以后需时常请假休息,必将对公司的经营造成一定影响,加上公司质检部门需要人手,故通知许某到质检部门上班,按质检岗位的标准享受相关待遇。

许某认为,自己怀孕需休息且按公司规定请假合理合法。现公司不与她协商,擅自变更劳动合同,将她调到了一个工作更辛苦的岗位,不利于生育,待遇也降了不少,显然是损害了她的合法权益,故向当地劳动仲裁委提起仲裁申请,要求恢复原工作岗位及原工资待遇。而公司认为,许某作为公司的员工,当然要以公司利益为重,服从公司的安排,公司根据需要有权变动员工工作岗位,这是理所当然的。

【具体任务】

1. 总结劳动合同变更的条件。
2. 分析公司能否变更许某的工作岗位。
3. 对怀孕女职工变更工作岗位要注意哪些问题?

学习任务二 劳动合同变更手续的办理

学习情境 3-2

李某大学会计专业毕业后到一家外资公司工作,在该单位的工作岗位一直是会计,劳动合同书上也是这么约定的,月收入为2 800元左右。但是,不久前单位销售科的一名职工离职了,于是单位提出,要将李某的岗位变更为销售员,报酬也变更为每月基本工资1 000元,绩效工资随销售业绩浮动。李某表示不同意,认为自己不适合干销售并且调动岗位要协商一致。但不管他同意不同意,单位就发出一份通知书,宣布他的岗位调整为销售员。单位认为调整职工的工作岗位是企业自主权的体现,员工应该服从。双方于是发生争议。李某到劳动仲裁委员会申诉,要求公司继续履行劳动合同。李某的要求能得到支持吗?

一、相关知识链接

(一) 劳动合同变更的程序及操作
劳动合同变更的程序如下:
(1) 提出变更的要求(意向):用人单位或劳动者提出变更劳动合同的要求,说明变更合同的理由、变更的内容以及变更的条件,请求对方在一定期限内给予答复。
(2) 承诺:合同另一方接到对方的变更请求后,应当及时进行答复,明确告知对方同意或是不同意变更。特别注意,如果对方没有在一定期限内给予答复,产生什么样的法律后果是不一样的。如北京就规定,如果对方没有在15日内给予答复的,视为不同意变更劳动合同;而有的地方规定,如果对方没有在法定期限答复的,视为同意变更劳动合同。因此,一定要注意地方性的规定。
(3) 订立书面变更协议:当事人双方就变更劳动合同的内容经过平等协商,取得一致意见后签订书面变更协议,协议载明变更的具体内容,经双方签字盖章后生效。变更后的劳动合同文本由用人单位和劳动者各执一份。

(二) 劳动合同变更的注意事项
变更劳动合同时,根据有关劳动法律法规的规定,要注意以下几点:
(1) 应在劳动合同有效期内变更;
(2) 应该遵循平等自愿、协商一致的原则,不得违反法律、行政法规的规定,双方只能在法律允许的范围内提出自己的条件;
(3) 要依照法定程序进行;
(4) 劳动合同变更后,变更后的新条款即取代原条款,原条款失去法律效力。但是变更合同时未予变更的旧条款依然有效。

二、业务示例

业务示例 3-2 劳动合同变更通知书与协议书格式一(表格式)

【背景资料】

李小青(男)是 TR 商场家电组的一名售货员,由于专业家电卖场大量出现,TR 商场家电组的营业额大幅度下滑,于是管理层决定撤销家电组,对原家电组的售货员的工作岗位予以调整。经研究决定,将李小青调整到体育用品组。商场根据此情况,制作了一份劳动合同变更通知书和劳动合同变更协议书。

劳动合同变更通知书

李小青先生:

本商场调整经营结构,您所在的家电组将予以撤销。因此,特要求变更您 2011 年 12 月 1 日与本商场签订的劳动合同,变更内容有:

原合同条款	原 内 容	变更后内容
第六条	工作岗位为家电组售货员	工作岗位为体育用品组售货员
第十条	工资标准:每月底薪 1 500 元+营业额的千分之三	工资标准:每月底薪 1 500 元+营业额的千分之八
第三十二条	家电组售货员岗位规范为本合同的附件	体育用品组售货员岗位规范为本合同附件

请在 15 日内予以书面答复。

申请变更人:TR 商场
2012 年 6 月 2 日

劳动合同变更协议书

经甲乙双方平等自愿、协商一致,对 2011 年 12 月 1 日签订的编号为 058 的劳动合同作如下变更:

劳动合同变更的内容如下:

原合同条款	原 内 容	变更后内容
第六条	工作岗位为家电组售货员	工作岗位为体育用品组售货员
第十条	工资标准:每月底薪 1 500 元+营业额的千分之三	工资标准:每月底薪 1 500 元+营业额的千分之八
第三十二条	家电组售货员岗位规范为本合同的附件	体育用品组售货员岗位规范为本合同附件

本协议自签字之日起生效。

甲方(盖章)　　　　　　　　　　　　　乙方(签字或盖章)
　法定代表人　　　　　　　　　　　　　2012 年 6 月 16 日
或委托代理人(签字或盖章)

业务示例 3-3　劳动合同变更通知书、协议书格式二

劳动合同变更通知书

李小青先生：

因为本商场调整经营结构，您所在的家电组将予以撤销。因此，特要求变更您2011年12月1日与本商场签订的劳动合同，变更内容有：

1. 原合同第六条工作岗位调整为"体育用品组售货员"。
2. 原合同第十条工资标准调整为"每月底薪1 500元＋营业额的千分之八"。
3. 原合同第三十二条调整为"体育用品组售货员岗位规范为本合同的附件"。

请在15日内予以书面答复。

申请变更人：TR商场
2012年6月2日

劳动合同变更协议书

经甲乙双方平等自愿、协商一致，对2011年12月1日签订的编号为058的劳动合同变更事项达成如下协议：

一、劳动合同变更的内容如下：

1. 原合同第六条工作岗位调整为"体育用品组售货员"。
2. 原合同第十条工资标准调整为"每月底薪1 500元＋营业额的千分之八"。
3. 原合同第三十二条调整为"体育用品组售货员岗位规范为本合同的附件"。

二、本协议签订后，原劳动合同书仍继续履行，但变更条款按本协议执行。

三、本协议一式两份，甲、乙双方各执一份，均具有同等法律效力。

甲方　　　（签字盖章）　　　　　　　乙方　　　　（签字盖章）

法定代表人或委托代理人（签字或盖章）

　　年　　月　　日　　　　　　　　　　　年　　月　　日

三、实操演练

工作任务 3-2

【背景材料】

李英原是B公司的一名销售人员，连续两个季度没有完成销售任务，单位打算调整其工作岗位至后勤部仓库保管职位。

【具体任务】

1. 变更劳动合同需要办理哪些手续？
2. 根据上述背景材料，制作一份劳动合同变更通知书和劳动合同变更协议书。

工作任务 3-3

【背景材料】

2010年8月,刘某大学毕业后应聘到某钢材厂。刘某与某钢材厂签订了5年的劳动合同,合同约定刘某为财务会计。此后,刘某一直在钢材厂财务部担任会计。2011年6月,钢材厂财务部因新科长刚上任,对以前的财务工作不熟悉,便安排刘某在公休日加班,整理报表。但刘某认为新科长要熟悉工作也不紧在这一两天,加上自己要进行财务统计,便没有答应加班。新科长则认为刘某不给面子,怀恨在心,故向钢材厂领导建议将刘某调离财务部。2011年7月3日,刘某被钢材厂调到轧钢车间任班长,刘某对此十分不满,且在与钢材厂交涉无效的情况下,拒绝到新的工作岗位上班,但每工作日仍坚持到财务部"上班",时间有17天之久。2011年7月20日,钢材厂以刘某连续旷工17天为由作出将刘某解除劳动合同的处理。

【具体任务】

1. 请你分析钢材厂能否与刘某解除劳动合同。
2. 请你给厂方设计一个变更劳动合同的流程。

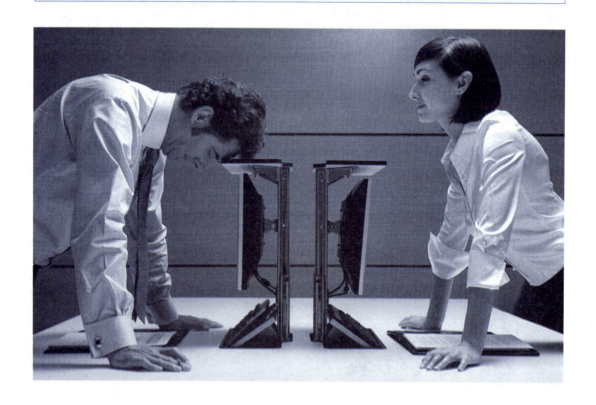

项目四

解除劳动关系管理

学习目标

能力目标

会办理各种情况下解除劳动合同的手续；能够拟定解除劳动合同的各种文书。

知识目标

了解劳动合同解除的原则；理解劳动合同解除的法律后果；掌握劳动合同解除的条件和程序。

学习任务一　双方协商一致解除劳动合同手续的办理

学习情境 4-1

吴某是某公司职工,2010 年 7 月 1 日与公司签订了为期 5 年的劳动合同,工作岗位为销售员。到了 2011 年 1 月 5 日,公司认为李某的销售业绩不太令人满意,想与吴某解除劳动合同。吴某本人也认为自己不适合做销售工作,于是,同意了单位提出的解除劳动合同的建议。但吴某要求单位支付他经济补偿金,被单位拒绝。双方发生争议,吴某申诉,要求公司依法支付经济补偿金。公司搞不明白：协商一致解除劳动合同,单位要支付劳动者经济补偿金吗？

一、相关知识链接

(一) 劳动合同解除的概念及情形

劳动合同的解除是指劳动合同订立后,尚未全部履行以前,由于某种原因导致劳动合同一方或双方当事人提前消灭劳动关系的法律行为。劳动合同的解除分为协商解除、法定解除两种;根据《劳动合同法》的规定,劳动合同既可以由单方依法解除,也可以双方协商解除。法定解除是指出现国家法律、法规或合同规定的可以解除劳动合同的情况时,不需双方当事人一致同意,合同效力可以自然或单方提前终止;协商解除是指合同双方当事人因某种原因,在完全自愿的情况下,互相协商,在彼此达成一致的基础上提前终止劳动合同的效力。法定解除根据提出解除的主体不同又可以分为用人单位单方解除和劳动者单方解除两种情形。

解除劳动合同是劳动合同从订立到履行过程中可以预见的中间环节,依法解除劳动合同是维护劳动合同双方当事人正当权益的重要保证。

(二) 双方协商一致解除劳动合同

《劳动合同法》第三十六条规定,用人单位与劳动者协商一致,可以解除劳动合同。《劳动合同法实施条例》第十八条、第十九条规定,用人单位与劳动者协商一致的,可以依照劳动合同法规定的解除劳动合同的条件、程序,解除固定期限劳动合同、无固定期限劳动合同和以完成一定工作任务为期限的劳动合同。《劳动合同法实施条例》重申双方协商一致,可以依法解除包括无固定期限劳动合同在内的所有合同。

协商一致解除劳动合同,是指用人单位与劳动者在平等自愿基础上,互相协商,提前终止劳动合同效力的法律行为。法律规定,在用人单位与劳动者协商一致的情况下,可以解除劳动合同,是为了保障企业用人自主权和劳动者择业权的实现。劳动合同既然是双方协商一致签订的,当然也可以由双方协商一致解除。协商一致解除劳动合同主要有两种情形:(1)用人单位提出解除合同动议,劳动者同意,双方协商解除劳动合同,单位要向劳动者支付经济补偿。(2)劳动者提出解除合同动议,企业同意,双方协商解除合同,用人单位可以不支付经济补偿。只要双方协商一致,劳动合同就能解除,无论双方之间签订的是固定期限劳动合同,还是无固定期限劳动合同。其特点是无须提前通知,劳动关系比较和谐平稳。

(三) 双方协商一致解除劳动合同的适用

1. 适用的劳动合同

《劳动合同法》允许双方协商一致解除劳动合同,而无论此合同是无固定期限的还是固定期限的或以完成一定工作任务为期限的。

2. 适用的劳动者

这种解除,适用任何劳动者。即使是给予特殊保护的劳动者也同样适用,如"三期"内的女职工法律给予了特殊保护,规定如果她们没有过错,用人单位不得单方解除劳动合同,即这种保护仅限于用人单位不得单方解雇劳动者,双方协商解除不在此保护之列。

3. 实践中用人单位常与哪些员工协商一致解除劳动合同

协商解除劳动合同是一种双方妥协寻求既照顾双方利益,又顾全双方面子的方法,是企业处理人员去留问题的锐器。确定适用协商一致解除劳动合同人员的一个总的原则就是：既保全员工的面子，又要使员工离职不对企业产生不良影响。因此，实践中，下列人员解除劳动合同常采用双方协商一致的做法：该员工身居要位，但由于不能适应公司的要求，公司希望其离开，但又不愿意也不合适采取一种激烈的方式；该员工掌握公司的重要客户、机密，由于其不能适应公司的需要，公司希望其离开，但又担心其离职后对公司不利，该员工以此要挟或威胁公司，公司要大事化小，小事化了；"老黄牛"式的员工，因为其工作勤恳，工作年限又比较长，人缘比较好，但因能力或其他方面不能适应公司新的需要，公司希望其离开，同时又照顾其情绪、面子，以及其他员工的情绪。对于这几类员工通常可采用单位主动提出动议，协商一致解除劳动合同的做法。

（四）双方协商一致解除劳动合同的操作程序

1. 提出或接受协商动议

提出协商解除动议的主体不同，该环节的具体程序也会有所差异：

如果用人部门希望与员工协商解除劳动合同，应提交人力资源部和管理层逐级审核，在确认应该或可以协商解除该员工劳动合同后，由管理层或人力资源部向该员工提出协商解除的动议。在提议协商前，应当制定具体的协商方案，其中关于补偿问题应该准备至少两个备选方案。

如果员工提出协商解除动议的，可以要求其提交《协商解除申请书》，然后才启动内部审核。人力资源部应当会同用人部门就是否协商、协商方案进行审核和确定。同意协商的，接受协商动议进入协商阶段；不同意协商的，协商解除流程终止，双方应继续履行劳动合同或寻求其他解除途径。

2. 进行协商

协商阶段可能很简单，也可能很复杂。一般来说，协商内容涉及经济补偿或违反服务期协议赔偿金时，会复杂些。在协商前应进行充分的调查和准备，制作协商方案（一般需要领导审批）。有些时候，背景因素会影响协商方案，也会影响协商能否顺利进行，如员工的家庭经济情况、员工提出解除的动因、用人部门要求解除的原因等。在协商中应当注意技巧，就企业提出解除动议的情况而言，为促使员工与企业达成协议，可以在离职交接、薪资结算、经济补偿方面给予员工更多的利益。

3. 签订解除协议

双方协商一致，解除劳动合同的，应当签订书面的解除劳动合同协议。在劳动合同解除协议中，应当注意：如果是员工提议协商解除的，应当进行明确，因为这直接决定企业是否有支付经济补偿的义务。协商未能达成一致的，劳动合同应当继续履行。这里应当注意，企业提出解除劳动合同的动议应当慎重，否则协商不一致的，会影响继续履行时员工的工作态度和归属感。解除协议中应当对劳动合同解除时间、经济补偿金或赔偿金的支付等问题进行明确。

4. 进入离职流程

双方签订劳动合同解除协议后，即进入离职流程。员工应在约定的劳动合同解除日期之前进行工作交接，单位应当为员工办理离职手续和补偿金、劳动报酬的结算，并出具解除劳动合同的证明。

二、业务示例

业务示例 4-1　解除劳动合同通知(意向)书

解除劳动合同通知(意向)书(第一联)

_____同志(女士、先生)：

　　根据《劳动合同法》第三十六条的规定，公司欲与您协商解除与您____年____月____日所签的编号为_____的劳动合同，公司将按国家有关规定支付您经济补偿金。请您自接到本通知之日起三个工作日内到人力资源部协商解除劳动合同事宜，特此通知。

　　此通知一式两份，送达员工一份，公司留存一份。

　　　　　　　　　　　　　　　　　　　　　用人单位(章)_____
　　　　　　　　　　　　　　　　　　　　　____年____月____日
　　　　　　　　　　　　　　　　此通知已送达本人。签名：_____

解除劳动合同通知(意向)书(第二联)

_____同志(女士、先生)：

　　根据《劳动合同法》第三十六条的规定，公司欲与您协商解除与您____年____月____日所签的编号为_____的劳动合同，公司将按国家有关规定支付您经济补偿金。请您自接到本通知之日起三个工作日内到人力资源部协商解除劳动合同事宜，特此通知。

　　此通知一式两份，送达员工一份，公司留存一份。

　　　　　　　　　　　　　　　　　　　　　用人单位(章)_____
　　　　　　　　　　　　　　　　　　　　　____年____月____日
　　　　　　　　　　　　　　　　此通知已送达本人。签名：_____

业务示例 4-2　解除劳动合同协议书格式一(适用于单位动议协商解除的情形)

解除劳动合同协议书(格式一)

甲方：××公司
法定代表人：
乙方：姓名：_____身份证号：_____员工工号：_____

　　甲、乙双方于____年____月____日签订的编号为____的劳动合同，现因甲方提出解除劳动合同，经甲、乙双方协商一致，同意解除劳动合同，并达成如下协议：

　　一、解除劳动合同的日期为：____年____月____日。

二、乙方同意在____年____月____日前办理工作、业务交接。

三、甲方承诺按《劳动合同法》的有关规定,支付乙方经济补偿金,数额为:相当于乙方解除合同前12个月平均工资(____元/月)____个月工资的经济补偿金,共计人民币大写____小写(____)元整。并在乙方办理完工作交接之日支付。

四、甲方为乙方缴纳的各项社会保险金至____年____月____日止。

五、甲方在劳动合同解除之日起15日内,为乙方办理档案和社会保险关系转移手续。

六、自本协议生效之日起,甲乙双方基于劳动关系产生的一切权利义务已经结清,互无纠葛。

七、本协议自甲、乙双方签字(盖章)后生效。

八、本协议一式三份,甲、乙双方各执一份,另一份留存乙方本人档案。

甲方:××公司(盖章)　　　　　　　　　　乙方(签字):

法定代表人或委托代理人:

　　年　月　日　　　　　　　　　　　　　　年　月　日

业务示例4-3　解除劳动合同协议书格式二(适用于员工动议协商解除的情形)

解除劳动合同协议书(格式二)

甲方:××公司

法定代表人:

乙方:姓名:_____身份证号:_____员工工号:_____

甲、乙双方于____年____月____日签订的编号为____的劳动合同,现因乙方提出解除劳动合同,经甲、乙双方协商一致,同意解除劳动合同,并达成如下协议:

一、解除劳动合同的日期为:____年____月____日。

二、按《劳动合同法》的规定,甲方不支付乙方解除劳动合同的经济补偿金。

三、乙方同意在____年____月____日前办理工作、业务交接。

四、甲方为乙方缴纳的各项社会保险金至____年____月____日止。

五、甲方在劳动合同解除之日起15日内,为乙方办理档案和社会保险关系转移手续。

六、自本协议生效之日起,甲乙双方基于劳动关系产生的一切权利义务已经结清,互无纠葛。

七、本协议自甲、乙双方签字(盖章)后生效。

八、本协议一式三份,甲、乙双方各执一份,另一份留存乙方本人档案。

甲方:××公司(盖章)　　　　　　　　　　乙方(签字):

法定代表人或委托代理人:

　　年　月　日　　　　　　　　　　　　　　年　月　日

业务示例4-4 解除劳动合同证明书

解除劳动合同证明书(一联)

编号(　　)

本单位与＿＿＿＿＿＿签订的劳动合同由于＿＿＿＿＿＿＿＿＿＿原因于＿＿年＿＿月＿＿日解除,其档案及社会保险转移手续于＿＿年＿＿月＿＿日转移。

特此证明

单位(盖章)
年　月　日

此证明书已于本人签字之日送达本人。

职工签字:
　　年　月　日

说明:此证明一式三份,一联存根留用人单位,二联交职工使用,三联存入职工本人档案。

解除劳动合同证明书(二联)

编号(　　)

本单位与＿＿＿＿＿＿签订的劳动合同由于＿＿＿＿＿＿＿＿＿＿原因于＿＿年＿＿月＿＿日解除,其档案及社会保险转移手续于＿＿年＿＿月＿＿日转移。

特此证明

单位(盖章)
年　月　日

说明:此证明一式三份,一联存根留用人单位,二联交职工使用,三联存入职工本人档案。

此证明书已于本人签字之日送达本人。

职工签字:
　　年　月　日

解除劳动合同证明书(三联)

编号(　　)

本单位与＿＿＿＿＿＿签订的劳动合同由于＿＿＿＿＿＿＿＿＿＿原因于＿＿年＿＿月＿＿日解除,其档案及社会保险转移手续于＿＿年＿＿月＿＿日转移。

特此证明

单位(盖章)
年　月　日

说明:此证明一式三份,一联存根留用人单位,二联交职工使用,三联存入职工本人档案。

此证明书已于本人签字之日送达本人。

职工签字:
　　年　月　日

三、实操演练

工作任务 4-1

【背景材料】

李某是某公司职工,2010年3月与公司签订了为期5年的劳动合同。2012年3月,公司更换了主要负责人,为李某调整了工作岗位。李某对新的工作岗位不太适应,加之工资较低,便主动与单位协商欲解除劳动合同,并与单位协商要求其支付解除劳动合同的经济补偿金。但单位提出,根据劳动法规定,经济补偿金在用人单位提出解除劳动合同时才支付,李某是自动辞职,没有上述两项待遇。李某认为是双方协商一致解除劳动合同,单位应支付经济补偿金,于是向劳动争议仲裁委员会提出仲裁申请,要求公司为其办理解除劳动合同的手续并支付经济补偿金。

【具体任务】

1. 请你分析,李某的请求能否得到支持。
2. 请为公司设计与李某协商一致解除劳动合同的流程并制作相应的文书。

工作任务 4-2

【背景材料】

某咨询公司因项目调整,打算与王某解除劳动关系,双方于2012年12月1日就此进行了谈话,并制作了简单的谈话记录。在记录中有这样的记载:员工提出,劳动关系2012年12月31日解除,经济补偿金N+2,奖金10 000元;公司提出,劳动关系2012年12月31日解除,经济补偿金N。

后谈话记录另起一行,写明"双方未达成一致,约定3天后再协商"。

后公司认为,双方劳动关系已经于2012年12月31日解除,而王某认为,双方劳动关系尚未解除,因为双方最后未达成一致意见。但公司并不认可,认为双方已经就劳动合同的解除时间达成了一致,仅是未对经济补偿达成一致。

【具体任务】

1. 请你分析,双方劳动关系到底是解除了还是未解除。
2. 协商解除劳动合同在操作流程上需要注意哪些问题?
3. 请为公司设计一个完整的协商解除劳动合同的流程并制作办理相关手续所需要的文书。

学习任务二 劳动者有过错,用人单位单方解除劳动合同操作

学习情境 4-2

B 员工担任 A 公司的总经理。在 A 公司多名员工的劳动合同即将到期前,A 公司的人力资源总监多次提示 B 应及时决定是否与该等员工续签劳动合同。但 B 始终未予理会,最终导致在合同到期后,大量员工在没有续签合同的情况下继续在 A 公司工作。随后,有几名员工以 A 公司未与其签订书面劳动合同为由,提起了劳动争议仲裁和诉讼,要求 A 公司支付未签书面劳动合同期间的双倍工资,同时要求解除劳动关系并由 A 公司支付经济补偿金。A 公司因此遭受了几十万元的经济损失。A 公司随后以 B 严重失职,并给公司造成重大损失为由解除了 B 的劳动合同。B 认为单位无权单方解除其劳动合同。单位解除 B 的劳动合同正确吗?

一、相关知识链接

除了双方协商一致用人单位可以提出解除劳动合同外,法律还给了用人单位单方解除劳动合同的权利。用人单位单方解除劳动合同又分为即时性解除、预告性解除、经济性裁员三类。

即时性解除,也叫过失性解除、过错性解除。指因劳动者存在过错行为,影响劳动合同的正常履行,用人单位有权与该劳动者解除劳动合同。用人单位过错性解除劳动合同,须符合法律规定的解除条件,除试用期解除外,其他情形都属于劳动者有过错。对于过错性解除,法律没有严格限定解除的程序,用人单位无须取得劳动者的同意,也无须向劳动者支付经济补偿。因此,用人单位的过错性解除劳动合同,又叫用人单位可以随时通知(即时通知)劳动者解除劳动合同。根据《劳动合同法》第三十九条的规定,劳动者有下列情形之一的,用人单位可以解除劳动合同:(1)在试用期间被证明不符合录用条件的;(2)严重违反用人单位的规章制度的;(3)严重失职,营私舞弊,给用人单位造成重大损害的;(4)劳动者同时与其他用人单位建立劳动关系,对完成本单位的工作任务造成严重影响,或者经用人单位提出,拒不改正的;(5)因本法第二十六条第一款第一项规定的情形致使劳动合同无效的;(6)被依法追究刑事责任的。

(一)劳动者在试用期间被证明不符合录用条件的解除操作

许多用人单位都认为在试用期内可以随时解除与劳动者的劳动关系,但实际上法律只

是将这一权利赋予了劳动者,而用人单位在试用期内解除劳动合同必须要证明劳动者不符合录用条件。由于用人单位平时对这一问题存在认识上的误区,往往使得一旦发生此类纠纷,劳动者诉诸法律,用人单位便无法提供其合法解除劳动合同的证据。根据《劳动合同法》第三十九条的规定,劳动者在试用期间被证明不符合录用条件的,用人单位可以解除劳动合同。因此,证明劳动者"不符合录用条件"是用人单位在试用期内单方解除劳动合同的前提条件之一。如果这个前提条件不成立,也没有其他法定事由,用人单位无权在试用期内单方解除劳动合同。

试用期内用人单位以"不符合录用条件"为由辞退劳动者,应当注意以下几个方面:

(1) 要在法定解约时间内即只能适用于试用期限之内,试用期满或者试用期之外不能适用该项解除条件。

(2) 要有录用条件并告知了劳动者。录用条件因用工实际情况会有很大差异,但无论何种录用条件,都必须明确、具体。实践中确定录用条件的方法很多,一般可以采用招聘广告、岗位说明、入职登记表、劳动合同、规章制度、专门约定等,但要注意的是用人单位应当尽量采用书面形式确定录用条件,并告知劳动者,以防发生劳动争议时口说无凭。如果用人单位不能提供有效的证据来证明劳动者不符合录用条件,就要承担举证不能的责任。

(3) 解约程序要合法。用人单位在试用期内以"不符合录用条件"为由辞退劳动者,解除劳动合同,需要向劳动者说明理由,并且以书面形式为宜。

作为用人单位,一定要慎重使用这一权限。如果一个用人单位没有录用条件,或者没有合法的录用条件,或者录用条件不明确无法作为解约适用条件,那么,用人单位最好就不要使用这一权限来解除和劳动者的劳动合同。否则,用人单位在发生劳动争议后几乎官司必败无疑。在使用这一权限时,一定要充分审查录用条件和劳动者的情况,并严格依照法律规定程序来解除劳动合同。

(二) 严重违反规章制度解除劳动合同

《劳动合同法》第三十九条第二项规定,劳动者严重违反用人单位规章制度的,用人单位可以解除劳动合同。企业适用该条款解除劳动合同,无须支付经济补偿金,但该条款的适用是受到诸多条件限制的,如果条件不成立,就要承担违法解除劳动合同的后果。

1. 严重违反规章制度解除劳动合同的条件把握

(1) 企业要有合法的、完善的规章制度。

用人单位以严重违反规章制度解除劳动合同,要有合法的规章制度为依据。规章制度的内容和制定程序必须符合法律法规的规定。内容必须符合法律法规的规定自不必说,制定程序须符合法律法规的规定却被一些企业所忽视。《劳动合同法》第四条规定了用人单位在制定、修改或决定涉及劳动者切身利益的规章制度时应遵守的程序,其中与员工讨论、协商并公示或告知是必经程序,未经此程序对员工是没有约束力的。

(2) 员工违反规章制度的行为应是客观存在的,并且是能够证明的。

要证明员工的行为是属于严重违反用人单位规章制度的行为,一是要有证据证明,二是规章制度要有明确的规定。在企业合法有效的规章制度中,对严重违反规章制度的行为要有明确、合理、不产生歧义的规定,员工的行为一旦符合规定就可认定为严重违规。

(3) 单位规章制度中对"严重"违纪要作出界定。

在实践中,一些 HR 认为只要企业有制度,职工又违反了制度,企业就有权解除劳动合同,这是错误的。员工违纪分为一般违纪和严重违纪,只有严重违纪企业才能解除劳动合同。何谓严重违纪呢?法律对此没有明确的标准,界定权在用人单位,用人单位应根据劳动法所规定的限度和本单位的客观情况在规章制度中予以明确,并需要做到公平合理。如果事先没有界定又无其他法律依据,即使员工违纪,单位也不能与之解除劳动合同。

那么,单位如何界定严重违纪呢?一是在规章制度中列举哪些属于严重违纪行为,并明确,如果违反此项规定,单位可以解除劳动合同。二是规章制度体系要严密,可以实行违纪升级制度,即规定几次一般违纪属于严重违纪,形成梯度,这样可以处理大错不犯,小错不断的职工。

一般认为"严重"主要是指违纪违章的性质或情节严重,符合一般人的正常评判标准。通常理解是员工的行为违反劳动合同义务以至于劳动关系的维持成为不可能。这种严重的性质或情节,可表现在以下几个方面:

第一,一定时期内反复多次的违规行为,经劝告、教育或处理多次屡教不改的行为;

第二,对用人单位生产经营秩序、管理秩序有较大损害的行为,诸如打架斗殴、无理取闹、散布谣言、损害企业名誉、不服从用人单位的正常工作调动、不服从用人单位的劳动人事管理等;

第三,对用人单位造成重大的利益损失,包括经济损失及无形资产损失;

第四,影响恶劣,以至于影响到规章制度的权威性和正常施行;

第五,可用量化标准界定严重违反规章制度,例如"一个月内连续旷工×次或累计旷工×次是严重违纪"等。

2. 以严重违反规章制度解除职工劳动合同的操作程序

因劳动者严重违反规章制度,用人单位单方解除劳动合同的主要程序如下:

(1) 发现职工违反规章制度的事实,并保留相关证据;

(2) 研究其违纪行为是否构成单位的严重违纪标准;

(3) 用人单位将解除劳动合同的事实与理由通知工会,征求工会的意见;

(4) 工会提出意见;

(5) 用人单位研究工会的意见,作出处理意见,并将处理结果书面通知工会;

(6) 用人单位将解除劳动合同通知书送达劳动者,为其出具解除劳动合同的证明,并告知其按照规定享受失业保险待遇的权利;

(7) 将失业人员的名单自解除劳动关系之日起 7 日内报社会保险经办机构备案,并在 15 日内为劳动者办理档案和社会保险关系转移手续。

(三) 劳动者严重失职给单位造成重大损失时劳动合同的解除

1. 解除的条件

(1) 劳动者有严重失职或营私舞弊行为之一。

《劳动合同法》第三十九条规定:"劳动者有下列情形之一的,用人单位可以解除劳动合同:……(三)严重失职,营私舞弊,给用人单位造成重大损害的。"严重失职、营私舞弊是指劳动者在履行劳动合同期间,没有按照岗位职责履行自己的义务,违反其忠于职守、维护用人单位利益的义务,有未尽职责的严重过失行为或者利用职务之便谋取私利的故意行为,使用人单位有形财产、无形财产遭受重大损害,但不够刑罚处罚的程度。

(2) 给单位造成重大损害。

在适用该条时,须注意劳动者有严重失职、营私舞弊行为的,用人单位并不能理所当然地解除劳动合同,还得具备一个条件,即严重失职、营私舞弊给用人单位造成重大损害的。未造成重大损害的,用人单位不得解除劳动合同。如何认定"重大损害"呢?法律并无具体规定,司法实践中也无统一标准可供参考。原劳动部《关于〈中华人民共和国劳动法〉若干条文的说明》(劳办发〔1994〕289号)第二十五条第三款规定,"重大损害"由企业内部规章来规定。因为企业类型各有不同,对重大损害的界定也千差万别,故不便于对重大损害作统一的解释。若由此发生劳动争议,可以通过劳动争议仲裁委员会对其规章规定的重大损害进行认定。

2. 解除的程序

因劳动者严重失职,给单位造成重大损失时,用人单位单方解除劳动合同的主要程序如下:

(1) 发现员工有严重过失或营私舞弊行为;
(2) 确认是否造成"严重"后果,并保留相关证据;
(3) 用人单位将解除劳动合同的事实与理由通知工会,征求工会的意见;
(4) 工会提出意见;
(5) 用人单位研究工会的意见,作出处理意见,并将处理结果书面通知工会;
(6) 用人单位将解除劳动合同通知书送达劳动者,为其出具解除劳动合同的证明,并告知其按照规定享受失业保险待遇的权利;
(7) 将失业人员的名单自解除劳动关系之日起7日内报社会保险经办机构备案,并在15日内为劳动者办理档案和社会保险关系转移手续。

(四) 双重劳动关系劳动合同的解除

双重劳动关系是指劳动者同时与两个或两个以上的用人单位建立劳动关系,即我们通常所说的"兼职"。我国劳动法律法规没有对双重劳动关系作禁止性的规定,但作为劳动者而言,完成本职工作是其应尽的义务。劳动者建立双重劳动关系,在时间上、精力上必然会影响到本职工作。作为用人单位来讲,对一个不能全心全意为本单位工作,并严重影响到工作任务完成的人员,有权与其解除劳动合同。《劳动合同法》第三十九条规定:"劳动者有下列情形之一的,用人单位可以解除劳动合同:……(四)劳动者同时与其他用人单位建立劳动关系,对完成本单位的工作任务造成严重影响,或者经用人单位提出,拒不改正的。"根据该规定,劳动者存在双重劳动关系并不会必然导致用人单位解除劳动合同,必须具备一定的条件用人单位方可解除劳动合同。

1. 解除的条件

具备下列条件之一的,单位方可解除劳动合同:

(1) 劳动者同时与其他用人单位建立劳动关系,对完成本单位的工作任务造成严重影响的。注意,这里对工作任务造成的影响必须达到"严重"的程度,轻微影响或者没有影响,用人单位无权以此为由解除劳动合同。

(2) 劳动者同时与其他用人单位建立劳动关系,经用人单位提出,拒不改正的。注意,用人单位不能直接解除劳动合同,必须先向劳动者提出,劳动者拒不改正后方可解除。

由此可以看出:第一,如果用人单位在劳动合同或者规章制度中明确规定禁止劳动者兼职,兼职行为被纳入严重违反规章制度的范畴内,那么劳动者一旦出现兼职行为,即可解除劳动合同。第二,如果单位没有明确规定不得兼职,那么根据《劳动合同法》的规定,劳动者的兼职行为对本职工作造成了影响的,可以解除劳动合同。但是必须由单位对造成的影响承担举证责任,否则将面临举证不利的后果。第三,劳动者的兼职行为没有对本职工作造成影响,但是单位如果有证据证明曾对劳动者指出过不要兼职,而劳动者拒不改正我行我素的,用人单位也可以解除劳动合同。但单位没有"指出"过的证据,以此解除劳动合同也属违法。

2. 解除的程序

因劳动者建立双重劳动关系时,用人单位单方解除劳动合同的主要程序如下:

(1) 发现员工与其他单位建立劳动关系;

(2) 对其提出警示,要求其与相关单位解除劳动关系;

(3) 给其改正时间,仍不改正;

(4) 将理由通知工会并征求意见;

(5) 工会提出意见;

(6) 用人单位研究工会的意见,作出处理意见,并将处理结果书面通知工会;

(7) 用人单位将解除劳动合同通知书送达劳动者,为其出具解除劳动合同的证明,并告知其按照规定享受失业保险待遇的权利;

(8) 将失业人员的名单自解除劳动关系之日起 7 日内报社会保险经办机构备案,并在 15 日内为劳动者办理档案和社会保险关系转移手续。

(五) 因劳动者原因致使劳动合同无效的解除

1. 解除的条件

劳动者以欺诈、胁迫的手段或者乘人之危,使用人单位在违背真实意思的情况下订立或变更劳动合同的,比如,劳动者在应聘时对学历等有欺诈的情形,用人单位可因此解除劳动合同。鉴于此,用人单位有必要对所有员工建立严格的人事档案制度,将劳动者的简历、求职信中的陈述等作为档案备查,一旦发现有虚假或不实陈述的,可以考虑主张劳动者在应聘时存在欺诈行为。

2. 解除的程序

因劳动者原因致使劳动合同无效时,用人单位单方解除劳动合同的主要程序如下:

(1) 发现员工相应的欺诈等行为;

(2) 用人单位将解除劳动合同的事实与理由通知工会,征求工会的意见;

(3) 工会提出意见;

(4) 用人单位研究工会的意见,作出处理意见,并将处理结果书面通知工会;

(5) 用人单位将解除劳动合同通知书送达劳动者,为其出具解除劳动合同的证明,并告知其按照规定享受失业保险待遇的权利;

(6) 将失业人员的名单自解除劳动关系之日起 7 日内报社会保险经办机构备案,并在 15 日内为劳动者办理档案和社会保险关系转移手续。

(六) 劳动者被依法追究刑事责任的解除

1. 解除的条件

劳动者构成犯罪,被依法追究刑事责任,用人单位可以解除劳动合同。如何理解"被依法追究刑事责任"?根据原劳动部《关于贯彻执行〈中华人民共和国劳动法〉若干问题》(劳部发〔1995〕309 号)第二十九条规定,具体指:被人民检察院免予起诉;被人民法院判处刑罚(包括主刑和附加刑);被人民法院依据《刑法》第三十二条(注:1997年修改的《刑法》是第三十七条)免于刑事处分这三种情况。被判处缓刑的、监外执行的,用人单位可以解除劳动合同。

劳动者被劳动教养,虽不是被追究刑事责任,但其人身自由受到限制,已不能到原单位上班工作,因此,根据上述原劳动部《关于贯彻执行〈中华人民共和国劳动法〉若干问题》第三十一条"劳动者被劳动教养的,用人单位可以依据被劳教的事实解除与该劳动者的劳动合同"的规定,劳动者被劳动教养后劳动合同可由用人单位自行解除。

那么,劳动者违反治安管理规定被行政拘留的,单位能不能解除劳动合同呢?被追究刑事责任应不包括行政拘留,所以单位不能以劳动者被行政拘留而以被追究刑事责任为由解除劳动合同,但是如果用人单位制度有规定,被行政拘留属于严重违反规章制度的,用人单位可以以严重违反用人单位规章制度为由解除劳动者的劳动合同。

劳动者涉嫌违法犯罪被有关机关收容审查、拘留或逮捕的,根据上述原劳动部《关于贯彻执行〈中华人民共和国劳动法〉若干问题》第二十八条规定,用人单位在劳动者被限制人身自由期间,可与其暂时停止劳动合同的履行,暂停履行劳动合同期间,用人单位不承担劳动合同规定的相应义务。劳动者经证明被错误限制人身自由的,暂时停止履行劳动合同期间劳动者的损失,可由其依《国家赔偿法》要求有关部门赔偿,对此用人单位不承担责任。

2. 解除的程序

因劳动者被依法追究刑事责任时,用人单位单方解除劳动合同的主要程序如下:

(1) 取得劳动者被依法追究刑事责任的证据;
(2) 用人单位将解除劳动合同的事实与理由通知工会,征求工会的意见;
(3) 工会提出意见;
(4) 用人单位研究工会的意见,作出处理意见,并将处理结果书面通知工会;
(5) 用人单位将解除劳动合同通知书送达劳动者,为其出具解除劳动合同的证明;
(6) 在 15 日内为劳动者办理档案和社会保险关系转移手续。

二、业务示例

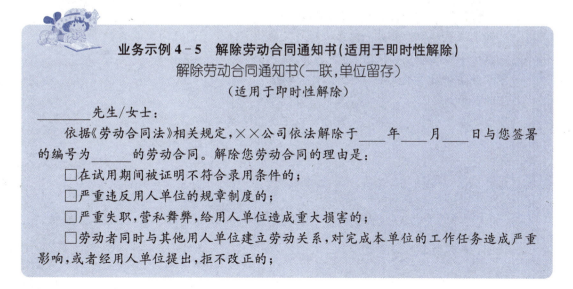

业务示例 4-5　解除劳动合同通知书(适用于即时性解除)

解除劳动合同通知书(一联,单位留存)

(适用于即时性解除)

_____先生/女士:

依据《劳动合同法》相关规定,××公司依法解除于____年____月____日与您签署的编号为_____的劳动合同。解除您劳动合同的理由是:

□在试用期间被证明不符合录用条件的;
□严重违反用人单位的规章制度的;
□严重失职,营私舞弊,给用人单位造成重大损害的;
□劳动者同时与其他用人单位建立劳动关系,对完成本单位的工作任务造成严重影响,或者经用人单位提出,拒不改正的;

☐因本法第二十六条第一款第一项规定的情形致使劳动合同无效的；
☐被依法追究刑事责任的。

您的劳动合同于____年____月____日解除。

您的薪资结算至____年____月____日,共计_____元(人民币)。

您需要在____年____月____日办理以下交接手续：

1. _____
2. _____
3. _____

××公司

____年____月____日

说明：本劳动合同解除通知书一式两份,公司和员工各持一份。

此通知书已于本人签字之日送达本人。

职工签字：

____年____月____日

解除劳动合同通知书(二联,职工留存)

（适用于即时性解除）

_____先生/女士：

依据《劳动合同法》相关规定,××公司依法解除于____年____月____日与您签署的编号为_____的劳动合同。解除您劳动合同的理由是：

☐在试用期间被证明不符合录用条件的；
☐严重违反用人单位的规章制度的；
☐严重失职,营私舞弊,给用人单位造成重大损害的；
☐劳动者同时与其他用人单位建立劳动关系,对完成本单位的工作任务造成严重影响,或者经用人单位提出,拒不改正的；
☐因本法第二十六条第一款第一项规定的情形致使劳动合同无效的；
☐被依法追究刑事责任的。

您的劳动合同于____年____月____日解除。

您的薪资结算至____年____月____日,共计_____元(人民币)。

您需要在____年____月____日办理以下交接手续：

1. _____
2. _____
3. _____

××公司

____年____月____日

说明：本劳动合同解除通知书一式两份,公司和员工各持一份。

业务示例4-6 单位单方解除劳动合同理由说明书

单位单方解除劳动合同理由说明书(一联,人力资源部留存)

××公司工会委员会:

本公司员工_____因_____原因,公司决定与其解除劳动合同,特此通知。

如有不同意见,请在____年____月____日前向人力资源部提出。

××公司
____年____月____日

本说明书一式两份,人力资源部和工会各留存一份。

此说明书已于工会签字盖章之日送达工会。
工会盖章:
经办人签字:
____年____月____日

单位单方解除劳动合同理由说明书(二联,工会留存)

××公司工会委员会:

本公司员工_____因_____原因,公司决定与其解除劳动合同,特此通知。

如有不同意见,请在____年____月____日前向人力资源部提出。

××公司
____年____月____日

本说明书一式两份,人力资源部和工会各留存一份。

业务示例4-7 解除劳动合同证明书

解除劳动合同证明书(一联,单位留存)

本单位与_____签订的劳动合同于____年____月____日解除,其档案及社会保险转移手续于____年____月____日转移。

特此证明

单位(盖章)

一式三份,一联存根留用人单位。

此证明书已于职工签字之日送达本人。
职工签字:
____年____月____日

解除劳动合同证明书（二联，职工留存）

本单位与_____签订的劳动合同因于___年___月___日解除,其档案及社会保险转移手续于___年___月___日转移。

特此证明

单位(盖章)

一式三份,二联职工本人留存。

解除劳动合同证明书（三联，存入本人档案）

本单位与_____签订的劳动合同于___年___月___日解除,其档案及社会保险转移手续于___年___月___日转移。

特此证明

单位(盖章)

___年___月___日

三、实操演练

工作任务4-3

【背景材料】

李东升于2011年3月份入职深圳某公司品检部担任产品检验员职务,公司与李东升签订了劳动合同,合同中约定工资为3 000元/月。2012年10月,公司以李东升工作严重失职(本应抽检60件产品只抽检40件产品)导致公司重大损害为由解除与李东升的劳动合同。李东升辩称,虽然少抽检了部分产品,但产品在使用过程中并没有质量问题,公司以工作严重失误为由将他辞退显然是想辞退后不支付经济补偿金而找的理由。如果公司坚持要辞退,必须支付经济补偿金。公司认为,他们辞退李东升是因为李东升工作的严重失误导致了公司重大损失。现在只将李东升辞退而没有要求李东升赔偿损失已经是仁至义尽了。对于李东升要求给予他经济补偿,该公司坚决不同意,只同意支付当月工资。双方经多次协商未果,李东升申请劳动仲裁。仲裁庭认为,公司以李东升严重失职导致公司重大损失为由提出解除劳动合同,但未能提出相关证据证明公司存在重大损失。因此,公司单方面解除与李东升的劳动合同的理由不成立,应当支付解除劳动合同的经济补偿金。

【具体任务】

1. 请你分析公司败诉的原因。
2. 请你总结以员工失职给单位造成损失而解除劳动合同,单位应注意的问题,并给单位出具一份法律意见书。

工作任务 4-4

【背景材料】

2011年11月3日,北京某公司员工刘某以"有事回老家处理"为由向公司请假24天(自2011年11月6日至11月30日),公司予以批准。刘某实际上并未回家,第二天即前往北京某精密技术有限公司办理入职手续。该公司同时为刘某办理了社会保险手续。刘某请假期满后,又回到了原公司工作。后公司于2011年12月向人保局缴纳员工养老保险时,人保局称无法办理刘某的缴费事宜,因刘某的社会保险缴费单位已于2011年11月变更为北京某精密技术有限公司。公司大为吃惊,经过调查得知刘某于请假期间已入职该公司,社保关系也转移到了该公司。2012年1月9日,公司以刘某在职期间加入新的用人单位,建立双重劳动关系为由书面通知刘某解除劳动合同。刘某申请劳动仲裁被驳回,后向法院提起诉讼,双方在法庭主持下进行了调解,公司支付了部分经济补偿金结案。

【具体任务】

1. 请你对双重劳动关系的法律规定进行总结。
2. 单位依据双重劳动关系解除劳动者的劳动合同要注意哪些问题?
3. 请你为公司解除刘某的劳动合同做一个方案,并出具相应的文书。

工作任务 4-5

【背景材料】

杨某于2009年12月9日起到上海的一家外资公司工作。2012年2月,公司以杨某上班喝酒等严重违反劳动纪律及公司规章制度,连续多次给予警告通知,经教育后仍屡教不改为由,解除双方劳动关系。杨某申请仲裁要求支付单方解除劳动合同经济补偿,被驳回。

法院经审理后认为,虽杨某对公司规章制度不予认可,但根据杨某签名的公司若干制度明确规定的附件、细节确认,公司确有员工两次以上收到书面警告即可解除劳动合同的规定。因此,公司因杨某违反规章制度而与其解除劳动关系,合法有据,故对于杨某提出的替代通知期工资及解除劳动合同经济补偿金的请求,法院不予支持。

【具体任务】

1. 请你分析本案中法院的判决是否正确。
2. 请你为该公司出具一份"关于适用严重违反规章制度解除员工劳动合同"的风险防范建议书。

工作任务 4-6

【背景材料】

孙某为上海某培训学校的信息管理员。2013 年 4 月,培训学校发现孙某负责管理的电脑机房中有几台电脑的硬盘丢失,但是具体丢失原因无法查实。培训学校认为孙某已经严重违反了单位的劳动纪律和规章制度,因此解除了与孙某的劳动合同。孙某认为自己并无违纪行为,公司的做法违法,于是依法申请了劳动仲裁,要求裁定单位解除劳动合同违法,继续履行劳动合同。仲裁支持了孙某的请求。

【具体任务】

1. 请你分析本案中学校败诉的原因何在。
2. 请你分析单位在适用严重失职与严重违反规章制度,与职工解除劳动合同时有何区别。

学习任务三 用人单位非过错性解除劳动合同操作

学习情境 4-3

赵平 2000 年 1 月进入公司工作,2013 年 2 月因患病住院治疗。公司为其支付了半年医疗费用后,拒绝继续支付,并以赵平非因工患病,长达半年不能工作,无法履行劳动合同规定的义务为由,予以解除劳动合同。赵平不服,认为自己虽然不是因工负伤,且不能工作,但是仍应当享受职工患病期间的医疗待遇。公司不但不能解除劳动合同,还应当继续支付医疗费用并发放病假工资。职工患病,单位就不能解除劳动合同吗?

一、相关知识链接

用人单位非过失性解除劳动合同,也叫预告通知解除劳动合同,是指劳动者本身并不存在过失,但是由于存在特定情况,法律规定企业可以与劳动者解除劳动合同。

按照我国《劳动合同法》第四十条的规定,有下列情形之一的,用人单位提前 30 日以书面形式通知劳动者本人或者额外支付劳动者 1 个月工资后,可以解除劳动合同:(1) 劳动者患病或者非因工负伤,在规定的医疗期满后不能从事原工作,也不能从事由用人单位另行安排的工作的;(2) 劳动者不能胜任工作,经过培训或者调整工作岗位,仍不能胜任工作的;(3) 劳动合同订立时所依据的客观情况发生重大变化,致使劳动合同无法履行,经用人单位与劳动者协商,未能就变更劳动合同内容达成协议的。因此,对于非过失性解除劳动合同,用人单位需要提前30天通知劳动者或者额外支付劳动者1个月工资后可以解除劳动合同，且解除劳动合同时需要支付经济补偿金。

（一）因病或非因工负伤不能从事原工作解除劳动合同

1. 解除的条件

劳动者患病或者非因工负伤，在规定的医疗期满后不能从事原工作也不能从事由用人单位另行安排的工作的，有权在医疗期内进行治疗和休息，不从事劳动。

但在医疗期满后，劳动者就有义务进行劳动。如果劳动者由于身体健康原因不能胜任工作，用人单位有义务为其调动岗位，选择他力所能及的岗位工作。如果劳动者对用人单位重新安排的工作也无法完成，说明劳动者履行合同不能，用人单位可以解除劳动合同。适用这一规定解除劳动合同需要同时具备以下两个条件：

（1）医疗期届满。这里的医疗期，是指职工患病或非因工负伤，停止工作治病休息，单位不得解除劳动合同的时限。这里的医疗期指劳动者根据其工龄等条件，依法可以享受的停工医疗并发给病假工资的期间，而不是劳动者病伤治愈实际需要的医疗期。

关于医疗期，按照《企业职工患病或非因工负伤医疗期的规定》第三条的规定，企业职工因患病或非因工负伤，需要停止工作进行医疗时，根据本人实际参加工作年限和在本单位工作年限，给予3~24个月的医疗期：(1)实际工作年限10年以下的，在本单位工作年限5年以下的为3个月；5年以上的为6个月。(2)实际工作年限10年以上的，在本单位工作年限5年以下的为6个月；5年以上10年以下的为9个月；10年以上15年以下的为12个月；15年以上20年以下的为18个月；20年以上的为24个月。

医疗期的起算从职工病休第一天开始累加计算。医疗期3个月的按6个月内累计病休时间计算；6个月的按12个月内累计病休时间计算；9个月的按15个月内累计病休时间计算；12个月的按18个月内累计病休时间计算；18个月的按24个月内累计病休时间计算；24个月的按30个月内累计病休时间计算。此外，对于特殊疾病的医疗期，如癌症、精神病、瘫痪等，在医疗期内不能痊愈的，经企业和劳动主管部门批准，可以适当延长医疗期。

特别要注意，各地对于医疗期的期限及计算方法有一些细化的规定，需要按照当地的规定执行。

（2）医疗期满后劳动者不能从事原工作，也不能从事用人单位另行安排的工作。

医疗期满后劳动者不能从事原工作的，单位还不能解除劳动合同。只有用人单位给劳动者另行安排工作劳动者仍不能胜任的，用人单位才可以解除劳动合同。

因此，职工患病或非因工负伤需要停止工作治病休息时，用人单位应给予职工一定的医疗期。医疗期满不能从事原工作的，单位还要另行安排工作。还不能从事的，如何操作呢？按规定，企业职工非因工致残和经医生或医疗机构认定患有难以治疗的疾病，医疗期满应当由劳动鉴定委员会参照工伤与职业病致残程度鉴定标准进行劳动能力的鉴定。被鉴定为1~4级的，应当退出劳动岗位，解除劳动关系，并办理退休、退职手续，享受退休、退职待遇。这就表明，医疗期届满后，企业要证明劳动者不能从事原工作和单位另行安排的，需要经过劳动能力鉴定这道程序。如果被鉴定为1~4级的，办理退休、退职手续；被鉴定为5~10级的，用人单位才可以解除劳动合同。

2. 解除的程序

劳动者因病或非因工负伤不能从事原工作的，用人单位与其解除劳动合同的主要程序如下：

(1) 医疗期满时通知员工来上班,发现员工不能从事原工作;
(2) 单位为该员工另行安排工作;
(3) 发现员工不能从事另行安排的工作;
(4) 将理由通知工会并征求工会的意见;
(5) 向员工发出解除劳动合同通知书(提前30日,也可以不提前30日,以支付1个月工资作为对价);
(6) 要求员工办理工作交接,单位支付经济补偿金及医疗补助费;
(7) 为劳动者出具解除劳动合同的证明,并办理档案和社会保险关系的转移手续。

(二) 劳动者不能胜任工作解除劳动合同

1. 解除的条件

按《劳动合同法》的规定,劳动者不能胜任工作,经过培训或调整工作岗位仍不能胜任工作的,单位可以解除劳动合同。适用此规定解除劳动合同,须同时满足以下两个条件:

(1) 劳动者被证明不能胜任工作。这里所谓的"不能胜任工作",是指不能按要求完成劳动合同中约定的任务或者同工种、同岗位人员的工作量。这就要求企业在与劳动者签订劳动合同时,要明确员工的工作内容,特定行业的,还需要明确工作量。如果签订劳动合同时没有明确工作量的,只能参照同工种、同岗位人员的工作量来确定。一般来讲,应参照平均的同工种、同岗位人员的工作量予以确定,不能参照最高的同工种、同岗位人员的工作量。用人单位不得故意提高定额标准,使劳动者无法完成。

(2) 经培训或调岗后,仍不能胜任工作。劳动者没有具备从事某项工作的能力,不能完成某一岗位的工作任务,这时用人单位可以对其进行职业培训,提高其职业技能,也可以把其调换到能够胜任的工作岗位上,这是用人单位负有的协助劳动者适应岗位的义务。如果单位尽了这些义务,劳动者仍然不能胜任工作,说明劳动者不具备在该单位的职业能力,用人单位可以在提前30日书面通知或支付1个月工资的情况下,解除与该劳动者的劳动合同。法律规定了不能胜任工作的员工解除劳动合同的两个前提条件是培训或调岗,由单位自己选择,到底选择哪一种方式,这要根据员工的情况进行具体的分析。

2. 解除的程序

因劳动者不能胜任工作,用人单位与其解除劳动合同的主要程序如下:

(1) 以绩效考核标准考核后发现员工不能胜任工作;
(2) 单位对其进行培训或调整工作岗位;
(3) 再次以绩效考核标准对员工进行考核后,发现该员工仍不能胜任工作;
(4) 将理由通知工会并征求工会的意见;
(5) 向员工发出解除劳动合同通知书(提前30日,也可以不提前30日,以支付1个月工资作为对价);
(6) 要求员工办理工作交接,单位支付经济补偿金;
(7) 为劳动者出具解除劳动合同的证明,并办理档案和社会保险关系的转移手续。

(三) 客观情况发生变化解除劳动合同

1. 解除的条件

(1) 客观情况发生重大变化。劳动合同订立时所依据的客观情况发生重大变化,致使劳动合同无法履行,经用人单位与劳动者协商,也未能就变更劳动合同内容达成协议,用人单位可根据劳动合同履行中客观情况的变化而解除劳动合同。本项规定是情势变更原则在劳动合同中的体现。从性质上看,劳动合同无法履行的客观情况,一般应指履行劳动合同正常必需的客观条件。在劳动合同的履行过程中,可能会出现如自然条件改变、企业迁移、被兼并、企业资产转移等不可抗力或其他致使劳动合同全部或部分条款无法履行的情况。发生重大变化的前提是发生不可抗力或未为当事人预料且不能为当事人预料。比如,地震、水灾、战争或国家经济调整,企业兼并、迁移,资产转移等。重大变化既包括用人单位的,也有劳动者自身的原因。前者可能是由于经营上的原因发生困难、亏损或业务紧缩,也可能因为市场条件、国际竞争、技术革新等造成工作条件的改变而导致使用劳动者数量下降。后者则是由于原本胜任的工作在用人单位采取自动化或新生产技术后不能胜任,或者是因为身体原因不能胜任。

（2）双方未能就变更劳动合同达成协议。如果这些重大变化足以使原劳动合同发生不能履行或不必要履行的变化,为了使劳动合同能够得到继续履行,必须根据变化后的客观情况,由劳资双方当事人进行变更劳动合同的协商;如果劳动者不同意变更劳动合同,原劳动合同所确立的劳动关系就没有存续的必要,在这种情况下,用人单位可以解除劳动合同。

2. 解除的程序

因客观情况发生变化时,用人单位与劳动者解除劳动合同的主要程序如下:

（1）发现客观情况发生重大变化;

（2）发现劳动合同无法履行;

（3）与员工协商变更劳动合同内容,未达成协议;

（4）将理由通知工会并征求工会的意见;

（5）向员工发出解除劳动合同通知书（提前 30 日,也可以不提前 30 日,以支付 1 个月工资作为对价）;

（6）要求员工办理工作交接,单位支付经济补偿金;

（7）为劳动者出具解除劳动合同的证明,并办理档案和社会保险关系的转移手续。

二、业务示例

业务示例 4-8　解除劳动合同理由说明书

（适用于预告性解除）

解除劳动合同理由说明书

××公司工会委员会：

本公司员工_____因下列第__项原因,公司决定与其解除劳动合同,特此通知。

如有不同意见,请在____年____月____日前向人力资源部提出。

解除原因：

（一）患病或者非因工负伤,在规定的医疗期满后不能从事原工作,也不能从事由用人单位另行安排的工作;

（二）劳动者不能胜任工作,经过培训或者调整工作岗位,仍不能胜任工作;

（三）劳动合同订立时所依据的客观情况发生重大变化,致使劳动合同无法履行,经用人单位与劳动者协商,未能就变更劳动合同内容达成协议。

××公司
年 月 日

本说明书一式两份,人力资源部和工会各留一份。

此说明书已于工会签字盖章之日送达工会。
工会签字盖章:

业务示例4-9 解除劳动合同通知书
(适用于预告性解除)

解除劳动合同通知书(一联,单位留存)

(适用于预告性解除)

_____先生/女士:

　　依据《劳动合同法》相关规定,××公司依法解除于____年____月____日与您签署的编号为_____的劳动合同。解除您劳动合同的理由是:

　　□员工患病或非因工负伤医疗期满不能从事原工作和公司另行安排的工作;

　　□不能胜任工作,经过培训或调岗仍不能胜任工作;

　　□劳动合同订立时所依据的客观情况发生重大变化,致使劳动合同无法履行,双方未能就变更劳动合同达成一致。

　　您的劳动合同于____年____月____日解除。

　　您的薪资结算至____年____月____日,共计_____元(人民币)。

　　您在本公司工作____年____月,公司需要支付给您相当于您解除劳动合同前12个月的平均工资____元/月____个月的经济补偿金,共_____元(人民币),在办理工作交接时支付。

　　医疗补助费情况为:

　　(一)公司需要支付您相当于_____个月工资的医疗补助费,共_____元(人民币),在您办理工作交接时支付。

　　(二)公司不需要支付医疗补助费。

　　您需要在____年____月____日办理以下交接手续:

　　1._____

　　2._____

　　3._____

××公司
____年____月____日

说明:本劳动合同解除通知书一式两份,公司和员工各持一份。

此通知书已于本人签字之日送达本人。
职工签字:
____年____月____日

解除劳动合同通知书(二联,职工留存)
(适用于预告性解除)

_____先生/女士:

依据《劳动合同法》相关规定,××公司依法解除于____年____月____日与您签署的编号为_____的劳动合同。解除您劳动合同的理由是:

□员工患病或非因工负伤医疗期满不能从事原工作和公司另行安排的工作;

□不能胜任工作,经过培训或调岗仍不能胜任工作;

□劳动合同订立时所依据的客观情况发生重大变化,致使劳动合同无法履行,双方未能就变更劳动合同达成一致。

您的劳动合同于____年____月____日解除。

您的薪资结算至____年____月____日,共计_____元(人民币)。

您在本公司工作____年____月,公司需要支付给您相当于您解除劳动合同前12个月的平均工资____元/月____个月的经济补偿金,共_____元(人民币),在办理工作交接时支付。

医疗补助费情况为:

(一)公司需要支付您相当于_____个月工资的医疗补助费,共_____元(人民币),在您办理工作交接时支付。

(二)公司不需要支付医疗补助费。

您需要在____年____月____日办理以下交接手续:

1. _____
2. _____
3. _____

××公司
____年____月____日

说明:本劳动合同解除通知书一式两份,公司和员工各持一份。

业务示例4-10 解除劳动合同证明书

解除劳动合同证明书(一联,单位留存)

本单位与_____签订的劳动合同于____年____月____日由于_____原因解除,其档案及社会保险转移手续于____年____月____日转移。

特此证明

单位(盖章)

一式三份,一联存根留用人单位。

此证明书已于职工签字之日送达本人。

职工签字:

____年____月____日

解除劳动合同证明书(二联,职工留存)

本单位与_____签订的劳动合同于____年____月____日由于_____原因解除,其档案及社会保险转移手续于____年____月____日转移。

特此证明

一式三份,二联职工本人留存。

单位(盖章)

____年____月____日

解除劳动合同证明书(三联,存入本人档案)

本单位与_____签订的劳动合同于____年____月____日由于_____原因解除,其档案及社会保险转移手续于____年____月____日转移。

特此证明

一式三份,三联存入本人档案。

单位(盖章)

____年____月____日

三、实操演练

工作任务 4-7

【背景材料】

韩冬山与某化工厂订有无固定期限的劳动合同。两年前,他得了胃癌,经过多种治疗手段,病情仍未得到有效控制,而化工厂却花费了几万元医疗费用。年底,化工厂决定与韩冬山解除劳动合同。

韩冬山的妻子曹某听到这个消息后,泪流满面地来到化工厂人事部:"你们可不能跟我们家老韩解除劳动合同,他已经是癌症晚期了。要是没了工作单位,谁给他发生活费?谁给他报销医药费?现在住院费那么高,自己怎么负担得起……"曹某带着哭腔,向人事部王经理发问,"老韩的劳动合同是无固定期的,到退休时才终止呢。你们现在提前解除,这合法吗?"王经理说:"老韩的现状我们很同情,但是化工厂现在生意不好,亏损严重,真是再也养不起老韩了。再说,老韩的医疗期只有9个月,可他现在已经连续病休两年多了,按照劳动政策的规定,化工厂完全有权跟他解除劳动合同。同时,化工厂也按规定向他支付了经济补偿金和相当于6个月工资的医疗补助费。我认为,化工厂的做法完全符合《劳动法》。"

"退一步讲,"曹某擦干眼泪,口气逐渐强硬起来,"就算化工厂有权解除劳动合同,但只给6个月工资,作为医疗补助费也太少了。我们家老韩得的是绝症,你们怎么也该多给些医疗补助费才对。"

"关于医疗补助费的规定,化工厂是一视同仁的。无论是谁,也不管他得的是什么病,只要是医疗期满后解除劳动合同的,一律按6个月工资发放,谁也不能例外。要是现在多给老韩发医疗补助费的话,将来别人也跟他攀比,化工厂怎么办?"

"好,既然你们执意要解除合同,又不同意多给点儿医疗补助费,那就没什么好说的了,我们将向劳动争议仲裁委员会提请仲裁。"说完,曹某转身离开了化工厂。

【具体任务】
请你分析:
1. 双方签订了无固定期限合同,劳动者长期患病用人单位能否解除劳动合同?
2. 医疗期满是什么含义?它是指治疗疾病(治愈)的期限,还是一个统一的期限?
3. 劳动者患病或者非因工负伤,医疗期满后,劳动者的工作岗位如何安排?
4. 如果劳动者不能从事原工作,也不能从事由用人单位另行安排的工作,如何处理?
5. 劳动者患病还没有得到有效治疗期间用人单位就解除劳动合同,这种做法是否合理合法?
6. 如果化工厂真的解除劳动合同,韩冬山通过什么方式才能使自己的疾病继续得到治疗?
7. 治疗期满,对于无固定期限的劳动合同,用人单位能够解除吗?如果能解除,那还是无固定期限的劳动合同吗?如果不能解除,是否无论发生什么情况都不能解除?
8. 劳动合同解除后,用人单位给韩冬山的医疗补助费是否达到法定标准?
9. 请设计单位解除韩冬山劳动合同的流程并出具相应的文书。

工作任务 4-8

【背景材料】

李达高考落榜后,被一驰商贸公司录用,签订了5年劳动合同,分配在销售部当业务员。李达上班时经常把销售部的电脑打开玩游戏,销售部经理批评了几次,李达都没当回事,抽空照样玩。2年后,销售部实行内部承包,销售业绩与工资奖金挂钩。李达连着几个月完不成任务,有的月份还剃了"光头",一份合同没签。销售部经理无奈,找到公司经理要求把李达调走,公司经理没有同意。销售部无奈,只得将李达的任务减去20%,并指定一名老业务员负责培训他,带他一块儿跑合同。半年下来,李达的销售业绩比一般业务员还是差得很多。经销售部经理多次反映,公司征得李达本人同意,让他到供应部做发货员。谁料李达屁股坐不住,心不在焉,发货单经常填错。一次,李达把发往合肥的货单错填成西安,幸亏供应部经理发现得及时,否则得损失好几万。公司领导经慎重研究,决定依照《劳动合同法》规定解除李达的劳动合同,并给李达发出书面通知,让他一个月后来公司办理手续。一个月后,李达到公司办理解除劳动合同手续时,向公司索要经济补偿金。公司劳资部部长说:"你自己干不好被解除合同还要什么经济补偿?回家拿失业保险金吧。公司领导说了,解除你的合同不发经济补偿金。"李达还要诉说,劳资部部长推说开会掉头走了。没过几天,李达就向市劳动争议仲裁委员会提出申请,要求一驰商贸公司如数发给经济补偿金,并给予违法解除劳动合同的赔偿金。

【具体任务】
1. 请分析公司能否解除李达的劳动合同。
2. 如果公司要解除李达的劳动合同,要办理哪些手续?请出具相应的文书。

学习任务四　用人单位经济性裁员操作

学习情境4-4

申诉人李某、张某、王某系广东某电器公司市场营销人员。三人均于2000年12月份入职,公司每年均与该三人签订了劳动合同。最近一次签订劳动合同的时间为2007年12月份,合同期限5年,即合同期限至2012年12月份止。合同中约定月工资为4 500元,实行不定时工作制,无加班工资。三人作息时间均是早上9:00到公司报到,报到之后离开公司前往市场,此期间自行安排休息时间,下午无需回公司报到,每周休息一天。2011年7月份,由于用工成本的提升,加上原材料涨价等因素影响,公司生产经营发生了严重困难须进行裁员。经过内部审批程序和工会的审核,2011年8月31日公司电话通知包含三位申诉人在内的50名营销人员前来领取离职通知单,并告知他们自9月30日后无需再来公司上班,9月份的工资照发。三位申诉人接到公司电话通知后拒绝前来领取离职通知单,也不接受公司的补偿协议,而是通过电子邮件的形式提出了更高的补偿要求。公司未同意三位申诉人的要求,三人遂申请仲裁。公司认为自己的裁员合法合理。

公司的裁员有问题吗?

一、相关知识链接

所谓经济性裁员,就是用人单位在经济不景气时的批量裁员。经济性裁员涉及被裁员工的合法权益。为了平衡用人单位与被裁劳动者两者的权益,法律对用人单位裁员的条件和程序做了严格限制。

(一) 裁员的条件

经济性裁员应当具备两个条件:一是客观经济情况,二是人数条件。

1. 客观经济情况

企业出现下列四种情形之一的,即可以进行经济性裁员:

(1) 依照《企业破产法》规定进行重整。《企业破产法》第二条规定:"企业法人不能清偿到期债务,并且资产不足以清偿全部债务或者明显缺乏清偿能力的,依照本法规定清理债务。企业法人有前款规定情形,或者有明显丧失清偿能力可能的,可以依照本法规定进行重整。"《企业破产法》设置重整制度,主要目的就是使用人单位根据企业重整的经营方案、债权的调整和清偿方案以及其他有利于企业重整的方案在内的重整计划,继续经营并清偿债务,避免用人单位进入破产清算程序,使经营失败的企业有可能通过重整而得到复苏、振兴的机会。在重整过程中,用人单位可根据实际经营情况,进行经济性裁员。

(2) 生产经营发生严重困难。市场经济中的企业无时不面临着激烈竞争,一旦对市场需求判断失误或者决策偏差等,企业的生产经营可能就会发生困难。在用人单位的生产经营发生严重困难时,应允许其通过各种方式进行自救,而不是进一步陷入破产、关闭的绝境。此时,裁减人员、缩减员工规模是一项较有效的缓解措施。从全局看,对用人单位的劳动者群体是有利的,但涉及特定劳动者的权益,应慎重处理。因此,《劳动合同法》允许用人单位在正常经营发生困难时采取经济性裁员的措施,但同时要求用人单位要慎用该手段,在"困难"两字前加了"严重"的限制。按《劳动法》的相关规定,这里的"严重"的标准,应该是达到当地政府制定的困难企业标准。

(3) 企业转产、重大技术革新或者经营方式调整,经变更劳动合同后,仍需裁减人员。在企业生产经营过程中,企业为了寻求生存和更大发展,必然要进行结构调整和整体功能优化,这些方式包括企业转产、重大技术革新和经营方式调整。企业转产、重大技术革新或者经营方式调整并不必然导致用人单位进行经济性裁员,如企业转产的,从事原工作岗位的劳动者可以转到转产后的工作岗位。为了更好地保护劳动者的合法权益,同时引导用人单位尽量不使用经济性裁员,《劳动合同法》要求企业转产、重大技术革新或者经营方式调整,只有在变更劳动合同后,仍需要裁减人员的,才可以进行经济性裁员。

(4) 其他因劳动合同订立时所依据的客观经济情况发生重大变化,致使劳动合同无法履行的。实践中,除了以上列举的三类情形外,还有一些客观经济情况发生变化需要经济性裁员的情形,如有些企业为了防治污染进行搬迁需要经济性裁员的,也应允许用人单位进行经济性裁员。

2. 人数条件

人数条件,即裁减达到20人以上或者裁减人数占企业职工总数的10%以上。用人单位如果裁减人员人数不足法定标准,就不能以经济性裁员的实体条件为由成批解除劳动合同。

(二) 裁员时人员筛选与优先留用

根据实际情况,经济性裁员中裁减的人数不定,在裁减一部分劳动者时,就涉及裁减哪些劳动者的问题。经济性裁员不能只考虑用人单位的需求,还要考虑社会因素,优先保护对用人单位贡献较大、再就业能力较差的劳动者。《劳动合同法》规定经济性裁员中优先留用人员时,主要从劳动合同期限和保护社会弱势群体角度出发,规定了三类优先留用人员:与本单位订立较长期限的固定期限劳动合同的;与本单位订立无固定期限劳动合同的;家庭无其他就业人员,有需要扶养的老人或者未成年人的。

(三) 经济性裁员的操作程序

1. 提前说明程序

企业实施经济性裁员必须提前 30 日向工会或者全体职工说明情况,听取工会或职工的意见。

按照我国《劳动合同法》的规定,企业实施经济性裁员需要裁减 20 人以上或者裁减不足 20 人但占企业职工总数 10% 以上,需要提前 30 日向工会或者全体职工说明情况。企业履行提前说明程序有利于工会和劳动者了解裁减人员方案及裁减理由,获得工会和劳动者对经济性裁员行为的理解和认同。

当前,有的企业已经建立了工会,有的企业还没有建立工会。已建立工会的企业,可以选择向企业工会或者全体职工说明情况;没有建立工会的企业,可以选择向企业同级地方总工会或者全体职工说明情况。

2. 裁减方案提出程序

听取工会或者职工的意见后,企业对原裁减人员方案进行必要修改后,形成正式的裁减人员方案。按照原劳动部《企业经济性裁减人员规定》第四条的规定,裁减人员方案应包括以下内容:被裁减人员名单,裁减时间及实施步骤,符合法律、法规规定和集体合同约定的被裁减人员经济补偿办法等。

3. 裁员方案听取意见程序

作为非过失性解除合同的一种,经济性裁员方案形成后应继续征求工会或全体职工的意见。经济性裁员中有些职工是被裁减的,有些职工没有被裁减。如果是职工代表必然涉及职工代表的产生方法,比较复杂,反而不易操作,故《劳动合同法》未规定以职工代表方式听取意见。

听取职工意见可以有多种形式,如座谈会、设置意见箱、部门负责人收集意见等。当然,如果职工主动推举代表出来向企业反映问题,也是职工意见。应注意的是,听取意见不同于听从意见,企业经济性裁员形成合法方案后并不一定需要修改。如果不具备裁员条件或具备了裁员条件而不符合裁员的程序,劳动者可以通过向劳动监察部门举报或以申请劳动仲裁的方式,使裁员决定被撤销以维护自身合法权益。

4. 劳动行政部门报告程序

用人单位符合进行经济性裁员条件的,应依法将裁员的情况和工会或全体员工的意见及时书面报告劳动和社会保障部门,一般还应提交证明企业具备实施经济性裁员的实体条件材料。以使劳动行政部门了解裁员情况,必要时采取相应措施,防止出现意外情况,监督经济性裁员合法进行。劳动行政部门对材料齐全的企业裁员报告,给予登记备案,并出具回执。

(四) 对劳动者的解雇保护

法律在规定用人单位可以解除劳动合同的三种情形之时,还对用人单位的解除劳动合同进行了限制。这种限制是为了保护一些特定群体劳动者的合法权益,《劳动合同法》第四十二条规定在 6 类法定情形下,禁止用人单位根据此法第四十条、第四十一条的规定单方解除劳动合同。这里要注意:对用人单位不得解除劳动合同规定的理解须注意以下两个方面:一是此种禁止专指用人单位单方解除劳动合同,并不禁止劳动者与用人单位协商一致解除劳动合同;二是此种禁止的前提是用人单位不得根据《劳动合同法》第四十条、第四十一条解除劳动合同,即非过失性解除和经济性裁员,除此之外,即使劳动者具备了本条规定的6种情形之一的,用人单位仍可以根据《劳动合同法》第三十九条的规定解除劳动合同。

(1) 从事接触职业病危害作业的劳动者未进行离岗前职业病健康检查,或者疑似职业病病人在诊断或者医学观察期间的。

(2) 在本单位患职业病或者因工负伤并被确认丧失或者部分丧失劳动能力的。

根据《工伤保险条例》的规定,患职业病或者因工负伤并被确认丧失或部分丧失劳动能力的,是指伤残等级为1～10级的工伤或职业病职工。这里又分为以下两种情况:

① 1～4级工伤职工。对于1～4级工伤职工,用人单位需要与其保留劳动关系,永久不能与其解除劳动关系。即使劳动者退出了工作岗位,仍有权享受相应的工伤待遇。在这种情况下,企业与工伤职工的劳动关系要保留到工伤职工退休。

② 5～10级工伤职工。对于5～10级工伤职工,用人单位不得提出与工伤职工解除劳动关系,但是经工伤职工本人提出,企业可以与该职工解除劳动关系,由用人单位支付一次性工伤医疗补助金和伤残就业补助金。

(3) 患病或者非因工负伤,在规定的医疗期内的。

(4) 女职工在孕期、产期、哺乳期的。

(5) 在本单位连续工作满15年,且距法定退休年龄不足5年的。

(6) 法律、行政法规规定的其他情形。

二、业务示例

业务示例4-11　A公司裁员方案

A公司裁减人员方案

一、原因

公司经营发生严重困难,连续一年亏损,如果再继续亏损下去不作相应的战略调整,将有可能发展到破产境界,所以只有尽快进行战略调整,发展有机会的产品,才有可能保证企业的存续。

二、裁员名单

被裁减人员名单如下:

(略)

被裁减人员所在部门及离开公司批次如下:

部门	2013-6-29	2013-6-30	2013-7-18	2013-7-31	总计
		12		9	21
	84	6	9	1	100
		5			5
总计	84	23	9	10	126

三、裁减流程：依法律程序操作

（1）公司于6月21～26日通知计划被裁人员，听取员工意见，说明拟定的裁减人员方案、具体裁减的流程、工资支付、经济补偿金支付、离职时间、解除劳动合同证明发放、五险一金缴至月份、失业金待遇等。

（2）6月27日根据员工意见，修改裁减人员方案。

（3）6月28日向劳动行政部门报告裁员方案及员工意见。

（4）6月29日正式公布裁员方案，与员工办理相关解约手续及待遇支付。

四、被裁减人员的待遇支付

（1）6月29日公布方案，有84人当天办理离职手续，有23人6月30日办理离职手续，有19人在将7月中下旬办理离职手续。所有被裁员工工资发放至7月31日。视同员工工作至7月31日。

（2）经济补偿金依法发放：每满1年支付1个月工资，6个月以上不满1年的，按1年计算；不满6个月的，按0.5个月工资支付经济补偿金。根据员工入职日至解职日（2013年7月31日）之间的工作天数/365天计算工作年限。小于0.5年按0.5月工资计算。大于或等于0.5年按1月工资计算。月工资以前12个月的应发工资的平均值计算。

（3）五险一金：缴至7月份。7月30日办理五险一金减员手续。

（4）根据用工方式的不同，将被裁员工的档案分别放至失业科和人才市场人事代理处，为员工办理失业手续。

（5）告知每位被裁员工后续单位用工手续怎样接续、五险一金怎样移转、外地户口住房公积金怎样领取、党员党关系如何转移等事宜。

（6）为每位被裁员工提供推荐信，说明本次裁员是因企业转产经济裁员，以便员工顺利应聘下一家单位。

五、前期准备

（1）充分了解员工的工作情况、特点、性格、心态、家庭背景等。

（2）让上司与其沟通；对于员工在公司所做出的业绩，给予认可；告知由于公司目前的困境和发展战略调整，必须进行经济性裁员才可以使企业生存的情况。

（3）了解裁员员工的家庭情况，有没有困难家庭的，有没有会因为离职而影响家庭生活的。

（4）制定出裁员通知书、补偿金额等。

（5）充分了解员工的基本情况，考虑他们可能会提出的疑问的应对解答。

（6）制定相关人资表格。

六、沟通策略

（1）了解他在公司所做出的业绩，给予认可；引导出裁员是由于公司目前的困境和发展战略调整、成本上升等原因。

（2）公司裁员会给予相应的补偿：① 说明经济补偿的标准；② 可以当即离职，发1个月代通知金并视同上班；③ 说明失业金领取流程。

(3) 提供解除劳动合同证明,提供推荐信,希望本次裁员不影响员工寻找下一份工作。

(4) 如果公司有合适的职位,首先考虑的是被裁员工。因为他们已熟悉公司的工作模式和公司管理规定,了解生产流程。

七、离职工资成本核算:依离职人员名单计算

部　门	经济补偿金发放金额(元)
	54 494.67
	200 482.01
	12 621.3
总计	267 597.98

八、附件

(1) 裁减人员情况报告表(略)。
(2) 用人单位法人营业执照副本复印件(略)。
(3) 听取员工意见的书面说明及资料(略)。
(4) 财务营运资料(略)。
(5) 公司向被裁员工提供的表单资料(略)。

A公司
2013 年 8 月 1 日

业务示例 4-12　解除劳动合同通知书(经济性裁员适用)

解除劳动合同通知书(一联,单位留存)
(适用于经济性裁员)

_____先生/女士:

依据《劳动合同法》相关规定,××公司依法解除于____年____月____日与您签署的编号为_____的劳动合同。解除您劳动合同的理由为:经济性裁员。

您的劳动合同于____年____月____日解除。

您的薪资结算至____年____月____日,共计_____元(人民币)。

您在本公司工作____年____月,公司需要支付给您相当于您解除劳动合同前 12 个月的平均工资____元/月____个月的经济补偿金,共_____元(人民币),在办理工作交接时支付。

您需要在____年____月____日办理以下交接手续:

1. _____
2. _____
3. _____

××公司
____年____月____日

说明：本劳动合同解除通知书一式两份，公司和员工各持一份。

此通知书于员工签字之日送达员工。

员工签字：

____年____月____日

解除劳动合同通知书（二联，员工留存）
（适用于经济性裁员）

_____先生/女士：

依据《劳动合同法》相关规定，××公司依法解除于____年____月____日与您签署的编号为_____的劳动合同。解除您劳动合同的理由为：经济性裁员。

您的劳动合同于____年____月____日解除。

您的薪资结算至____年____月____日，共计_____元（人民币）。

您在本公司工作____年____月，公司需要支付给您相当于您解除劳动合同前12个月的平均工资____元/月____个月的经济补偿金，共____元（人民币），在办理工作交接时支付。

您需要在____年____月____日办理以下交接手续：

1. _____
2. _____
3. _____

说明：本劳动合同解除通知书一式两份，公司和员工各持一份。

××公司

____年____月____日

业务示例4-13　解除劳动合同证明书

同业务示例4-10。

业务示例4-14　解除劳动合同理由说明书

××公司工会委员会：

因公司实施经济性裁员，公司决定解除员工_____的劳动合同，特此通知。

如有不同意见，请在____年____月____日前向人力资源部提出。

××公司

年　　月　　日

本说明书一式两份，人力资源部和工会各留一份。

此说明书已于工会签字盖章之日送达工会

三、实操演练

工作任务 4-9

【背景材料】

某家电公司因经营管理不善造成严重亏损,决定裁员。为此,公司想解除32人的劳动合同。公司在裁员前未走漏任何消息。2013年3月18日上午,32名员工就接到了公司解除劳动合同的通知书,称公司因严重亏损,须裁员,并告知这32名职工,收拾东西,交接工作,4小时后走人。这32人中,有2人正处于医疗期,有1名女职工怀孕6个月。职工对企业的做法提出了质疑,但企业认为,企业严重亏损即时裁员是企业的权利,况且公司本身也有即时裁员的规定,职工必须服从公司的规定。而职工们则认为,裁员应提前30日通知他们。双方为此发生争议,32名职工将公司诉至劳动争议仲裁委员会。

【具体任务】

1. 请分析企业的裁员决定在程序上有哪些问题。
2. 本案的32名当事人的劳动合同依法应该如何处理?
3. 请为家电公司制作一份裁员方案。
4. 请为此家电公司设计一个合理、合法的裁员程序。

工作任务 4-10

【背景材料】

A公司4小时闪电裁员40多人

A公司在4小时内完成了对该公司企业软件事业部(ES)40多名员工的裁员活动,而这个决定的宣布仅用了几分钟。在事件发生之前,被裁掉的员工表示并不知情,这也是A公司成立以来的首次裁员行动。

被要求4小时内离开

"7月10日,我们突然接到邮件通知,要求下午2点全体部门员工召开重要会议。出人意料的是,首席运营官(COO)朱某与人力资源总监鲁某此时出现在会议室。"昨天下午,一位在此事件中被裁掉的前A公司员工向记者讲述了事件的经过。

"一直以来,大家都做得很努力,不过ES这块业务的成长性不够好,公司已经决定撤销ES部门。"朱某的话令所有员工惊讶,可更令人吃惊的还在后面。

"给各位4个小时的时间来办理交接手续,将笔记本、门卡等物品交还公司,并离开公司,6点之前公司将关闭相关ERP账户和邮件系统。"鲁某说这番话的时候已经是下午2点30分,距被要求离开公司的时限不足3小时。据该员工回忆,ES中仅有运营总监幸免,目前他被调到客户端软件部。

人走茶凉

"人走茶凉,心寒啊!"这是一名被裁A公司员工MSN上的最新签名。他在接受记者采访时表示,如果企业遇到困难需要辞退部分员工,至少应该提前通知,就这样来个"突然袭击"让人心寒。他说部分被裁员工最近有起诉A公司的打算。

被裁掉的员工们猜测,此次裁员的原因可能是"ES部门不大能赚钱"。记者在A公司的财报上看到,A公司主要的收入来源是广告、竞价排名和企业软件三个方面,其中竞价排名的收入占到总收入的90%以上。

A公司说法:裁员是正常的战略收缩

对此次裁员,A公司方面有关负责人的解释是,这是正常的战略收缩。A公司华南区公关经理张某表示:软件事业部是在公司诞生之初、赢利模式还不清楚的情况下成立的,负责研发和经营企业信息管理解决方案类软件的部门,现在已与A公司主要提供的搜索引擎服务不相吻合。

张经理同时透露:虽然最终裁撤的决定本周才对外发布,但此项战略意图却在半年前就已经在公司内部有所暗示,该部门员工早已基本了解公司的这一意图。他明确表明:裁撤的相关人员已按《劳动法》的有关条款和劳务协议规定的内容妥善安置,其中一部分转到其他部门工作,另有十几人已被提前解除劳动合同,后者均已领到了相应的补偿金。

【具体任务】

1. 了解本案案情,分析其中是否存在违法情形。
2. 归纳我国关于用人单位裁员的法定条件与法定程序的规定。
3. 假设你是A公司劳动关系管理员,请你为本案裁员决策提供一套合法的裁员计划方案。

学习任务五　劳动者单方解除劳动合同的单位操作

学习情境 4-5

刘星源是某有限责任公司的技术骨干,入职时与单位签订了两年期限的劳动合同。一年后,刘星源为谋求更好的发展准备跳槽,并提前30日以书面形式向用人单位提出解除劳动合同。由于刘星源是公司的技术骨干,因此公司以加薪、提高其他福利待遇等方式极力挽留,但刘星源不为所动,30日后自行离职。公司遂以劳动合同期未满和刘星源未完成工作交接为由,拒绝为刘星源开具解除劳动合同的证明以及办理档案和社会保险关系转移手续。为此,刘星源与用人单位交涉近一个月未果,于是向劳动仲裁部门申请仲裁。

请你思考:劳动者辞职,单位不同意,能否拒绝办理相关手续?

一、相关知识链接

用人单位可以单方解除劳动合同,劳动者也可以单方提出解除劳动合同,只不过,劳动者提出解除劳动合同的条件比用人单位更宽松。

(一) 劳动者提出解除劳动合同的三种情况

1. 提前通知解除

劳动者在试用期内解除劳动合同,应提前3日通知用人单位。试用期之外,劳动者提前30日以书面形式通知用人单位也可以解除劳动合同。注意,这是劳动者行使任意解除权,劳动者只要履行了提前通知的义务,不论用人单位是否同意,均应为劳动者办理解除劳动合同的手续。

2. 随时通知解除

根据《劳动合同法》第三十八条规定,用人单位有下列情形之一的,劳动者可以解除劳动合同:(1) 未按照劳动合同约定提供劳动保护或者劳动条件的;(2) 未及时足额支付劳动报酬的;(3) 未依法为劳动者缴纳社会保险费的;(4) 用人单位的规章制度违反法律、法规的规定,损害劳动者权益的;(5) 因本法第二十六条第一款规定的情形致使劳动合同无效的;(6) 法律、行政法规规定劳动者可以解除劳动合同的其他情形。上述情形出现,劳动者可以随时通知用人单位解除劳动合同。

3. 无需通知立即解除

用人单位以暴力、威胁或者非法限制人身自由的手段强迫劳动者劳动的,或者用人单位违章指挥、强令冒险作业危及劳动者人身安全的,劳动者可以立即解除劳动合同,不需事先告知用人单位。

(二) 劳动者提出解除劳动合同时用人单位的操作

劳动者单方提出解除劳动合同,不论单位是否同意,均应为劳动者办理相关手续。

1. 发出解除劳动合同确认通知书

由于是劳动者主动提出解除劳动合同的,单位只需发出确认通知书,明确解除劳动合同的时间、相关手续的办理即可。

2. 支付经济补偿金

如果是单位有过错造成劳动者解除劳动合同的,单位也要支付经济补偿金。

3. 出具解除劳动合同的证明

虽然是劳动者主动提出解除劳动合同,单位也要出具解除劳动合同的证明,以作为其求职、享受失业保险待遇和失业登记的凭证。

4. 办理社会保险和档案关系的转移手续

用人单位自与职工解除劳动关系之日起15日内为员工办理档案和社会保险关系的转移手续,千万不要采取扣档不放的做法。

二、业务示例

业务示例 4-15 解除劳动合同确认通知书

解除劳动合同确认通知书(一联,单位留存)

_____先生/女士:

因您于____年____月____日向公司提交了解除劳动合同通知书,您的劳动合同将于____年____月____日解除。

您需要结算以下薪资和补偿金事宜：

1. 您薪资结算至____年____月____日；共计_____元（人民币），请于____年____月____日前到公司财务部办理。

2. 此种情形下，

○ 公司不需要支付您经济补偿金

○ 您在本公司工作____年____月，公司需要支付给您相当于您解除劳动合同前12个月的平均工资____元/月____个月的经济补偿金，共_____元（人民币），在办理工作交接时支付。

您需要在___年___月___日办理以下交接手续：

1. _____
2. _____
3. _____

NJY 公司（盖章）

员工签字：

____年____月____日

此确认书一式两联，一联单位留存。

此确认通知书员工签字之日已送达员工。

解除劳动合同确认通知书（二联，员工留存）

_____先生/女士：

因您于____年____月____日向公司提交了解除劳动合同通知书，您的劳动合同将于____年____月____日解除。

您需要结算以下薪资和补偿金事宜：

1. 您薪资结算至____年____月____日；共计_____元（人民币），请于____年____月____日前到公司财务部办理。

2. 此种情形下，

○ 公司不需要支付您经济补偿金

○ 您在本公司工作____年____月，公司需要支付给您相当于您解除劳动合同前12个月的平均工资____元/月____个月的经济补偿金，共_____元（人民币），在办理工作交接时支付。

您需要在___年___月___日办理以下交接手续：

1. _____
2. _____
3. _____

NJY 公司（盖章）

员工签字：

____年____月____日

此确认书一式两联，二联员工留存。

业务示例 4‑16 解除劳动合同证明书(劳动者单方解除劳动合同适用)

同业务示例 4‑4。

三、实操演练

工作任务 4‑11

【背景材料】

王桂林与北京某电器公司签订了为期 5 年的劳动合同,担任销售一职。合同期限自 2011 年 4 月 1 日至 2016 年 3 月 31 日。王桂林称,由于电器公司未按时向其支付 2011 年 11 月和 12 月的工资,他于 2012 年 1 月 8 日作出了《解除劳动合同告知书》,该《告知书》提到电器公司未按时向王桂林支付工资。之后,王桂林于 2012 年 1 月 9 日将该《告知书》寄到了该电器公司的暂时经营地——北京市海淀区一专家公寓,收件人为该电器公司的人员。双方在交涉过程中,王桂林主张公司应支付拖欠其两个月的工资并支付经济补偿金,被公司拒绝。公司不同意其解除劳动合同,并声称,两个月的工资未发是因为其销售业绩太差。王桂林向北京市海淀区劳动争议仲裁委员会提出仲裁申请,要求该公司向其支付 2011 年 11 月和 12 月的工资 8 000 元,支付解除劳动关系的经济补偿金及额外经济补偿金 1.5 万元。

【具体任务】

1. 请你分析,劳动者主动提出解除劳动合同,单位是否要支付经济补偿金。归纳一下劳动者提出解除劳动合同,单位需支付经济补偿金的情况。

2. 王桂林提出解除劳动合同单位不同意,那么单位是否需要为其办理解除劳动合同的手续?如果需要办理,要办理哪些手续?请出具相关的文书。

项目五

终止劳动关系管理

学习目标

能力目标

会办理终止劳动合同的手续;能够拟定终止劳动合同的协议书、通知书;能够拟定劳动合同续定书;会核算经济补偿金。

知识目标

了解劳动合同终止的原则;理解劳动合同终止的法律后果;掌握劳动合同终止的条件、程序和经济补偿金的支付条件。

学习任务一　劳动合同的终止与续订管理

学习情境 5-1

李某供职于某服务外包企业,从 2005 年开始担任后勤主管工作,2011 年 3 月 31 日劳动合同到期。合同到期前,公司人事经理开始与李某协商续签事宜。因李某年纪较大不太符合公司的要求,故公司提出续签劳动合同的工资将比以前降低 300 元。李某表示不同意,经人事经理反复沟通均无果。3 月 25 日李某在人事经理向其下发的续签通知中回复不同意降低工资,只同意按照原合同工资标准续签。公司人事经理在当天与李某通过电子邮件沟通,告知李某,因其不同意续签条件,双方劳动关系在合同到期后终止。

在此之后,李某便开始休年假。4月1日劳动合同到期后李某仍然来到公司表示要正常工作。于是,公司在4月2日向李某发出了书面的《劳动合同终止通知》,并向李某支付了经济补偿金。但李某对公司的这一决定表示不同意,随后将公司诉至劳动仲裁委员会。劳动仲裁委员会认为公司在4月2日向李某发出《劳动合同终止通知》时,李某的劳动合同早已到期,公司的行为属于单方解除劳动合同而非终止,裁决公司支付李某赔偿金。

终止和解除劳动合同有区别吗?不是同属于劳动关系的消灭吗?

一、相关知识链接

(一) 劳动合同终止及与解除的区别

劳动合同终止是指劳动合同的法律效力依法被消灭,亦即劳动合同所确立的劳动关系由于一定的法律事实的出现而终结,劳动者与用人单位之间原有的权利义务不再存在。这里的法律事实是基于法律的规定而产生的。因此,按《劳动合同法》的规定,劳动合同只有法定终止没有约定终止,即双方不得约定劳动合同终止的条件。

劳动合同的终止与解除是劳动关系消灭的两种基本形式,但两者是有区别的,其区别体现在如下几个方面:

1. 解除与终止是否由当事人作出意思表示不同

劳动合同解除是指在劳动合同订立后,劳动合同期限届满之前,因出现法定的情形或用人单位与劳动者约定的情形,一方单方通知或双方协商提前终止劳动关系的法律行为。作为一种法律行为,劳动合同解除一定会涉及用人单位或劳动者的意思表示,要么是单方的意思表示的结果,要么是双方的意思表示一致的结果。劳动合同终止则是指劳动合同订立后,因出现某种法定的事实,导致用人单位与劳动者之间形成的劳动关系自动归于消灭,或导致双方劳动关系的继续履行成为不可能而不得不消灭的情形。劳动合同终止主要是基于某种法定事实的出现,其一般不涉及用人单位与劳动者的意思表示,只要法定事实出现,一般情况下,都会导致双方劳动关系的消灭。

2. 解除与终止的条件不同

劳动合同既有法定解除也有约定解除,而劳动合同只有法定终止,而没有约定终止。

3. 解除与终止的程序不同

劳动合同解除根据不同情形,需要履行不同的法律程序,如果未履行必要的法定程序,可能会导致劳动合同解除违法,从而不能出现当事人预想达到的解除效果,甚至事与愿违地要承担相应的损害赔偿责任。而对于劳动合同终止是否履行相应的法定程序,以及未履行法定程序的法律后果,我国《劳动法》和《劳动合同法》均没有作出明确规定。有的地方有地方性的规定从其规定即可。

4. 解除与终止经济补偿金的计算起点不同

解除劳动合同的情形下，经济补偿金的计算年限均应自双方建立劳动关系起计算，即应按工作年限计算。只是2008年1月1日前后，经济补偿金计算的数额略有不同。

对于劳动合同终止的情形下经济补偿金的问题，《劳动合同法》之前的法律、法规规定，劳动合同自动终止的，用人单位是无需向劳动者支付经济补偿金。而《劳动合同法》对于此问题作出了新的规定，《劳动合同法》第四十六条第五款规定：劳动合同期满后，若用人单位不同意按照维持或高于原劳动合同约定条件，与劳动者续订劳动合同的，用人单位应当向劳动者支付经济补偿金。但根据《劳动合同法》规定的经济补偿金以2008年1月1日为分界点分段计算的原则，对于2008年1月1日后，因劳动合同终止需要支付经济补偿金的，经济补偿金的计算年限，应自2008年1月1日开始计算。2008年1月1日之前的工作年限，不属于经济补偿金计算范畴。简言之，两者的区别是：解除劳动合同计算经济补偿金是从劳动关系建立之日起计算，包括2008年1月1日前的工作年限；而终止劳动合同的经济补偿金的计算年限是从2008年1月1日以后的工作年限算起。

(二) 劳动合同终止的条件

《劳动合同法》对劳动合同终止的具体情形作出了列举式的规定。该法第四十四条规定：有下列情形之一的，劳动合同终止：(1) 劳动合同期满的；(2) 劳动者开始依法享受基本养老保险待遇的；(3) 劳动者死亡或者被人民法院宣告死亡或者宣告失踪的；(4) 用人单位被依法宣告破产的；(5) 用人单位被吊销营业执照、责令关闭、撤销或者用人单位决定提前解散的；(6) 法律、行政法规规定的其他情形。

因此，当出现《劳动合同法》规定的上述事实之一时，劳动合同即行终止。

(三) 劳动合同续延的情形

前已述及劳动合同终止的事由，劳动合同出现这些事由之一时劳动合同即可终止。但是必须注意，《劳动合同法》和其他一些法律、法规中对用人单位终止劳动合同做了一些限制，如同对劳动者的解雇保护一样，这些限制主要是为了保护某些特殊劳动者的利益。按《劳动合同法》的规定，劳动合同期满时，劳动者有下列情形之一的，劳动合同期限应顺延至相应情形消失时：从事接触职业病危害作业的劳动者未进行离岗前职业病健康检查，或者疑似职业病病人在诊断或者医学观察期间的；在本单位患职业病或者因工负伤并被确认丧失或者部分丧失劳动能力的；患病或者非因工负伤，在规定的医疗期内的；女职工在孕期、产期、哺乳期的；在本单位连续工作满15年，且距法定退休年龄不足5年的；法律、行政法规规定的其他情形。

这里要特别注意《劳动合同法》对劳动者患职业病或者因工负伤并被确认部分丧失劳动能力的情形的例外规定："丧失或者部分丧失劳动能力劳动者的劳动合同的终止，按照国家有关工伤保险的规定执行。"即在这种情形下，适用《工伤保险条例》的规定。《工伤保险条例》第三十六条规定，职工因工致残被鉴定为五级、六级伤残的，保留与用人单位的劳动关系，由用人单位安排适当工作。难以安排工作的，由用人单位按月发给伤残津贴，并由用人单位按照规定为其缴纳应缴纳的各项社会保险费。经工伤职工本人提出，该职工可以与用人单位解除或者终止劳动关系，由工伤保险基金支付一次性工伤医疗补助金，由用人单位支付一次性伤残就业补助金。第三十七条规定，职工因工致残被鉴定为七级至十级伤残的，劳动、聘用合同期满终止,或者职工本人提出解除劳动、聘用合同的,由工伤保险基金支付一次性工伤医疗补助金,由用人单位支付一次性伤残就业补助金。根据《工伤保险条例》的规定,鉴定为五级至六级伤残的,安排适当工作的,保留与用人单位的劳动关系,劳动合同不会终止。难以安排工作的,按月发放伤残津贴,劳动合同不会终止。经本人提出,劳动合同期满,可以终止劳动合同。鉴定为七级至十级伤残的,劳动合同期满可以终止,但须支付一次性工伤医疗补助金和伤残就业补助金。

(四) 劳动合同终止的程序

关于劳动合同终止的程序,《劳动合同法》并未作明确的规定,如是否要履行提前通知的程序等。但从人力资源管理的角度讲,终止劳动合同最好履行下列程序。

1. 提前书面通知劳动者

前已述及,《劳动合同法》并未要求终止劳动合同要提前通知,但从人力资源的透明管理的角度,最好是提前通知,至于提前多少天通知,完全可以由企业的规章制度来规定。如果有地方性规定的,要按地方性的规定来办理。如北京市规定,单位终止劳动合同,应提前30日以书面形式通知劳动者,每晚通知一天,要向劳动者支付一天的工资作为代通知赔偿金。

2. 与劳动者办理工作交接,依法支付经济补偿金

要在通知中向劳动者表明办理工作交接的时间,如果属于应当支付经济补偿金的情况,用人单位应在劳动者办理工作交接时支付。

3. 为劳动者出具终止劳动合同证明

终止劳动合同证明应在终止时为劳动者出具,即终止和出具证明同时进行。

4. 办理档案和社会保险关系转移手续

在终止劳动合同后的15日内要为劳动者办理档案和社会保险关系的转移手续。特别要注意,有时是劳动者不愿意续订劳动合同,而单位想续订劳动合同,有些单位就以不办理档案和社会保险关系转移手续为要挟的手段,这些都是错误的。

(五) 续订劳动合同的程序

劳动合同的续订,法律并未规定什么样的程序,从规范管理的角度看,劳动合同的续订一般应遵循如下程序。

1. 发出续订意向书

续订劳动合同也要遵循自愿原则,单位想续订劳动合同,还得劳动者同意才可续订。因此,一般在合同到期前一个月左右,用人单位应书面了解劳动者的意向,并要求劳动者在劳动合同到期前的一定期限内予以答复。

2. 确认续订意向

对有续订合同意向的员工,用人单位应及时确定是否与其续订的意向。

3. 就续订劳动合同的有关事项与劳动者进行协商

双方当事人协商要约和承诺,实际是对原合同条款审核后确定继续实施还是变更部分内容。

4. 签订劳动合同续订书

协商一致后,双方签字或盖章。实际操作中可以重新签一份,也可以填写续签合同单(该续签单一般附在劳动合同后面)。

二、业务示例

业务示例 5-1　续订劳动合同意向书

续订劳动合同意向书
（一联）

_____（先生/女士）：

　　本单位于____年____月____日与你签订的劳动合同将于____年____月____日到期,单位决定与你续订劳动合同,拟续订的合同期限为_____年,请慎重考虑后,于____年____月____日前,填好下面的回执,交公司人力资源部,并协商办理续订劳动合同事宜。逾期未将回执交回的,视为不同意续订劳动合同,公司将办理终止劳动合同事宜。

××公司
____年____月____日
此意向书员工签字之日已送达员工。
员工签字：
____年____月____日

此意向书一式两联,一联单位留存。

续订劳动合同意向书
（二联）

_____（先生/女士）：

　　本单位于____年____月____日与你签订的劳动合同将于____年____月____日到期,单位决定与你续订劳动合同,拟续订的合同期限为_____年,请慎重考虑后,于____年____月____日前,填好下面的回执,交公司人力资源部,并协商办理续订劳动合同事宜。

××公司
____年____月____日

此意向书一式两联,二联职工留存。

续订劳动合同意向书回执

　　本人_____（同意/不同意）续订劳动合同,续订的期限为_____。

职工（签字盖章）
____年____月____日

业务示例 5-2 劳动合同终止通知书

劳动合同终止通知书（一联，公司留存）

_____（先生/女士）：

　　本单位于____年____月____日与你签订的劳动合同将于____年____月____日到期，单位决定与你终止劳动合同，现劳动合同履行至合同到期日止。

　　您的薪资结算至____年____月____日，共计_____元（人民币），请您于____年____月____日到财务部办理。

　　您在本公司工作____年____月，公司需要支付给您相当于您解除劳动合同前12个月的平均工资____元/月____个月的经济补偿金，共_____元（人民币），在您办理工作交接时支付。

　　您需要在____年____月____日办理以下交接手续：

　　1. _____
　　2. _____
　　3. _____

　　特此通知

　　　　　　　　　　　　　　　　　　　　××公司（盖章）
　　　　　　　　　　　　　　　　　　　　____年____月____日

此通知一式两联，一联为公司留存。

　　　　　　　　　　　　　　　　此通知已于员工签字之日送达员工。
　　　　　　　　　　　　　　　　员工签字：
　　　　　　　　　　　　　　　　日期：____年____月____日

劳动合同终止通知书（二联，员工留存）

_____（先生/女士）：

　　本单位于____年____月____日与你签订的劳动合同将于____年____月____日到期，单位决定与你终止劳动合同，现劳动合同履行至合同到期日止。

　　您的薪资结算至____年____月____日，共计_____元（人民币），请您于____年____月____日到财务部办理。

　　您在本公司工作____年____月，公司需要支付给您相当于您解除劳动合同前12个月的平均工资____元/月____个月的经济补偿金，共_____元（人民币），在您办理工作交接时支付。

　　您需要在____年____月____日办理以下交接手续：

　　1. _____
　　2. _____

3. _____
特此通知

                ××公司（盖章）
                ____年____月____日

此通知一式两联，二联为职工留存。

业务示例 5-3 劳动合同续订书
ZHB 公司劳动合同续订书

甲方：ZHB 公司
乙方：_____（员工工号：_____）

  甲、乙双方在____年____月____日签订的劳动合同内容不变的基础上，经协商一致，同意续订：

  □有固定期限的劳动合同，自____年____月____日起至____年____月____日止，合同期限为____年。

  □无固定期限的劳动合同，自____年____月____日开始，双方约定当事人一方提前三周通知对方作为劳动合同终止的条件。

  本续订书经甲、乙双方签字（盖章）并加盖甲方劳动合同专用章后生效。

  本续订书一式两份，甲、乙双方各执一份。

甲方：ZHB 公司   乙方（签字）：
法定代表人或委托代理人：

  年 月 日   年 月 日

业务示例 5-4 终止劳动合同证明书
终止劳动合同证明书（一联，单位留存）

_____：

  本单位与_____（先生/女士）签订的劳动合同于____年____月____日终止，双方已经办妥一切与劳动关系有关的手续，其档案及社会保险关系于____年____月____日转移。

  特此证明

                单位盖章：
                ____年____月____日

(本证明书一式三份,一份留存用人单位,一份存入本人档案交户口所在地劳动行政部门,一份本人持用)

此证明于员工签字之日送达。

员工签字：

____年____月____日

终止劳动合同证明书(二联,职工留存)

_____:

本单位与_____(先生/女士)签订的劳动合同于____年____月____日终止,双方已经办妥一切与劳动关系有关的手续,其档案及社会保险关系于____年____月____日转移。

特此证明

单位盖章

____年____月____日

(本证明书一式三份,一份留存用人单位,一份存入本人档案交户口所在地劳动行政部门,一份本人持用)

终止劳动合同证明书(三联,存入职工档案)

_____:

本单位与_____(先生/女士)签订的劳动合同于____年____月____日终止,双方已经办妥一切与劳动关系有关的手续,其档案及社会保险关系于____年____月____日转移。

特此证明

单位盖章

____年____月____日

(本证明书一式三份,一份留存用人单位,一份存入本人档案交户口所在地劳动行政部门,一份本人持用)

业务示例 5-5 劳动合同顺延通知书

劳动合同顺延通知书

_____先生/女士：

你____年____月____日与ZHB公司签订的期限为____年的编号为_____的劳动合同即将于____年____月____日期满,但你存在下列第____项情形：

1. 患病或者负伤,在规定的医疗期内；
2. 在孕期、产期、哺乳期内；

3. 患职业病或者因工负伤并经劳动鉴定委员会鉴定为丧失或者部分丧失劳动能力；
4. 在 ZHB 公司工作满 15 年、同时距法定退休年龄 5 年以内；
5. ＿＿＿＿＿＿。

根据有关规定，劳动合同期限顺延至＿＿＿年＿＿＿月＿＿＿日（或＿＿＿＿＿＿情形消失时）。

如同意顺延，请将下面的回执填好，于＿＿＿年＿＿＿月＿＿＿日前将回执交回人力资源部，逾期不交回的视为不同意续延，公司将办理终止劳动合同手续。

特此通知

ZHB 公司

＿＿＿年＿＿＿月＿＿＿日

（此通知一式两联，一联由公司留存）

此通知员工签字之日已送达员工。

员工签字：

＿＿＿年＿＿＿月＿＿＿日

劳动合同顺延通知书回执

ZHB 公司：

贵公司于＿＿＿年＿＿＿月＿＿＿日签发的顺延劳动合同通知书已收悉，本人同意顺延劳动合同。

员工签字：

＿＿＿年＿＿＿月＿＿＿日

劳动合同顺延通知书（二联）

＿＿＿＿＿＿＿先生/女士：

你＿＿＿年＿＿＿月＿＿＿日与 ZHB 公司签订的期限为＿＿＿年的编号为＿＿＿＿＿＿的劳动合同即将于＿＿＿年＿＿＿月＿＿＿日期满，但你存在下列第＿＿＿项情形：

1. 患病或者负伤，在规定的医疗期内；
2. 在孕期、产期、哺乳期内；
3. 患职业病或者因工负伤并经劳动鉴定委员会鉴定为丧失或者部分丧失劳动能力；
4. 在 ZHB 公司工作满 15 年、同时距法定退休年龄 5 年以内；
5. ＿＿＿＿＿＿。

根据有关规定，劳动合同期限顺延至＿＿＿年＿＿＿月＿＿＿日（或＿＿＿＿＿＿情形消失时）。

如同意顺延，请将下面的回执填好，于＿＿＿年＿＿＿月＿＿＿日前将回执交回人力资源部，逾期不交回的视为不同意续延，公司将办理终止劳动合同手续。

特此通知

（此通知一式两联，二联由员工留存）

ZHB 公司

年　　月　　日

三、实操演练

工作任务 5-1

【背景材料】

孙一红是某国有企业职工,已经有30年工龄了。由于市场发展和行业调整,孙一红所在的企业逐渐亏损,后因各种原因而资不抵债,经法院审理清算,不得不宣告破产。

孙一红由此失去了工作,但他认为当时与企业签订的是无固定期限的劳动合同,现在企业虽然破产了,但不能就此"抛弃"他,而应当由破产企业的上级主管部门负责另行安排工作。于是,孙一红就向企业上级主管部门提出另行安排工作的要求,上级主管部门对孙一红的要求未予同意,双方由此发生争议。

双方理由:

孙一红认为:自己在企业里辛辛苦苦工作了30年,而且当初签订的是无固定期限劳动合同,也就是"终身合同",企业应当对他负责到底。现在企业破产了,企业的上级主管部门应当负责另行安排工作。

企业主管部门认为:孙一红是与一家企业签订了劳动合同,尽管合同是无固定期限的(并非终身合同),但现在该企业破产了,合同已经无法履行,依法应当终止。而企业的上级主管部门与孙一红没有劳动关系,没有义务负责安排孙一红的工作。

孙一红的请求没有得到仲裁的支持。

【具体任务】

1. 请你以书面形式向孙一红解释为什么他的请求得不到支持。
2. 孙一红的请求得不到支持,企业应为其办理终止劳动合同的手续,请你设计与孙一红终止劳动合同的流程并出具相应的文书。

工作任务 5-2

【背景材料】

以工作任务1-2拟定的劳动合同为例,完成如下操作。

【具体任务】

有8名职工的劳动合同将于一个月后到期,有2人将被终止劳动合同,有6人将续订劳动合同,有2名女职工正处于哺乳期,请你分别为他们办理劳动关系的相关手续,并出具相应的文书。

学习任务二　核算经济补偿金

> **学习情境 5-2**
>
> 2008年6月1日,李某进入北京的一家实业公司(以下简称"实业公司")工作。双方签订一份期限为2008年6月1日至2012年12月31日的劳动合同,合同中未约定具体工资标准。劳动合同到期后,双方未能续签,实业公司也未向李某支付经济补偿金。
>
> 2013年1月4日李某向北京市西城区劳动争议仲裁委员会申请仲裁,要求实业公司支付合同期满终止劳动关系的经济补偿金。实业公司认为,李某的合同是到期终止,单位可以不支付经济补偿金。
>
> 请你分析:劳动合同到期终止是否要支付经济补偿金?什么情况下用人单位要支付劳动者经济补偿金?

一、相关知识链接

(一)经济补偿金的性质

什么是经济补偿金?经济补偿金是指在劳动合同解除或终止后,由用人单位一次性支付给劳动者的一定数额金钱的经济补偿款,其一般以货币形式支付,故被称为经济补偿金。

关于经济补偿金的性质,一般认为它是用人单位在劳动者被动解除劳动合同这一最需要帮助的时候给予劳动者的资助,是国家分配给用人单位的法定义务。

(二)用人单位应当支付经济补偿金的情形

解除劳动关系分为劳动者解除劳动合同和用人单位解除或终止劳动合同两种,故用人单位应当向劳动者支付经济补偿金的情形包括两大类,共计21种。

1. 劳动者解除劳动合同,用人单位应当支付经济补偿金的9种情形

(1)用人单位未按照劳动合同约定提供劳动保护或者劳动条件,劳动者解除劳动合同的;

(2)用人单位未及时足额支付劳动报酬,劳动者解除劳动合同的;

(3)用人单位低于当地最低工资标准支付劳动者工资,劳动者解除劳动合同的;

(4)用人单位未依法为劳动者缴纳社会保险费,劳动者解除劳动合同的;

(5)用人单位的规章制度违反法律、法规的规定,损害劳动者权益,劳动者解除劳动合同的;

(6)用人单位以欺诈、胁迫的手段或者乘人之危,使劳动者在违背真实意思的情况下订立或者变更劳动合同,劳动者解除劳动合同的;

(7)用人单位以暴力、威胁或者非法限制人身自由的手段强迫劳动,劳动者解除劳动合同的;

(8) 用人单位违章指挥、强令冒险作业危及劳动者人身安全,劳动者解除劳动合同的;

(9) 法律、行政法规规定的其他情形。

2. 用人单位解除或终止劳动合同,应当向劳动者支付经济补偿金的12种情形

(1) 用人单位提出协商解除劳动合同,并与劳动者协商一致解除劳动合同的;

(2) 劳动者患病或者非因工负伤,在规定的医疗期满后不能从事原工作,也不能从事由用人单位另行安排的工作,用人单位提前30日通知劳动者解除劳动合同的;

(3) 劳动者不能胜任工作,经过培训或者调整工作岗位,仍不能胜任工作,用人单位提前30日通知劳动者解除劳动合同的;

(4) 劳动合同订立时所依据的客观情况发生重大变化,致使劳动合同无法履行,经用人单位与劳动者协商,未能就变更劳动合同内容达成协议,用人单位提前30日通知劳动者解除劳动合同的;

(5) 用人单位依照企业破产法规定进行重整,依法裁减人员的;

(6) 用人单位生产经营发生严重困难,依法裁减人员的;

(7) 企业转产、重大技术革新或者经营方式调整,经变更劳动合同后,仍需裁减人员,用人单位依法定程序裁减人员的;

(8) 其他因劳动合同订立时所依据的客观经济情况发生重大变化,致使劳动合同无法履行,用人单位依法定程序裁减人员的;

(9) 劳动合同期满,劳动者同意续订劳动合同而用人单位不同意续订劳动合同,由用人单位终止固定期限劳动合同的;用人单位降低条件续订合同,劳动者不同意续订的;

(10) 因用人单位被依法宣告破产而终止劳动合同的;

(11) 因用人单位被吊销营业执照、责令关闭、撤销或者用人单位决定提前解散而终止劳动合同的;

(12) 法律、行政法规规定的其他情形。

(三) 支付经济补偿金的标准和支付时间

1. 支付标准

《劳动合同法》规定,经济补偿金计算按劳动者在本单位工作的年限,每满1年支付1个月工资的标准向劳动者支付。6个月以上不满1年的,按1年计算;不满6个月的,向劳动者支付半个月工资的经济补偿。劳动者月工资高于用人单位所在直辖市、设区的市级人民政府公布的本地区上年度职工月平均工资3倍的,向其支付经济补偿的标准按本地区职工月平均工资3倍的数额支付。向其支付经济补偿的年限最高不超过12年。此处所称月工资是指劳动者在劳动合同解除或者终止前12个月本地区的平均工资。

由此可以看出,对于经济补偿金,《劳动合同法》较之《劳动法》作了限制规定,主要是针对高工资者实行双封顶限制。这里的高工资收入者,是指劳动者月工资高于用人单位所在直辖市、设区的市级人民政府公布的本地区上年度职工月平均工资3倍的。对这种人的经济补偿金实行双封顶,一是补偿年限封顶,最多给相当于12个月工资的经济补偿金;二是补偿基数封顶,对高薪员工支付经济补偿金时,计算基数是上年度本地区职工月平均工资的3倍,而不是劳动者的实际工资。

2. 支付时间

《劳动合同法》规定,用人单位依照本法有关规定应当向劳动者支付经济补偿金的,在办

理工作交接时支付。

这里需要注意的是：经济补偿金是在办理工作交接时支付，而不是解除或终止劳动合同时。这里为用人单位提供了一个约束劳动者及时办理工作交接的手段。如劳动者未办理工作交接，则用人单位可以暂不支付经济补偿金。

（四）新旧法衔接补偿金的分段计算

按《劳动合同法》第九十七条的规定：本法施行之日存续的劳动合同在本法施行后解除或终止，依照本法第四十六条规定应当支付经济补偿的，经济补偿年限自本法施行之日起计算；本法施行前依照当时有关规定，用人单位应当向劳动者支付经济补偿的，按照当时有关规定执行。这条规定就确定了这种情况下经济补偿金的分段计算原则。什么是分段计算呢？解除和终止劳动合同的某些情形，按《劳动法》的规定要支付经济补偿金，按《劳动合同法》的规定也要支付经济补偿金，但计算经济补偿金的标准和计算基数不一样，那么就需要 2008 年 1 月 1 日之前的工作年限按照旧法（《劳动法》及相关法规、规章）规定计算经济补偿；2008 年 1 月 1 日之后的工作年限按照《劳动合同法》的规定计算经济补偿，分别计算，再合并相加。如果有些情形，比如终止劳动合同，按《劳动法》的规定是不需要支付经济补偿金的，而按《劳动合同法》的规定是要支付经济补偿金的，那经济补偿年限自 2008 年 1 月 1 日起计算。

二、业务示例

业务示例 5－6　经济补偿金的核算

【背景资料】

北京某电力公司 MT，2013 年 5 月进行经济性裁员，老刘和老杨均在被裁之列。老刘为 MT 公司的线路检修工，解除劳动合同前 12 个月的平均工资为 4 800 元，而老杨为 MT 公司的副总工程师，解除劳动合同前 12 个月的平均工资为 18 000 元，北京市 2012 年职工社会平均工资为 5 223 元。老杨和老刘均在 MT 公司工作了 20 年，现两人均因经济性裁员而被解除劳动合同。

请核算一下公司应向两人支付多少经济补偿金。

解决方案：

老刘的经济补偿金：按《劳动合同法》的规定，经济性裁员应支付劳动者经济补偿金，按劳动者在公司的工作年限，每满一年支付相当于一个月工资的经济补偿金，支付经济补偿金的基数为劳动者解除劳动合同前 12 个月的平均工资。老刘在公司工作 20 年，应支付其相当于 20 个月工资的经济补偿金。老刘应得的经济补偿金＝4 800×20＝96 000 元。

老杨的经济补偿金：按《劳动合同法》的规定，经济性裁员应支付劳动者经济补偿金，按劳动者在公司的工作年限，每满一年支付相当于一个月工资的经济补偿金。但是，老杨的工资高于当地上一年的社会平均工资三倍，那么，支付年限最多是 12 年。支付补偿金的基数为当地社会平均工资的三倍，即 15 669 元，而不是 18 000 元。因此，老杨最终获得的经济补偿金为＝15 669×12＝188 028 元。

业务示例 5-7　经济补偿金的分段计算

【背景材料】

丁某,2004年8月1日入职北京市某公司,劳动合同三年一签,最后一期劳动合同开始时间是2010年8月1日,终止时间是2013年7月31日。2013年7月31日劳动合同期满,公司决定不再续订劳动合同。合同终止前丁某12个月平均工资7 000元/月,2007年公司的平均工资为4 200元/月,北京市2012年的社平工资为5 223元。

问题一:2013年7月31日劳动合同终止,公司应如何支付经济补偿金?

固定期限劳动合同终止需支付经济补偿是《劳动合同法》的最新规定,根据法不溯及既往原则,2008年1月1日之前的工作年限不适用该规定。按照之前的规定,合同终止用人单位可以不支付经济补偿金,因此,丁某2004年8月1日至2007年12月31日之间的工作年限用人单位不予支付经济补偿金。丁某的劳动合同于2013年7月31日期满终止,年限正好5年零7个月,因此根据《劳动合同法》的规定,6个月以上不满1年的,按1年计算,因此,公司应支付其相当于6个月工资的经济补偿金。即补偿金为=7 000×6=42 000元。

问题二:如果2013年3月10日,因单位迁址双方不能就变更合同达成协议而单位解除劳动合同,该如何支付丁某经济补偿金?

在这种情况下公司解除劳动合同的,按照新法和旧法都应当支付经济补偿。所以,本案中的经济补偿金应该分段计算,具体计算方法如下:

2004年8月1日至2007年12月31日的经济补偿金=4×4 200=16 800元

2008年1月1日至2013年3月10日的经济补偿金=5.5×7 000=38 500元

总共应支付丁某的经济补偿金=16 800+38 500=55 300元

(注:(1)按旧的规定,凡不满一年的,都按一年计算经济补偿金,而按新法的规定,不满6个月的给半个月工资的经济补偿金;(2)有些地方规定,经济补偿金的计算基数不再分段计算。)

三、实操演练

工作任务 5-3

【背景材料】

某公司分管业务工作的副总李某,自1995年1月1日开始在该公司工作。2013年2月该公司进行组织架构的调整,李某所从事的岗位将被撤销,在双方调整岗位不能达成一致意见的情形下,公司依法单方面解除了与李某签订的劳动合同。解除劳动合同前李某月薪2万元左右。而当地上年度社平工资的3倍为1万元。

【具体任务】

请你为李某核算经济补偿金。

工作任务 5-4

【背景材料】

某公司有三名职工均为2007年2月入职,现由于各种原因他们都于2013年8月离开公司。又知:当地2012年的社会平均工资为4 123元/月;王某2013年8月劳动合同到期终止,公司不再续订劳动合同,其终止之前12个月的月平均工资为3 782元;李某为公司的部门经理,其解除劳动合同前12个月的平均工资为14 000元,因经济性裁员被公司解除劳动合同;张某因医疗期满不能从事原工作和单位另行安排的工作而解除劳动合同,其解除劳动合同前12个月的平均工资为6 320元/月。

【具体任务】

1. 分别为三人核算经济补偿金。
2. 为张某核算医疗补助费。

项目六

劳务派遣用工管理

学习目标

能力目标

能够拟定劳务派遣协议;能够拟定派遣工的劳动合同文本;能够设计使用劳务派遣工的操作流程。

知识目标

了解劳务派遣的作用原则;理解劳务派遣中三方的权利与义务;掌握劳务派遣协议、劳务派遣工的劳动合同的内容。

学习任务一　使用劳务派遣工的操作流程设计

学习情境 6-1

某外资船公司想在中国聘用几名船员,但考虑到国内的一些限制性政策规定,于是决定通过劳务派遣的方式召用15名中国船员。由于对国内的相关派遣公司缺乏了解,只通过报纸和网络广告找到一家从事船员派遣的,看似实力很雄厚的某海事公司。由于航期紧迫,该外资船公司并没有对此海事公司进行细致的资格审查,双方很快签订了一份一年期限的派遣协议,录用了15名体检合格、证件齐全的中国船员,双方约定根据船员的级别每月按400~

1 000美元不等的标准支付给船员劳动报酬,由海事公司负责在每月5日之前划到每个船员的银行卡里。

由于该船公司主营中欧航线,一个航期来回将近两个月。第一个航期即将结束船在国内港口靠港以后,有部分船员申请几个小时下地活动。小王等3人获准下地2个小时,他们最关心的是自己的工资有没有如约支付到账,于是一起去自动取款机查询。令他们一直担心的事情果然发生了,他们的银行卡里一分钱都没有!顾不上往家里打个电话报平安,他们立即回船,直接找到船长询问此事。船长也一头雾水,感觉形势不妙,就往公司打了个电话,公司称已经把这两个月的工资如数转到海事公司的账户上了,听说船员没有收到钱,立即给该海事公司打电话,结果发现竟然是空号!通过工商行政管理部门核实根本没有注册过这么一家派遣公司……

这个问题该如何解决呢?

作为用工单位,在选择劳务派遣这种用工模式时要注意哪些问题?

一、相关知识链接

(一) 劳务派遣的含义

劳务派遣又称人才派遣、人才租赁、劳动派遣、劳动力租赁,指由劳务派遣机构与派遣劳动者订立劳动合同,由要派企业(实际用工单位)向派遣劳工给付劳务报酬。劳动合同关系存在于劳务派遣机构与派遣劳动者之间,但劳动力给付的事实则发生于派遣劳动者与要派企业(实际用工单位)之间。

劳务派遣有如下特征:一是"雇用"与"使用"相分离。这是劳务派遣最重要的特征。劳务派遣中存在派遣机构(用人单位)、派遣员工(劳动者)、受派机构(用工单位)三方关系。员工与派遣机构签订劳动合同,但不是为雇主工作,而是为雇主的客户工作。在实际工作中员工不是受雇主的指挥监督,而是听从受派机构的指挥命令。这与传统雇佣关系有着明显的不同。二是劳务经济活动。即派遣机构以经营劳务派遣业务而获取经营收入。

劳务派遣不同于劳务中介,其根本区别在于劳务派遣组织要与劳动者签订劳动合同,建立劳动关系,而劳务中介组织主要是为单位和劳动者个人提供劳务信息服务,并收取一定的劳务中介费。劳动者与劳务中介组织不存在劳动关系,其相互关系不受劳动法的保护。

(二) 劳务派遣关系中三方的权利与义务

1. 劳务派遣单位的义务

(1) 劳务派遣单位应当与被派遣劳动者订立两年以上的固定期限劳动合同,按月支付劳动报酬;被派遣劳动者在无工作期间,劳务派遣单位应当按照所在地人民政府规定的最低工资标准,向其按月支付报酬。

(2) 劳务派遣单位应当将劳务派遣协议的内容告知被派遣劳动者。

(3) 劳务派遣单位不得克扣用工单位按照劳务派遣协议支付给被派遣劳动者的劳动报酬。

(4) 劳务派遣单位不得向被派遣劳动者收取费用。

(5) 劳务派遣单位违反法律规定,给被派遣劳动者造成损害的,与用工单位承担连带赔偿责任。

2. 用工单位的义务

(1) 用工单位不得向被派遣劳动者收取费用。

(2) 执行国家劳动标准,提供相应的劳动条件和劳动保护。

(3) 告知被派遣劳动者的工作要求和劳动报酬。

(4) 支付加班费、绩效奖金,提供与工作岗位相关的福利待遇。

(5) 对在岗被派遣劳动者进行工作岗位所必需的培训。

(6) 连续用工的,实行正常的工资调整机制。

(7) 用工单位不得将被派遣劳动者再派遣到其他用人单位。

3. 劳动者的权利

(1) 被派遣劳动者享有与用工单位的劳动者同工同酬的权利。用工单位无同类岗位劳动者的,参照用工单位所在地相同或者相近岗位劳动者的劳动报酬确定。

于2013年7月1日起开始实施的《劳动合同法修正案》,对同工同酬又做了具体的规定:"被派遣劳动者享有与用工单位的劳动者同工同酬的权利。用工单位应当按照同工同酬原则,对被派遣劳动者与本单位同类岗位的劳动者实行相同的劳动报酬分配办法。用工单位无同类岗位劳动者的,参照用工单位所在地相同或者相近岗位劳动者的劳动报酬确定。"

(2) 被派遣劳动者有权在劳务派遣单位或者用工单位依法参加或者组织工会,维护自身的合法权益。

(3) 被派遣劳动者可以依照《劳动合同法》第三十六条、第三十八条的规定与劳务派遣单位解除劳动合同。

4. 用工单位对劳务人员的退回权和派遣单位的劳动合同解除权

被派遣劳动者有《劳动合同法》第三十九条和第四十条第一项、第二项规定情形的,用工单位可以将劳动者退回劳务派遣单位,劳务派遣单位依照本法有关规定,可以与劳动者解除劳动合同。第三十九条前已述及,是指劳动者有过失单位可以解除劳动合同的情形。第四十条第一项和第二项是指:劳动者患病或非因工负伤医疗期满后不能从事原工作和单位另行安排的工作而解除劳动合同、劳动者不能胜任工作而被用人单位解除劳动合同的情形。

这里要注意,当被派遣的劳动者有相应的情形时,用工单位只能将其退回派遣单位,而不能与其解除劳动合同,而可以由派遣单位与其解除劳动合同。

(三) 劳务派遣的岗位适用

为避免用人单位滥用劳务派遣,于2013年7月1日起实施的《劳动合同法修正案》对劳务派遣的岗位适用做了严格的限定。即劳动合同用工是我国企业的基本用工形式。劳务派遣用工是补充形式,只能在临时性、辅助性或者替代性的工作岗位上实施。临时性工作岗位是指存续时间不超过6个月的岗位;辅助性工作岗位是指为主营业务岗位提供服务的非主营业务岗位;替代性工作岗位是指用工单位的劳动者因脱产学习、休假等原因无法工作的一定期间内,可以由其他劳动者替代工作的岗位。同时还规定,用工单位应当严格控制劳务派遣用工数量,不得超过其用工总量的一定比例,具体比例由国务院劳动行政部门规定。

二、业务示例

业务示例 6-1　使用劳务派遣工的操作流程

【背景材料】

某公立 BJDZ 大学,由于编制限制决定对校内保洁、绿化岗位的 78 人使用劳务派遣工。这个方向确定后,学校要求人事处出具一个具体的操作流程。

下面是人事处设计的使用劳务派遣工的操作流程。

BJDZ 大学劳务派遣用工操作流程

一、派遣公司的甄选:通过考察派遣公司的资质、信誉、服务能力甄选出适合学校用工需求的劳务派遣公司。

二、提出用人计划和要求给派遣公司。

三、参与派遣公司组织的员工招聘、面试等。

四、与劳务派遣公司签订《劳务派遣协议》。

五、查验劳务派遣公司与劳动者签订的《劳动合同》。

六、对派遣工的入职管理:

1. 对派遣员工进行规章制度培训;

2. 与派遣工签订岗位确认书;

3. 对派遣员工进行岗位所必需的培训。

七、对派遣工的劳动过程实施管理。

八、按照《劳务派遣协议》向派遣公司支付派遣员工工资、社会保险费和派遣管理服务费用。

九、查验派遣公司对于派遣员工的工资发放、社会保险的缴纳情况。

三、实操演练

工作任务 6-1

【背景材料】

宋某是一家劳务派遣公司派到某公交公司的司机。2011 年 4 月,宋某驾驶公交车时发生交通事故,造成受害人江某受重伤。经交警部门认定,宋某对该事故负全部责任。事故发生后,公交公司与受害人通过法院调解达成协议,由保险公司赔偿江某 287 000 元,公交公司赔偿 92 000 元。公交公司赔偿后认为,根据其"事故损失在 2 000 元以下的,由事故责任人承担;超过 2 000 元以上部分,50% 由事故责任人承担,50% 由公司核销。按事故责任人承担最高不超过 10 000 元"的制度规定,宋某应当赔偿事故损失 10 000 元。宋某则认为,自己是劳务派遣公司的员工,只是派遣到公交公司工作,不受公交公司规章制度的约束，不愿意支付该 10 000 元损失。双方协商不成，起诉到法院。法院判决宋某败诉。

【具体任务】
1. 请你分析宋某败诉的原因可能有哪些。
2. 请结合本案分析一下劳务派遣的岗位适用。

工作任务 6-2

【背景材料】
金星生物制品公司是一家大型跨国企业，彩虹桥公司是国内一家专门从事劳务派遣服务的企业，双方签订了一年期的劳务派遣协议，协议中规定了双方的权利和义务。彩虹桥公司与张小磊签订了两年期的劳动合同，通过劳务派遣的方式将张小磊派往金星生物制品公司工作，彩虹桥公司每月按时足额为张小磊发放工资，但没有按照合同约定为其足额缴纳社会保险。

张小磊在金星生物制品公司工作了 8 个月后，参与了一起打架斗殴事件，给公司造成了严重的负面影响。金星生物制品公司以严重违反公司规章制度为由将其退回彩虹桥公司。彩虹桥公司又以张小磊违反了劳动合同的约定为由与张小磊解除了劳动合同。张小磊要求金星生物制品公司支付当月工资、补足社会保险费并支付 5 000 元解除劳动合同的经济补偿金。金星生物制品公司以双方不存在劳动合同关系以及张小磊严重违反公司规章制度给公司造成重大损失为由拒绝张小磊的上述要求。

【具体任务】
请你分析：
1. 张小磊的上述要求能否得到法律的支持？
2. 金星生物制品公司的做法是否合法？
3. 金星生物制品公司和彩虹桥公司在本案中的责任应当如何界定？

学习任务二　拟定劳务派遣协议和劳动合同

学习情境 6-2

小刘通过某劳务派遣公司被派到某玩具厂工作，担任公司保洁。到玩具厂上班后，又和厂方签订了一份劳务合同，内容和劳务派遣协议上的内容相同。从工资到福利，各项内容都约定得很清楚，小刘也就没犹豫，当时就签了。一晃工作了 3 年，原劳务合同到期了，双方又续签了一份，因为待遇与其他员

> 工相同,小刘也没在意合同的性质。但一段时间后,厂子因为效益不好要裁员,很快裁到了小刘。厂方认为小刘与单位是劳务关系,裁她不用支付补偿。小刘要求与其他员工享受同样的待遇遭到厂方拒绝。为此,小刘找到劳动行政部门。
>
> 小刘能否获得经济补偿金?如果能获得,谁来支付?

一、相关知识链接

(一)劳务派遣关系中的合同体系

在劳务派遣法律关系中,存在着三种主体三重关系。三种主体是劳动者、派遣单位、用工单位;三重关系是派遣单位与劳动者的关系、用工单位与劳动者的关系、派遣单位与用工单位的关系。因此,为了规范其相互之间的权利义务关系,法律规定劳务派遣关系中存在着两种合同:其一为劳务派遣单位与被派遣劳动者的劳动合同;其二为劳务派遣单位与用工单位的劳务派遣协议。

(二)劳务派遣协议

1. 劳务派遣协议的内容

劳务派遣协议是用工单位与派遣单位签订的派遣关系中双方的权利与义务的协议。劳务派遣协议应该包括用工单位与派遣单位对劳动者的职责划分、责任范围、对被派遣劳动者的义务的分担方式等。《劳动合同法》明确规定:"劳务派遣协议应当约定派遣岗位和人员数量、派遣期限、劳动报酬和社会保险费的数额与支付方式以及违反协议的责任。"

2. 用工单位签订劳务派遣协议的注意事项

《劳动合同法》对劳务派遣中的合同签订提出了全新的要求。一份完备的派遣合同会大大降低企业在派遣过程中的法律风险。用工单位在签订派遣合同时最关键的是注意派遣合同是否"责权明晰",因此,在与派遣单位签订劳务派遣协议时应注意如下问题:

第一,明确规定派遣单位签订劳动合同的义务,防止派遣单位不签、迟签劳动合同造成劳动者与用工单位形成事实劳动关系;

第二,明确规定派遣单位有缴纳社会保险的法定义务并承担没有依法缴纳的法律责任,防止派遣单位不缴、漏缴社保;

第三,派遣单位如果拖欠克扣工资会导致员工难以安心工作,用工单位在派遣合同中应明确规定派遣单位发放工资的日期,并规定未经用工单位同意,派遣单位不得以任何名目直接扣除员工工资;

第四,双方可以约定派遣员工在哪些情形下可以退回派遣单位及员工退回方式;

第五,双方可以约定工伤事故、劳动纠纷如何处理,费用如何分摊;

第六,双方应当明确约定违约责任,用工单位在派遣合同中应明确规定派遣单位违约应承担所有损失并且用工单位有权解约。

(三) 劳务派遣关系中的劳动合同

《劳动合同法》第五十八条第一款规定：劳务派遣单位是本法所称用人单位,应当履行用人单位对劳动者的义务。劳务派遣单位与被派遣劳动者订立的劳动合同,除应当载明本法第十七条规定的事项外,还应当载明被派遣劳动者的用工单位以及派遣期限、工作岗位等情况。这一规定明确了劳务派遣中订立劳动合同的特殊要求,即除具备《劳动合同法》第十七条规定的法定条款外,还要增加法定条款。另外,为保护被派遣劳动者的合法权益,劳务派遣单位应与被派遣的劳动者订立两年以上的固定期限的劳动合同,按月支付劳动报酬;被派遣劳动者在无工作期间,劳务派遣单位应当按照所在地人民政府规定的最低工资标准,向其按月支付报酬。

二、业务示例

业务示例 6-2　劳务派遣协议书

劳务派遣协议书

甲方：A 电力公司　　　　　　乙方：JQ 人力资源有限公司
地址：_____　　　　　　地址：_____
邮编：_____　　　　　　邮编：_____
电话：_____　　　　　　电话：_____
传真：_____　　　　　　传真：_____
开户行：_____　　　　　开户行：_____
账号：_____　　　　　　账号：_____

甲方因生产工作需要,按照《中华人民共和国合同法》《中华人民共和国劳动合同法》及相关法律、法规的规定,委托乙方提供劳务派遣服务。现就乙方派遣符合甲方要求的被派遣劳动者(以下简称"劳动者")为甲方提供劳务服务事宜达成一致,订立如下协议：

第一条　劳务派遣合同期限

本协议期限___年,自 20___年___月___日起至 20___年___月___日止。

第二条　被派遣劳动者的招录

在本协议期限内,双方同意按以下程序运作劳务派遣用工：

(一) 甲方向乙方发出《用工需求通知书》(包括：岗位描述、人数、用工基本要求、工作内容、工作地点、工作条件、报酬待遇等内容,见附件一)。

(二) 甲方所需劳动者,由乙方招聘或乙方委托甲方招聘,或双方联合招聘。

(三) 根据甲方确认接受的劳动者名单,由甲方向乙方开出《用工通知单》(见附件二)。

(四) 乙方根据甲方的《用工通知单》上确认的劳动者名单与劳动者签订劳动合同,并向甲方开具《劳务派遣函》(见附件三)。

（五）劳动者持乙方《劳务派遣函》到甲方报到或甲方根据乙方《劳务派遣函》接收劳动者并安排用工。

第三条　甲方的权利与义务

（一）劳动者所从事的具体工作由甲方安排，甲方有权根据本单位生产和工作的需要及劳动者的综合素质、业务水平等情况，在乙方与劳动者的劳动合同约定的岗位范围内，调整劳动者的具体岗位。如须调整到劳动合同约定以外的岗位，由甲方负责与劳动者协商签订《岗位变更书》（见附件四）予以记录，并送交乙方备案。

（二）甲方应当按照国家有关法律、法规的要求为劳动者提供劳动安全职业卫生条件，提供必要的劳动工具和劳动保护，执行国家劳动标准、规定的工时和休息休假等制度。

（三）甲方有权根据工作需要，依据国家有关法律、法规制定各项规章制度及薪酬考核办法等，并应将直接涉及劳动者切身利益的规章制度和重大事项（如工作要求、劳动报酬、福利待遇等）告知劳动者。

（四）甲方可以就有关事项直接与劳动者签订专项协议（如培训协议、保密协议等），专项协议须及时送交乙方备案。

（五）如劳动者有下列情况之一的，甲方有权退回乙方，并以《退工通知单》（见附件五）的形式书面通知乙方。

1. 在试用期被证明不符合录用条件的；
2. 严重违反甲方规章制度的；
3. 严重失职，营私舞弊，给甲方造成重大损害的；
4. 同时与其他用人单位建立劳动关系，对完成甲方的工作任务造成严重影响，或者经甲方或乙方提出，拒不改正的；
5. 被依法追究刑事责任的；
6. 因患病或者非因工负伤，在规定的医疗期满后不能从事原工作，也不能从事由甲方另行安排的工作的；
7. 不能胜任工作，经过培训或者调整工作岗位，仍不能胜任工作的；
8. 与甲方书面协商一致的；
9. 符合法律法规规定的其他情形。

其中甲方依据第6、7、9款情形之一退回劳动者的，甲方应提前30日通知（或额外支付劳动者一个月工资）乙方及劳动者本人。

依法应当支付经济补偿金或赔偿金的，由甲方按规定的标准支付给乙方，乙方负责办理有关手续。

（六）因劳动者原因给甲方造成经济损失的，甲方有权根据国家法律法规和企业依法制定的规章制度追究劳动者的经济赔偿责任，乙方应积极协助甲方。

（七）劳动者患病或者非因工负伤（死亡）的，由甲方按当地政府规定的标准将相关费用支付给乙方，乙方再支付给死亡劳动者的亲属。

（八）甲方应根据乙方提供劳务服务情况按时足额计算支付劳务费用（包括劳动者工资、社会保险费、劳务管理费等）并按本协议约定及时汇入乙方指定账户。

（九）甲方有权查询乙方发放劳务派遣人员的工资和缴纳社会保险费等情况。乙方有违法行为的，甲方有权向乙方交涉并要求纠正，因此造成甲方损失的，有权要求乙方承担。

第四条　乙方的权利与义务

（一）乙方负责与劳动者建立劳动关系，依法维护劳动者的合法权益。负责办理相关用工手续，与劳动者签订劳动合同，并按照协议约定按月发放劳动者薪酬福利，办理各类保险的缴费及对应待遇享受。

（二）乙方有权对甲方违反本协议有关条款或损害劳动者合法权益的行为提出书面意见，甲方应在收到乙方书面意见后15个工作日内书面回复乙方。

（三）乙方有权要求甲方提供劳动者涉及劳动争议方面的材料。如劳动者对甲方的退工有异议，乙方认为合理，乙方有权在60日内提请甲方复议。

（四）乙方按政策规定负责非劳动者本人原因被用工单位在劳动合同期内退工人员的再次派遣和再就业工作。

（五）乙方负责管理劳动者的人事档案，负责办理或协助甲方办理劳动者的职业技能培训、职业技能鉴定、专业技术职务评审手续，负责为新进大中专毕业生在本市的落户，办理费用由甲方或甲乙双方协商由劳动者承担。

（六）在本协议履行期内，乙方指派专人负责与甲方及劳动者进行信息沟通和工作联系。

（七）乙方有权按照本协议的约定向甲方收取劳务费用。

第五条　劳务派遣人员工伤事故的处理

（一）甲方应遵守有关安全生产和职业病防治的法律法规，预防工伤事故的发生。

（二）劳务派遣人员在甲方工作期间发生工伤，甲方应积极组织抢救、保护现场，并且及时通知乙方。乙方应承担工伤认定申请和劳动能力鉴定申请以及协调工作，甲方应积极配合。工伤认定申请和劳动能力鉴定申请结束后，由甲方按照《工伤保险条例》的有关规定承担用人单位的义务，并按有关规定执行。

（三）因发生工伤而引起的费用，除社会保险机构按政策规定支付外，其他费用均由甲方支付，乙方负责配合办理。

（四）劳务派遣人员发生工伤，在接受治疗的停工留薪期，原工资福利待遇不变，由甲方按月支付。

（五）因工伤事故导致甲方岗位空缺，由乙方在＿＿＿＿日内按照甲方岗位要求派遣劳动者。

第六条　劳务报酬、社会保险、劳务管理费用支付及结算

（一）工资发放

甲方应在＿＿＿＿＿＿＿日前将劳动者的每月工资划到乙方指定账户，乙方收到甲方劳务费的工资部分后，在4个工作日内依照甲方提供的工资明细及时、准确地将劳动者工资划入其个人银行工资账户，并按月向甲方提供工资发放凭据。

（二）社会保险费缴纳。

1．乙方派遣到甲方工作的劳动者，其社会保险缴纳按国家和本市人民政府的有关

规定执行。国家对社会保险缴纳基数、比例调整,乙方应根据规定作相应调整并及时通知甲方,甲方应按新的规定数额承担。

2. 用工单位应为劳动者承担的社会保险费由甲方在上个月底前将次月的社保费划入乙方指定账户,并提供参保人员名单与参保种类、参保基数、参保时间。劳动者个人应缴纳的部分由乙方在劳动者工资中扣除(乙方委托甲方发工资的由甲方代扣)。甲方划转社保费后,乙方按照有关规定为劳动者按时足额缴纳社会保险费用。

3. 甲方应于当月20日前将本月退工人员名单告知乙方(遇法定节假日时提前)(见附件六),乙方按照有关规定为劳动者办理社会保险封存或转移手续。

(三)劳务管理费的计算支付

甲方每月应按实际使用乙方劳动者提供的劳务服务情况,按_____计算劳务管理费,划入乙方指定账户。

(四)劳动者应缴纳的个人所得税由乙方在发放劳动者工资报酬时代扣。

(五)甲方支付给乙方的有关费用,由乙方提供规范的税务统一印制发票。

第七条 规章制度冲突的处理

当甲乙双方关于劳务人员的管理规章制度条款发生冲突或不一致时,按照乙方的规章制度执行。

第八条 协议的变更、解除、终止和续订

(一)甲乙双方应共同遵守本合同的各项条款。在合同履行期间,未经对方同意,任何一方不得变更或解除;若一方因国家重大政策改变或不可抗力等因素不能履行合同,应及时通知对方,双方通过协商,对合同进行变更或解除。

(二)本合同期满即终止。合同终止后,甲方仍继续使用被派遣劳务人员,则视为续订同一期限的派遣协议,甲乙双方应当及时办理续签派遣协议手续。

第九条 其他约定的事项

(一)甲乙双方应协商制定适合劳动者的劳务派遣管理办法,并根据实际情况进行合理分工,共同做好对劳动者的管理工作。

(二)劳动者在工作中通过直接或间接方式知晓的所有涉及甲方商业技术秘密的各种资料由甲方管理,乙方不得向劳动者索要或要求劳动者向其提供。

(三)劳动者因各种原因终止为甲方提供服务,甲方应要求劳动者必须交回与工作有关的文件与物品(包括各类文件、客户资料、培训教材、办公设备等)及根据有关协议应退回甲方的费用等。乙方在得到甲方有关工作交接完毕的书面确认后方可办理有关手续。

(四)劳动者出现违纪、违章、违反保密制度等情况,由乙方委托甲方或甲乙双方共同按照国家法律法规、乙方被派遣劳动者管理规定和甲方的规章管理制度对劳动者进行处理。有触犯法律行为的,依法送交司法机关。处罚结果以书面形式记入劳动者的档案。

(五)为便于甲乙双方对劳务人员的管理,经征得劳务人员同意,被派遣的劳务人员在派遣单位(乙方)参加和组织工会。

第十条 违约责任和争议的解决

（一）甲乙双方应按本协议约定，履行各自的义务。如因一方不按本协议约定履行义务或延迟履行义务，造成另一方或劳动者损失的，违约方应承担全部赔偿责任。

（二）对本协议约定的条款，如双方在履行过程中均有违约过错，则双方应按违约过错的责任大小，承担和赔偿相应的损失。

（三）因一方违约，导致本协议难以履行，另一方有权单方面终止本协议，因终止本协议产生的损失，由违约方承担和赔偿。

（四）甲乙双方因履行本协议发生的争议应友好协商解决，如协商不能达成一致，依照法律程序解决。

第十一条 附则

（一）本协议履行过程中，协议有关内容如与国家新颁布的法律、法规和劳动保障政策不一致的，按新的法律法规政策执行。

（二）本协议附件与正文具有同等效力，未尽事宜由甲乙双方协商一致后书面约定。

（三）本协议一式两份，甲乙双方各执一份，双方签字盖章后生效。

附件一：用工需求通知书(略)。
附件二：用工通知单(略)。
附件三：劳务派遣函(略)。
附件四：岗位变更书(略)。
附件五：退工通知单(略)。
附件六：退工人员名单(略)。

甲方(盖章)：   乙方(盖章)：

法定代表人或   法定代表人或
授权代表签字：   授权代表签字
  年   月   日   年   月   日

业务示例 6-3 劳务派遣工的劳动合同书

编号：_____

劳 动 合 同 书

（劳务派遣）

甲方：_____

乙方：_____

签订日期：____年____月____日

北京市劳动和社会保障局监制

根据《中华人民共和国劳动法》《中华人民共和国劳动合同法》和有关法律、法规，甲乙双方经平等自愿、协商一致签订本合同，共同遵守本合同所列条款。

一、劳动合同双方当事人基本情况

第一条　甲方＿＿＿＿＿＿＿＿＿＿

法定代表人（主要负责人）或委托代理人＿＿＿＿＿＿＿＿＿＿

注册地址＿＿＿＿＿＿＿＿＿＿＿＿＿＿＿＿

经营地址＿＿＿＿＿＿＿＿＿＿＿＿＿＿＿＿

第二条　乙方＿＿＿＿＿＿性别＿＿＿＿＿户籍类型（非农业、农业）＿＿＿＿＿

居民身份证号码＿＿＿＿＿＿＿＿＿＿＿＿＿＿＿

或者其他有效证件名称＿＿＿＿＿＿证件号码＿＿＿＿＿＿

在甲方工作起始时间＿＿＿年＿＿＿月＿＿＿日

家庭住址＿＿＿＿＿＿＿＿＿＿＿＿邮政编码＿＿＿＿＿＿

在京居住地址＿＿＿＿＿＿＿＿＿＿＿＿邮政编码＿＿＿＿＿＿

户口所在地＿＿＿＿＿省（市）＿＿＿＿＿区（县）＿＿＿＿＿街道（乡镇）

二、劳动合同期限

第三条　本合同为固定期限劳动合同。

本合同于＿＿＿年＿＿＿月＿＿＿日生效，其中试用期至＿＿＿年＿＿＿月＿＿＿日止。本合同于＿＿＿年＿＿＿月＿＿＿日终止。

甲方派遣乙方到用工单位的派遣期限自＿＿＿年＿＿＿月＿＿＿日开始。

三、工作内容和工作地点

第四条　甲方派遣乙方工作的用工单位名称＿＿＿＿＿＿＿＿＿＿＿＿

第五条　乙方同意根据用工单位工作需要，担任＿＿＿＿＿＿＿＿岗位（工种）工作。

第六条　根据用工单位的岗位（工种）作业特点，乙方的工作区域或工作地点为＿＿＿＿＿＿＿＿＿＿＿＿＿＿＿＿＿＿＿＿。

第七条　乙方按用工单位的要求应达到＿＿＿＿＿＿＿＿＿＿＿＿＿＿＿＿＿＿＿＿＿＿＿＿＿＿工作标准。

四、工作时间和休息休假

第八条　用工单位安排乙方执行＿＿＿＿＿＿＿＿工时制度。

执行标准工时制度的，乙方每天工作时间不超过8小时，每周工作不超过40小时。每周休息日为＿＿＿＿＿＿。

用工单位安排乙方执行综合计算工时工作制度或者不定时工作制度的，应当事先取得劳动行政部门特殊工时制度的行政许可决定。

第九条　甲方和用工单位对乙方实行的休假制度有＿＿＿＿＿＿＿＿＿＿＿＿＿＿＿＿

五、劳动报酬

第十条　甲方每月＿＿＿＿日前以货币形式支付乙方工资，月工资为＿＿＿＿＿＿＿元。

乙方在试用期期间的工资为＿＿＿＿＿＿＿元。

甲乙双方对工资的其他约定＿＿＿

第十一条　甲方未能安排乙方工作或者被用工单位退回期间,按照北京市最低工资标准支付乙方报酬。

六、社会保险及其他保险福利待遇

第十二条　甲乙双方按国家和北京市的规定参加社会保险。甲方为乙方办理有关社会保险手续,并承担相应社会保险义务。

第十三条　乙方患病或非因工负伤的医疗待遇按国家、北京市有关规定执行。甲方按＿＿＿＿＿＿＿＿＿＿＿＿＿＿支付乙方病假工资。

第十四条　乙方患职业病或因工负伤的待遇按国家和北京市的有关规定执行。

第十五条　甲方为乙方提供以下福利待遇＿＿＿＿＿＿＿＿＿＿＿＿＿＿＿＿＿
＿＿＿＿＿＿＿＿＿＿＿＿＿＿＿＿＿＿＿＿＿＿＿＿＿＿＿＿＿＿＿＿＿＿＿＿＿＿
＿＿＿＿＿＿＿＿＿＿＿＿＿＿＿＿＿＿＿＿＿＿＿＿＿＿＿＿＿＿＿＿＿＿＿＿＿＿

七、劳动保护、劳动条件和职业危害防护

第十六条　甲方应当要求用工单位根据生产岗位的需要,按照国家有关劳动安全、卫生的规定为乙方配备必要的安全防护措施,发放必要的劳动保护用品。

第十七条　甲方应当要求用工单位根据国家有关法律、法规,建立安全生产制度;乙方应当严格遵守甲方和用人单位的劳动安全制度,严禁违章作业,防止劳动过程中的事故,减少职业危害。

第十八条　甲方应当要求用工单位建立、健全职业病防治责任制,加强对职业病防治的管理,提高职业病防治水平。

八、劳动合同的解除、终止和经济补偿

第十九条　甲乙双方解除、终止、续订劳动合同应当依照《中华人民共和国劳动合同法》和国家及北京市有关规定执行。

第二十条　甲方应当在解除或者终止本合同时,为乙方出具解除或者终止劳动合同的证明,并在15日内为乙方办理档案和社会保险关系转移手续。

第二十一条　乙方应当按照双方约定,办理工作交接。应当支付经济补偿的,在办理工作交接时支付。

九、当事人约定的其他内容

第二十二条　甲乙双方约定本合同增加以下内容:
＿＿＿＿＿＿＿＿＿＿＿＿＿＿＿＿＿＿＿＿＿＿＿＿＿＿＿＿＿＿＿＿＿＿＿＿＿＿
＿＿＿＿＿＿＿＿＿＿＿＿＿＿＿＿＿＿＿＿＿＿＿＿＿＿＿＿＿＿＿＿＿＿＿＿＿＿
＿＿＿＿＿＿＿＿＿＿＿＿＿＿＿＿＿＿＿＿＿＿＿＿＿＿＿＿＿＿＿＿＿＿＿＿＿＿
＿＿＿＿＿＿＿＿＿＿＿＿＿＿＿＿＿＿＿＿＿＿＿＿＿＿＿＿＿＿＿＿＿＿＿＿＿＿

十、劳动争议处理及其他

第二十三条　双方因履行本合同发生争议,当事人可以向甲方劳动争议调解委员会申请调解;调解不成的,可以向劳动争议仲裁委员会申请仲裁。

当事人一方也可以直接向劳动争议仲裁委员会申请仲裁。

第二十四条　本合同的附件如下＿＿＿＿＿＿＿＿＿＿＿＿＿＿＿＿＿
＿＿＿＿＿＿＿＿＿＿＿＿＿＿＿＿＿＿＿＿＿＿＿＿＿＿＿＿＿＿＿＿＿
＿＿＿＿＿＿＿＿＿＿＿＿＿＿＿＿＿＿＿＿＿＿＿＿＿＿＿＿＿＿＿＿＿

第二十五条　本合同未尽事宜或与今后国家、北京市有关规定相悖的,按有关规定执行。

第二十六条　本合同一式两份,甲乙双方各执一份。

甲方(公章)　　　　　　　　　　　　乙方(签字或盖章)

法定代表人(主要负责人)或委托代理人
(签字或盖章)

签订日期：　　年　　月　　日

三、实操演练

工作任务 6-3

【背景材料】

海河大学的一批保洁工是通过劳务派遣的方式使用的,海河大学与 BY 劳务派遣公司签订了派遣协议。按照协议规定,海河大学在使用这批员工的时候应该向他们支付的工资和社会保险费,都要按月交给 BY 劳务派遣公司,由 BY 劳务派遣公司为这批员工支付工资和缴纳社会保险。一日,大雪覆盖了整个校园,雪后学校组织这些员工铲雪,由于路较滑,员工张某摔倒并造成骨折。

【具体任务】

1. 请你分析,面对这种情况,海河大学该怎么办呢?请为海河大学拿出一个处理方案。

2. 请你分析,张某需要停工治疗,停工治疗期间的工资由谁来承担呢?是海河大学还是派遣单位 BY 公司?

3. 此案提示用工单位在与劳务派遣单位签订劳务派遣协议时要注意哪些问题?

工作任务 6-4

【背景材料】

邓某于 2011 年 3 月 24 日与北京一家派遣公司(以下简称"派遣公司")签订了劳动合同,期限自 2011 年 3 月 24 日至 2012 年 3 月 23 日止。派遣公司安排邓某至用工单位北京的一家机械公司(以下简称"机械公司")工作,担任销售助理。2012年3月23日合同到期后,邓某被告知不需要再去机械公司工作了。2012年4月23日邓某向劳动争议仲裁委员会申请仲裁,要求派遣公司、机械公司支付赔偿金18 000元等请求。劳动争议仲裁委员会在审限内未审结,邓某遂于2012年7月16日以相同诉由诉至法院。

【具体任务】
1. 请你分析邓某仲裁请求的法律依据是什么。
2. 请你归纳一下法律对劳务派遣工的劳动合同有哪些特殊要求。

项目七

非全日制用工管理

学习目标

能力目标

能够拟定非全日制用工的劳动合同文本。

知识目标

了解非全日制用工形式的意义;理解全日制用工与非全日制用工的区别;掌握非全日制用工劳动合同的内容。

学习任务一 非全日制用工劳动合同文本的拟定

学习情境 7-1

2011年2月5日,郭某进入北京某A公司从事保洁工作,双方口头约定郭某每天只工作3小时,劳动报酬为20元/小时。工作至2011年10月20日,郭某向A公司提出其未与自己签订书面劳动合同,按照《劳动合同法》的最新规定,用人单位自用工之日起超过一个月未与劳动者签订书面劳动合同的,应当每月向劳动者支付双倍工资。A公司表示拒绝,郭某遂诉诸劳动仲裁。

郭某的请求能不能得到劳动仲裁的支持呢?

一、相关知识链接

（一）非全日制用工的含义

非全日制用工是指以小时计酬为主，劳动者在同一用人单位一般平均每日工作时间不超过4小时，每周工作时间累计不超过24小时的用工形式。非全日制用工是一类特殊的用工形式。在非全日制用工中用人单位和劳动者之间形成的是劳动关系，而不是民事雇佣关系；双方达成的协议是劳动合同，而不是民事合同。

（二）非全日制用工与全日制用工的区别

非全日制用工是一种灵活的用工形式，与全日制用工的区别主要有以下几个方面：

1. 在同一单位的工作时间不同

标准的全日制用工实行每天工作不超过8小时，每周不超过40小时的标准工时的工时制度。非全日制用工的工作时间一般为每天4小时，每周工作时间不超过24小时。非全日制用工在24小时的总的工作时间内，具体工作安排由用人单位自主决定。可以每天工作8小时，每周工作3天；也可以每天工作4小时，每周工作6天；还可以是其他的工作方式，体现其灵活就业的特点。对于用人单位安排劳动者工作超过工时限制及加班问题如何处理？《劳动合同法》没有明确规定，但根据目前的一些地方性规定看，对于超过工时限制的，视为全日制用工。如《北京市劳动和社会保障局关于北京市非全日制就业管理若干问题的通知》规定："劳动者在同一用人单位每日工作时间超过4小时的视为全日制从业人员。"

2. 非全日制用工可以订立口头协议

全日制用工，按照《劳动合同法》的规定，用人单位与劳动者应当订立书面劳动合同。而非全日制用工依照《劳动合同法》的规定，用人单位与劳动者可以不以书面形式订立劳动合同，职工的劳动权利以及用人单位对职工的要求，可以口头约定。

3. 非全日制用工的劳动关系可以随时终止且无需支付经济补偿金

按照《劳动合同法》的规定，全日制用工劳动合同终止或解除的，除一些特别情况外，用人单位须向劳动者支付经济补偿金，而非全日制用工则没有明确的规定。

4. 非全日制用工一般只缴纳工伤保险

按目前有关法律法规的规定，全日制用工的用人单位必须缴纳各种社会保险费用。但是，作为非全日制用工，用人单位必须为其缴纳工伤保险，除工伤保险外的社会保险费，用人单位则不是必须为劳动者缴纳的。

5. 非全日制用工以小时计酬为主，结算支付周期最长不超过15日

按照《劳动法》和《劳动合同法》的规定，全日制用工应当按月以货币形式定时向劳动者支付工资。非全日制用工，用人单位也必须以货币形式向劳动者定时支付工资，但是，支付工资的周期比全日制用工短，即每半月至少支付一次，而且以小时计酬为主。

（三）非全日制用工的劳动合同

由于非全日制用工时间短、双方权利义务相对简单等特点，非全日制用工允许用人单位和劳动者在协商一致的情形下订立口头协议。如订立书面劳动合同的，劳动合同内容由双方协调确定，应当包括工作时间和期限、工作内容、劳动报酬、劳动保护和劳动条件五项必备条款。同时，法律还规定了，非全日制用工的劳动合同不得约定试用期，双方可以随时终止和解除劳动合同且无需支付经济补偿金。

二、业务示例

业务示例 7-1　非全日制用工的劳动合同

劳 动 合 同 书

（非全日制从业人员使用）

甲方：_____
乙方：_____
　　　　　签订日期：____年____月____日

北京市劳动和社会保障局监制

根据《中华人民共和国劳动法》《中华人民共和国劳动合同法》和有关法律、法规,甲乙双方经平等自愿、协商一致签订本合同,共同遵守本合同所列条款。

第一条　甲方_____
法定代表人(主要负责人)或委托代理人_____
注册地址_____
经营地址_____

第二条　乙方_____　性别_____
户籍类型(非农业、农业)_____
居民身份证号码_____
或者其他有效证件名称_____　证件号码_____
在甲方工作起始时间____年____月____日
家庭住址_____　邮政编码_____
在京居住地址_____　邮政编码_____
户口所在地____省(市)____区(县)____街道(乡镇)

第三条　本合同于____年____月____日生效。

第四条　乙方同意根据甲方工作需要,担任以下工作:
_____
_____

第五条　乙方的工作时间为_____
_____

第六条　乙方完成本合同约定的工作内容后,甲方应当以货币形式向乙方支付劳动报酬,劳动报酬标准为每小时_____元。甲方向乙方支付劳动报酬的周期不得超过15日。
支付劳动报酬的其他约定_____

第七条　甲方应当按照北京市工伤保险的规定为乙方缴纳工伤保险费。

第八条　甲方根据生产岗位的需要,按照国家有关劳动安全、卫生的规定对乙方进行安全卫生教育和职业培训,并为乙方提供以下劳动条件:_____
_____

第九条　甲方应当建立、健全职业病防治责任制,加强对职业病防治的管理,提高职业病防治水平。

第十条　甲乙双方可以随时终止劳动合同。

第十一条　甲方违反本合同的约定支付劳动报酬或支付的小时工资低于北京市非全日制从业人员小时最低工资标准的,乙方有权向劳动保障监察部门举报。

第十二条　甲乙双方约定本合同增加以下内容:
_____

第十三条　双方因履行本合同发生争议,当事人可以向甲方劳动争议调解委员会申请调解;调解不成的,可以向劳动争议仲裁委员会申请仲裁。
当事人一方也可以直接向劳动争议仲裁委员会申请仲裁。

第十四条　本合同的附件如下＿＿＿＿＿＿＿＿＿＿＿＿＿＿＿＿＿＿＿
＿＿＿＿＿＿＿＿＿＿＿＿＿＿＿＿＿＿＿＿＿＿＿＿＿＿＿＿＿＿＿＿＿＿

第十五条　本合同未尽事宜或与今后国家、北京市有关规定相悖的,按有关规定执行。
第十六条　本合同一式两份,甲乙双方各执一份。

甲方(公章)　　　　　　　　　　　　　　　　乙方(签字或盖章)

法定代表人(主要负责人)或委托代理人
(签字或盖章)

签订日期：　　年　　月　　日

三、实操演练

工作任务7-1

【背景材料】

2012年6月10日,小黄进入北京某A酒店担任前台工作,工作时间为晚上21点至早晨7点,每月工资为1700元。工作至2012年11月10日,小黄欲辞职,辞职的同时他提出了要求单位补发其加班费的要求。他认为自己每天工作10个小时,超过了标准工作时间8小时,属于超时加班。A酒店则称,小王是在晚上上班,是非全日制员工,不存在加班的问题。

【具体任务】

1. 你觉得单位的说法正确吗?
2. 归纳非全日制用工的特点。
3. 用人单位在使用非全日制用工时要注意哪些问题?

工作任务7-2

【背景材料】

2011年9月,范某与北京某K酒店签订了一份为期一年的非全日用工劳动合同。工作期间,范某工作一直很努力,但是由于酒店业绩下滑,2012年6月,K酒店决定提前终止双方的劳动合同。范某提出当初公司承诺为其提供一年的岗位,现在期限还没有到,并且自己的工作也没有任何问题,所以不同意提前解约。并称,单位这是违法解除劳动合同,应按照经济补偿金的双倍支付赔偿金。

【具体任务】
1. 请你向范某解释他的请求是否能得到仲裁的支持。
2. 拟定一份酒店与范某的劳动合同书。

学习任务二　非全日制用工的劳动关系管理

学习情境 7-2

孔某今年46岁,多年前下岗失业。不久前,街道办事处将孔某介绍到一家公司做保洁。看到工资待遇都不错,孔某就开始上班了。公司人力资源部的负责人告诉孔某,你做的保洁工是非全日制的临时工,每天工作8小时,主要工作是保持工作环境整洁及主管安排的其他工作,不上保险,工资按月发放;你在公司应当遵守公司的规章制度,服从主管人员的指挥,好好地完成工作。同时,该人力资源部要求孔某签订了一份劳务合同,并向孔某解释说,非全日制用工人员与公司是劳务关系,所以签劳务合同。

孔某刚上班不久,却发生了意外。一天,孔某在擦楼梯时,一不小心踩空,从楼梯上摔了下来,造成骨折,花去医药费8 000多元。

伤愈后,孔某回到公司上班,却被告知他与公司的劳务关系已经解除了。孔某找到人力资源部的负责人理论,但人力资源部负责人对孔某说,你可是非全日制用工,与公司是劳务关系,你没给公司做好工作,我们还没找你呢,你还来找我们要说法。孔某非常气愤,却感到公司说得似乎也很有道理,毕竟合同白纸黑字都写好的,只好忍气吞声、自认倒霉。

非全日制用工与单位建立的是劳动关系还是劳务关系?

一、相关知识链接

(一) 非全日制职工的劳动关系

《劳动合同法》第六十九条规定,非全日制用工可以建立多重劳动关系。从事非全日制用工的劳动者可与一个或一个以上用人单位订立劳动合同;但是,后订立的劳动合同不得影响先订立劳动合同的履行。因此,非全日制用工是劳动关系而非劳务关系。

非全日制用工中可以有双重或多重劳动关系,即从事非全日制用工的劳动者可以兼职。但需要注意的是:

(1)允许非全日制用工中双重或者多重劳动关系,这里的劳动关系都是非全日制劳动关系,劳动者不能从事一项非全日制工作,同时兼另一项全日制工作。

(2)允许非全日制用工中双重或者多重劳动关系不是毫无约束的,必须满足"后订立的劳动合同不得影响先订立的劳动合同的履行"的前提。

(3)由于《劳动合同法》明确规定非全日制用工可以有双重或者多重劳动关系,因此非全日制用工不适用《劳动合同法》第九十一条关于用人单位招用与其他用人单位尚未解除或者终止劳动合同的劳动者,给其他用人单位造成损失的,应当承担连带赔偿责任的规定;也不适用《劳动法》第九十九条关于用人单位招用尚未解除劳动合同者的法律责任的规定。

(二)非全日制用工管理应注意的问题

1. 最好签订书面劳动合同

法律对于用人单位使用非全日制用工制度没有签订书面劳动合同的要求。这既是件好事,但是也蕴含着风险。风险之一就是被认定为全日制用工而没签订劳动合同最后支付劳动者双倍工资;风险之二就是双方的权利义务不明确,口说无凭。所以建议用人单位最好和非全日制的员工签订劳动合同。

2. 使用非全日制用工的岗位一定要有充足的人力资源库存

由于双方都可以随时终止劳动合同,所以这一规定对用人单位来说就成为双刃剑。用人单位自然非常愿意接受可以随时裁员的法律规定,但是如果用人单位没有充足的人力资源库存,劳动者随时走人的行为就很可能影响用人单位的生产经营活动。所以,单位一定要有充足的人力资源库存。

3. 保护好自己的商业秘密

多重劳动关系的明确许可充分体现了法律对非全日制用工的大力提倡,但是多重劳动关系必然对用人单位的商业秘密保护提出挑战。一方面,用人单位可能面临侵犯第三人知识产权和商业秘密的风险,所以,单位一定要采取措施保护好自己的商业秘密。另一方面,用人单位的商业秘密也面临着被侵犯的风险。

4. 在工作时间和工资支付上一定严格依照法律规定

非全日制用工的工作时间每天不超过 4 小时,工资支付周期为 15 天,如果单位让职工的工作时间经常超时或工资支付周期超过 15 日,非全日制用工就有可能被认定为全日制用工,单位的麻烦就比较多了。

二、业务示例

业务示例 7-2 非全日制用工的劳动关系管理

【背景材料】

单小姐是一名音乐学院毕业的大学生,毕业后一直没有找到合适的工作,经朋友介绍到一家酒店(甲)餐厅演奏背景音乐,每天 3 小时,每小时 80 元。做了一段时间后,单小姐觉得这样工作也不错,比较自由,报酬也不错。此后,单小姐又自己联系了另外一家酒店(乙),也是每天 3 小时,但报酬要高,每小时 100 元。由于酒店的高峰期基本相同,单小姐经常在两个酒店之间赶场,有时候时间冲突了或延误了,单小姐就尽量到报酬高的酒店乙。由于单小姐不断晚点或请假,酒店(甲)对此非常不满。在得知单小姐是因为在酒店(乙)演奏而延误时,酒店甲就解除了与单小姐的合同,并要求单小姐赔偿因此而造成的损失。单小姐不服,将酒店甲告到仲裁,请求酒店支付其解除劳动合同的经济补偿金。

【审理结果】仲裁庭驳回了单小姐的请求

【评析】

单小姐所做的工作完全符合非全日制用工的条件,因此,其可以与两个以上的单位建立劳动关系,但有一个原则,就是前一个劳动关系优先于后一个或几个,保证在先的用人单位先得到劳动者提供的劳动,后劳动关系的建立不能对前劳动关系造成影响。本案中,单小姐后建立的劳动关系已经对前劳动关系的正常履行造成了实质的影响,酒店甲可以与单小姐解除劳动关系,并不支付任何经济补偿,还可以要求单小姐赔偿相应损失。

三、实操演练

工作任务7-3

【背景材料】

刘津生从2010年7月开始每天15~18点为北京某高校做保洁工作,每周工作5天,双方签订了书面劳动合同。2012年3月9日,刘津生又与另一家乳制品公司达成口头协议,每天早上6~8点为该公司做送奶员工作,每周工作5天。在一次送奶过程中刘津生发生交通事故,伤势严重不能继续工作,两家公司均将刘津生辞退。伤后刘津生要求某高校支付解除劳动合同的经济补偿,遭到拒绝。刘津生又要求乳制品公司承担工伤保险责任,该公司却以刘津生为非全日制用工为由予以拒绝。刘津生不服,以北京某高校和乳制品公司为共同被申请人,到当地劳动争议仲裁委员会申请仲裁。请求裁决北京某高校支付其经济补偿金,并请求裁决乳制品公司承担工伤保险责任。

【具体任务】

1. 请你分析刘津生的两项仲裁请求能否得到支持。
2. 请归纳总结非全日制用工法律关系中用工单位的义务有哪些。

项目八

集体协商与集体合同管理

学习目标

能力目标

能够征集、整理有关集体协商议题的意见和建议;能够收集有关集体协商议题的相关资料;能够拟定集体合同文本。

知识目标

了解集体合同制度的意义;理解集体合同与劳动合同的区别;掌握集体协商以及签订集体合同的程序。

学习任务一 集体合同的内容及效力

学习情境 8-1

一年前,李强应聘到一家建筑公司工作,与同事王兵工种完全一样。两年前,该公司工会代表职工与企业签订了集体合同,约定他们所在工作岗位的工资标准不低于每月 2 500 元。王兵当时已在此工作,所以至今沿用此工资标准,而李强作为公司新招的员工,入职时公司与他单独约定了工作岗位、劳动报酬、休息休假等事项,并签订劳动合同。这份合同,比之前工会代表职工签订的集体合同薪酬低一半左右。

也就是说,同样的工作,因公司分别签订合同,酬劳差距近一倍。李强找公司询问,得到的答复是:"王兵是公司的'老人',按集体合同约定其工资就是这么多。你是新招的,工资低。这是历史遗留问题,是实行'老人'老办法,'新人'新办法。"

这种解释让李强无法理解。当他发现还有十几名新进员工存在同样情况后,便开始申请劳动仲裁。

单位的解释有道理吗?

一、相关知识链接

(一) 集体合同的概念

集体合同是指企业职工一方与用人单位就劳动报酬、工作时间、休息休假、劳动安全卫生、保险福利等事项,通过平等协商达成的书面协议。用人单位与本单位职工也可以就集体协商的某项内容签订专项的书面协议,这种协议被称为专项集体合同,例如通过工资集体协商签订工资协议。同时,在县级以下区域内,建筑业、采矿业、餐饮服务业等行业可以由工会与企业方面代表订立行业性集体合同,或者订立区域性集体合同。

(二) 集体合同和劳动合同的区别

1. 集体合同与劳动合同的当事人不同

集体合同的当事人一方是代表职工的工会组织,另一方是企业。劳动合同当事人一方是劳动者个人,另一方是企事业单位或雇主等。这就是说,劳动者个人作为出卖劳动力的一方不能签订集体协议,而工会组织也不能为劳动者个人签订劳动合同。

2. 集体合同与劳动合同的内容不同

集体合同与劳动合同都以工作任务、劳动条件、劳动报酬、保险福利等为基本内容,但在具体订立协议时是有区别的。集体合同调节集体劳动关系,内容全面、复杂,带有整体性。劳动关系的内容在法律、法规中未作规定或只规定基本标准,以及个人劳动合同中的某些问题未由法律、法规规定的,集体合同都可以规定。而劳动合同的内容比较简单,一般都在法律、法规中直接规定。法律、法规未作规定的,可由劳动合同规定,那是单一的。

3. 集体合同与劳动合同产生的时间不同

集体合同产生于劳动关系运行过程中,它不依单个劳动者参加劳动为前提。而劳动合同产生于当事人一方的劳动者参加劳动前,是以劳动者就业为前提,是劳动者个人建立劳动关系的法律凭证。

4. 集体合同与劳动合同的作用不同

集体合同制度的作用在于改善劳动关系,维护职工的群体利益。而劳动合同的作用在于建立劳动关系,维护劳动者个人和用人单位的权益。

5. 集体合同与劳动合同的效力不同

就职工一方来说,集体合同对一个单位的全体职工有效,而劳动合同只对劳动者个人有效,且劳动合同中的劳动条件和劳动报酬的标准不得低于集体合同的约定。

(三) 集体合同的内容

集体合同一般包括如下内容:

(1) 劳动报酬。包括用人单位的工资水平、工资分配制度、工资标准和工资分配形式,以及工资支付办法;加班、加点工资及津贴、补贴标准和奖金分配办法;工资调整办法;试用期及病、事假等期间的工资待遇;特殊情况下职工工资(生活费)支付办法;其他劳动报酬分配办法。

(2) 工作时间。即劳动者根据法律和法规的规定,在企业、事业、机关、团体等单位中,用于完成本职工作的时间。包括工时制度、加班加点办法、特殊工种的工作时间、劳动定额标准。

(3) 休息休假。包括日休息时间、周休息日安排、年休假办法;不能实行标准工时职工的休息休假;其他假期。

(4) 劳动安全与卫生。包括劳动安全卫生责任制;劳动条件和安全技术措施;安全操作规程;劳保用品发放标准;定期健康检查和职业健康体检。

(5) 补充保险和福利。包括补充保险的种类、标准;基本福利制度和福利设施;医疗期延长及其待遇;职工亲属福利制度。

(6) 女职工和未成年工特殊保护。包括女职工和未成年工禁忌从事的劳动,女职工的经期、孕期、产期和哺乳期的劳动保护,女职工、未成年工定期健康检查,未成年工的使用和登记制度。

(7) 职业技能培训。包括职业技能培训项目规划及年度计划;职业技能培训费用的提取和使用;保障和改善职业技能培训的措施。

(8) 劳动合同管理。包括劳动合同签订时间;确定劳动合同期限的条件;劳动合同变更、解除、续订的一般原则及无固定期限劳动合同的终止条件;试用期的条件和期限。

(9) 奖惩。包括劳动纪律、考核奖惩制度、奖惩程序。

(10) 裁员。包括裁员的方案、裁员的程序、裁员的实施办法和补偿标准。

(11) 集体合同期限。

(12) 变更、解除集体合同的程序。

(13) 履行集体合同发生争议时的协商处理办法。

(14) 违反集体合同的责任。

(15) 双方认为应当协商的其他内容。

(四) 集体合同的效力

集体合同的法律效力是指集体合同的法律约束力。《劳动法》第三十五条规定:依法签订的集体合同对企业和企业全体职工具有约束力。职工个人与企业订立的劳动合同中劳动条件和劳动报酬等标准不得低于集体合同的规定。《劳动合同法》第五十四条第二款规定:依法订立的集体合同对用人单位和劳动者具有约束力。行业性、区域性集体合同对当地本行业、本区域的用人单位和劳动者具有约束力。

可见,凡符合法律规定的集体合同,一经签订就具有法律效力。集体合同的法律效力包

括以下几个方面:

(1) 集体合同对人的法律效力:集体合同对人的法律效力是指集体合同对什么人具有法律约束力。根据《劳动法》的规定,依法签订的集体合同对用人单位和用人单位全体劳动者都具有约束力。这里的劳动者是用人单位的全体劳动者的概念,而无论其是否为工会会员。劳动者个人与用人单位订立的劳动合同中有关劳动条件和劳动报酬等标准不得低于集体合同的规定。

(2) 集体合同的时间效力:集体合同的时间效力是指集体合同从什么时间开始发生效力,什么时间终止其效力。集体合同的时间效力通常以其存续时间为标准,一般从集体合同成立之日起生效。如果当事人另有约定的,应该在集体合同中明确规定。集体合同的期限届满,其效力终止。

(3) 集体合同的空间效力:集体合同对空间的效力是指集体合同规定的对于哪些地域、哪些从事同一产业的劳动者、用人单位所具有的约束力。

二、业务示例

业务示例 8-1 集体合同示范文本

集体合同示范文本(试行)

北京市总工会 2007 年 12 月

第一章 总 则

第一条 职工一方和企业(含实行企业化管理的事业单位和民办非企业单位),为维护职工和企业的合法权益、促进企业发展和职工利益的提高,构建和谐稳定的劳动关系,根据《中华人民共和国劳动法》《中华人民共和国劳动合同法》《中华人民共和国工会法》《北京市集体合同条例》及相关法律、法规,经协商一致,签订本合同。

第二条 本合同确立劳动报酬、工作时间、休息休假、劳动安全卫生、职业培训、保险福利等各项劳动标准和劳动条件。

第三条 本合同对企业和本企业的全体职工具有法律约束力。

第四条 企业依法经营,认真履行本合同,尊重并支持工会工作,积极落实《企业工会工作条例》,依法按时足额拨缴工会经费,保证工会各项工作的开展。

第五条 企业工会维护职工的合法权益,协调劳动关系,组织职工参与企业的民主管理、民主监督。工会教育职工自觉遵守企业各项规章制度、劳动纪律;爱护企业财产,保守企业秘密,爱岗敬业;认真履行劳动合同、集体合同,恪尽职守;积极支持和参与企业改革,自觉执行经职工代表大会或职工大会审议通过的重大决策和决议;立足本职,尽职尽责。

第二章 劳动报酬

第六条 企业工资分配制度

企业以岗位责任、劳动绩效、经营风险为主要依据,制定工资分配制度,严格执行国家最低工资保障制度,以及国家劳动法律有关工资及职工福利制度。

企业工资分配制度遵循同工同酬、注重知识与技能、多劳多得、合法合规的原则,使工资与责任、利益和风险挂钩。其内容包括职工工资分配原则、方式以及工资、奖金、津贴和补贴等具体分配办法等,确保制度透明。

企业在制定和调整工资分配制度、考核分配制度等涉及职工权益的方案及实施办法过程中,应听取工会意见,其方案须经职工代表大会或职工大会审议通过后实施。

第七条 工资制度

企业针对不同岗位职工采取的工资制度有计时工资制(含职务工资制、岗位工资制、聘用工资制等)、计件工资制、年薪制和完成一定任务的工资制。

其他收入分配形式有:科技承包兑现、新产品利润提成、科技成果和技术专利折价入股、固定基数考核、销售提成等。

第八条 工资性收入

企业工资性收入有:工龄工资、职务工资、级别工资、岗位工资、技能工资、计件工资、加班工资、特殊工资、奖金(绩效工资)、津贴、补贴等。

企业确定的工龄工资、职务工资、级别工资、岗位工资、技能工资、津贴、补贴等按不同岗位组成职工的基本工资。

同一工种和岗位上工作的男女职工同工同酬。

企业实行年薪制、承包制、提成制等其他分配办法,参照企业相关规定执行。

第九条 工资支付办法

企业遵循按时足额、优先支付的原则,按月(小时、日、周)为周期支付工资。以完成一定工作任务计发工资的,应当在工作任务完成后即时支付工资。

企业应当至少每月向劳动者支付一次工资。企业在每月_____日(遇节假日、双休日提前),以货币形式(可通过银行)支付职工工资,不得克扣和拖欠。

企业因生产经营困难暂时无法按时支付工资的,应当向职工说明情况,并经与工会或者职工代表协商一致后,可以延期支付工资,但最长不得超过30日。企业超过30日无法支付工资,工会或职工代表可与企业协商解决;协商不成,可向劳动保障部门反映,或向人民法院申请支付令。

第十条 职工工资增长机制

企业依据经济效益并根据城镇居民物价消费指数、最低工资标准、劳动力市场工资指导价位、工资指导线、北京市和行业的职工平均工资水平、企业劳动生产率等因素中任何一项的变化,与工会开展工资集体协商,签订工资专项协议,建立职工工资正常增长和调整机制,使职工工资随着经济效益的提高而正常增长。挂钩幅度为:企业经济效益增长_____%,职工工资增长_____%。

第十一条 职工工资增长原则

企业在经济效益增长的情况下,按照工资分配办法,将逐年提高职工工资水平。在工资增长过程中,对生产经营骨干、急需人才、突出贡献职工予以倾斜;工资水平偏低的生产一线职工和技术工人的工资增长不得低于企业负责人工资增长幅度,逐步实现职工整体工资水平的提高。

第十二条　企业最低工资标准

企业全体职工在法定工作时间内提供了正常劳动,每月工资不得低于企业最低工资标准。企业最低工资标准高于本市标准,每月_____元,每小时_____元,根据企业经营情况和本市最低工资标准的变化每年进行调整。

第十三条　企业人均工资水平

企业上年度职工人均工资是_____元,_____年内将在企业经济效益增长的情况下,使职工年人均工资达到_____元。

第十四条　工龄工资

企业工龄工资标准为每年_____元,以当年12月31日为核算截止日期。

第十五条　职务工资

企业按照经营管理岗位的不同确定职务工资(有法律规定的除外)。企业行政职务分为:_____、_____、_____等。企业党群系统职务按照规定与行政职务相对应。职务以党政任免通知为准(职务工资标准见附表一)。

第十六条　级别工资

企业在同等职务条件下,由于部门工作性质、职工任职年限、职工工作年限、职工技术职称的不同,确定不同的级别工资(级别工资标准见附表二)。

第十七条　岗位工资

在岗位评价的基础上建立岗位工资,同岗同酬、易岗易薪,根据岗位责任、繁简轻重、工作条件等因素确定,包括工人岗位、技术岗位、一般管理岗位、后勤辅助岗位等,共分为_____个等级,工资额在_____之间不等(岗位和岗位工资标准见附表三)。

同一岗位连续工作满_____年经考核合格可以晋升得到上一等级岗位工资。

第十八条　技能工资

企业为鼓励职工学习掌握更多的技能,制定技能工资标准,以职工个人具备知识及能力为评价依据,以可测评或已具备的知识技能和学历、职称为评价标准,以企业是否聘用为确定原则。

工人岗位按照职业资格可以分为:初级工、中级工、高级工、技师、高级技师等五个档次(各档次工资标准见附表四)。

专业技术岗位按照职业资格可以分为:初级职称、中级职称、高级职称、正高级职称等四个档次(各档次工资标准见附表四)。

同一职工同时具备两个档次的条件,按标准高的执行。

同一标准连续工作满_____年经考核合格可以晋升到上一等级技能工资。

对企业生产经营产生较大影响,并取得直接经济效益的技术进步及表现突出、成绩卓著的特殊贡献者,可以由企业技能评定委员会审定,报企业批准后晋级_____个等级。

第十九条 奖金(绩效工资)

企业依据经济效益状况、职工完成工作情况,核定职工考核期奖金基数和发放标准(奖金基数标准见附表五)。

第二十条 计件工资

企业与工会协商制定《计件工资岗位和工资标准》,根据职工完成任务情况核定发放计件工资(计件工资岗位和工资标准见附表六)。

第二十一条 加班工资

企业安排职工加班,所支付的加班工资标准按照国家和北京市的有关规定执行。职工月加班工资基数可以由企业和工会协商确定,但不得低于职工本人上年度月平均基本工资。计件加班工资基数按照职工每日劳动定额标准予以核计。

第二十二条 相关津贴和补贴

企业的津贴包括:高温津贴、全勤津贴以及特殊情况下支付的工资。

高温津贴:室外露天作业人员每人每月不低于_____元标准;室内工作人员每人每月不低于_____元标准。这是指安排职工在高温天气(日最高气温达到35℃以上)露天作业以及不能采取有效措施将工作场所温度降低到33℃(不含33℃)以下的工作情况。

全勤津贴:倒班岗位_____元/月,值夜班岗位_____元/月,白班岗位_____元/月;当月发生迟到、早退或脱岗_____次以上以及请假_____天的,不享受全勤津贴。

特殊情况下支付的工资:执行国家规定(如井下、高空、野外、高低温、有毒有害等特殊工作环境、条件下的津贴,劳模津贴等)(具体标准见附表七)。

各种补贴:伙食补贴、交通补贴、通讯补贴、服装补贴、住房提租补贴等。

第二十三条 劳动定额

企业制定劳动定额标准,应与工会进行协商,确定在法定工作时间内、在同等劳动条件下的同岗位90%以上职工能够完成的工作任务量为岗位劳动定额标准。

企业由于技术创新、技术改造、劳动条件改变、人员调整、降低成本、原材料变化、增长工资等因素的影响,需要修改劳动定额标准时,依据国家标准、行业标准和企业实际提出方案,并与工会进行协商确定(劳动定额标准见附表八)。

第二十四条 其他规定

职工患病或者非因工负伤病休期间,当月实发工资在扣除个人应缴纳的各项社会保险及住房公积金后(不含劳模津贴),不得低于企业最低工资标准的80%。

待岗人员的基本生活费标准,在企业扣除个人应缴纳的各项社会保险及住房公积金后,按照不低于企业最低工资标准的70%支付。

试用期职工工资不得低于同岗位最低档工资或者劳动合同约定工资的80%,并不得低于企业最低工资标准。

职工享受探亲假、婚丧假等期间,所得工资不得低于企业最低工资标准。

女职工享受产假、集中哺乳时间,计划内生育或者施行计划生育手术(已婚职工)依法享受休假期间,产前检查和哺乳依法休假的,企业应当视同其正常劳动并支付工资。

内退人员的生活费支付按照企业相关规定执行。

企业依照规章制度对违纪职工进行扣罚后,其每月工资在扣除个人应缴纳的各项社会保险及住房公积金后的剩余部分不得低于企业最低工资标准的70%。

第三章 工作时间

第二十五条 标准工时制度

企业实行标准工时制职工每天工作8小时,每周工作时间不超过40小时。

企业安排职工每天1小时的就餐时间,连续工作4小时内有15分钟的工间休息时间。职工的就餐时间应当固定,连续工作5小时以内安排一次就餐时间。

第二十六条 不定时工时制

企业由于工作需要,安排一些部门和岗位的职工,以及工作性质特殊的职工在周六、周日工作,或晚上工作,或轮流换班,或在弹性时间工作,采用不定时工时制,须报劳动行政部门审批,并告知工会。

第二十七条 综合计算工时制

企业因生产特点需要不能实行标准工时制的,可以实行综合计算工时工作制,即分别以周、月、季、年等为周期,综合计算工作时间。但其平均日工作时间和平均周工作时间应与法定标准工作时间基本相同,超出部分应支付延长工作时间劳动报酬。企业须报劳动行政部门审批后方可执行,并告知工会。

企业应在充分听取职工意见的基础上,与工会协商确定具体工作安排,采用集中工作、集中休息、轮休轮调等适当方式完成生产工作任务。企业全年安排职工休息不少于_____天,确保职工的休息休假权利。

企业因生产特点、工作特殊需要或职责范围的关系,需要机动作业,采用弹性工时的非全日制用工。企业实行非全日制用工职工一般平均每日工作时间不超过4小时,每周累计不超过24小时。

对实行计件工作的职工,企业参照标准工时制与工会协商合理确定劳动定额和计件工资标准,确保职工的休息休假权利,保证职工每周至少休息_____天。

第二十八条 加班安排的原则

企业经与职工代表或工会和职工协商后可以延长工作时间,一般每日不得超过1小时;因特殊原因需要延长工作时间的,在保障职工身体健康的条件下每日不得超过3小时,但是每月不得超过36小时。

第二十九条 加班时间的确定

加班时间是指平均每天工作超过8小时以上的时间;平均每周工作超过40小时以上的时间;在法定休假日安排职工工作的时间。

第三十条 加班程序和约定

(一)企业与工会或职工代表协商,确定加班工作时间、人员和内容。

(二)如果企业未与职工协商,强迫职工加班加点,职工则有权拒绝。

(三)职工本人需要加班的,应征得主管部门审批,方能获得加班工资。

（四）工会可以随时查阅企业加班情况的记录，并检查职工倒休、加班工资的落实情况。

（五）对于超出法定时间并危害职工身心健康的加班，工会有权代表职工向企业和上级主管部门反映。

第三十一条　加班约定

企业按照国家规定支付加班工资以外，还应遵守下列约定：

（一）企业除不可抗力因素和正常安排加班以外，职工在休假日被安排加班，除约定给予补休外，正常计算加班工资；加班时间少于 4 小时的，应当获得不少于小时加班工资基数 4 小时的加班工资。

（二）企业要求职工在企业保持机动状态，待命工作，而且职工不能自由来去的情况下，应当按照工作时间支付加班工资。

（三）对有损于职工身体健康和人身安全，超过法定延长工作时间或制度性延长工作时间的行为，工会有权代表职工予以制止。

第三十二条　加班补休规定

企业按照规定应该安排补休的，应当在_____个工作日内安排职工休息；无法安排职工补休的，发放加班工资。职工可以根据自身需要提出补休时间，如果职工申请补休的要求被企业拒绝，可以继续保留这些补休时间一年有效。

第四章　劳动合同管理

第三十三条　劳动合同制度

企业依法规范用工行为，加强劳动合同管理，与工会协商建立劳动合同制度。工会应当帮助、指导职工与企业依法订立和履行劳动合同，并对企业劳动合同制度实施情况进行监督。

第三十四条　招聘职工

企业根据发展需要决定招录职工，按照公开、公正、公平、合理、择优录取的原则，依据招聘条件录用职工。企业在制定招聘条件时，应详细、具体、量化、有一定可操作性，并告知工会，便于企业招聘职工、考核试用期职工。

企业在制定招聘条件、招收录用职工时，不能因为性别、民族、信仰、宗教、婚姻、年龄等因素的影响而出现就业歧视的现象。

第三十五条　用工形式

（一）本企业全日制职工。企业与建立劳动关系的所有人员签订劳动合同，并依据劳动合同确定的工作岗位、内容、时间、标准等安排职工工作。

（二）劳务派遣职工。企业通过与劳务派遣公司签订协议，招用劳务派遣人员在一些临时性、辅助性或者替代性的工作岗位上工作。企业长期性的工作岗位不适宜招用劳务派遣职工，且劳务派遣职工数量不能超过企业职工总数的_____%。

（三）非全日制职工。企业针对季节性、临时性、辅助性的工作，可以招用非全日制职工，双方可以订立口头协议。非全日制职工数量不能超过职工总数的_____%。非全日制职工以小时计算劳动报酬。

第三十六条　试用期

（一）试用期职工因事假、病假等原因超过_____天休息的，需延长相应天数的试用期。经过试用期后继续工作的即为本企业全日制职工，其工龄要从录用日期算起。

（二）企业在试用期解除职工劳动合同的，应至少在解聘前_____天通知该职工，并书面说明理由。

（三）企业招聘时，曾经在本企业工作、试用期达到1个月或以上的申请者，应优先于其他人员被聘用。

第三十七条　劳动合同期限

企业根据工作岗位、工作要求、工作性质确定劳动合同期限，分为固定期限、无固定期限和以完成一定工作为期限三种。

职工获得市级以上劳动模范、先进工作者称号的，可以订立无固定期限劳动合同。

第三十八条　劳动合同的订立

（一）企业制定和修改劳动合同时，当事人双方应当就劳动合同的具体内容进行协商，并听取工会的意见。劳动合同文本可以提交职工代表大会或职工大会讨论。

（二）工会应当向职工宣传与劳动合同相关的法律法规，帮助职工了解文本内容，增强职工履行劳动合同和依法维权的自我保护意识。

（三）工会对企业劳动合同的管理、签订和履行情况进行监督检查。

（四）企业与女职工签订的劳动合同中不得规定限制女职工结婚、生育等内容。

第三十九条　劳动合同的变更

企业与职工协商一致，可以变更劳动合同约定的内容，并采用书面形式记载，经双方签字或盖章生效。

工会应当监督变更劳动合同程序的合法性，帮助职工了解劳动合同变更的实质内容及今后可能产生的影响。

第四十条　劳动合同的解除

（一）企业单方解除劳动合同，应当事先将理由通知工会。工会认为不适当的，有权提出意见。企业违反法律、法规规定或者劳动合同约定的，工会有权要求企业纠正。企业应当研究工会的意见，并将处理结果书面通知工会。

（二）享受医疗期的职工，医疗期满仍未病愈的，应由北京市劳动能力鉴定委员会进行劳动能力鉴定。被鉴定为一至四级的，应当退出劳动岗位，解除劳动合同，办理因病或非因工负伤病退、退职、退休手续；被鉴定为五至十级的，企业可以解除劳动合同，并按规定支付经济补偿金和医疗补助费。

（三）国有企业在实施裁员过程中，裁减人员方案应提交职工代表大会审议通过。

（四）企业裁减人员时，应优先留下列人员：

1. 获得市级以上劳动模范、先进工作者称号的；

2. 订立无固定期限劳动合同的；

3. 订立较长期限的固定期限劳动合同的；

4. 家庭无其他就业人员,有需要扶养的老人或者未成年人的;

5. 企业特困职工、困难职工。

(五)工会应当监督企业解除劳动合同的行为,保证解除程序合法、解除理由充分、职工有申诉的权利。

第四十一条　劳动合同的续订

工会应当监督续订劳动合同工作的合法性和程序的规范性,在企业劳动合同期限届满人数超过职工总数30%、续订率低于80%时,应向劳动保障部门和上级工会汇报,确保企业劳动关系的稳定。

第四十二条　其他约定

(一)企业招用劳务派遣职工、非全日制职工在重要生产岗位连续工作＿＿＿＿年以上,应安排本企业全日制职工接替该岗位的工作,或将劳务派遣职工、非全日制职工转为本企业全日制职工。

(二)企业订立、履行、变更、解除、终止以及续订劳动合同,应当遵循法律、法规和本合同的有关规定,当事人双方应就劳动合同具体内容进行平等协商。

(三)企业工会专职主席、副主席或者委员自任职之日起,其劳动合同期限自动延长,延长期限相当于其任职期间;非专职主席、副主席或者委员自任职之日起,其尚未履行的劳动合同期限短于任期的,劳动合同期限自动延长至任期期满。但是,在任职期间本人有严重过失或者达到法定退休年龄的除外。

工会主席、副主席任期未满,企业不得随意变更其工作岗位或者调动其工作。因工作需要变更工作岗位或者调动时,应当事先征得本级工会委员会和上一级工会的同意。

第五章　休 息 休 假

第四十三条　一般规定

职工每周必须有一天的休息日。

职工各种假期遇国家法定休假日自动顺延。

企业在五四、六一(子女14岁以下的职工)、重阳等特殊节日和少数民族传统节日可根据实际情况安排职工休息＿＿＿＿天,工资照发。

职工在病假、婚假、丧假、产假、计划生育假、育婴假、探亲假、事假、工伤假等期间的工资按照考核规定发放。

跨省市探亲假的往返路费报销,国家已有规定的按规定办理;未作规定的,企业根据情况,酌情报销＿＿＿＿%路费。

第四十四条　病假

职工患病外出就诊的,须在当日出示医院开的病假条。

职工患病休假的,应于当日通知企业,并告知企业病假时间,上班后向企业出具病历、医嘱和医院开的病假条。

职工因患病或非因工负伤,需要长期停止工作治疗或休养的,职工应提前＿＿＿＿日向企业提出申请,并提交医生证明,企业根据职工的病情和参加工作的年限,及时办理享受医疗期手续,准予病休。

第四十五条　婚假

职工本人结婚,可休_____天婚假。男女双方晚婚的,除国家规定的婚假外,增加7~14天的奖励婚假。结婚时,男女双方不在一地工作的,休假时间不含路程时间。

第四十六条　丧假

职工和配偶的父母、配偶、子女、兄弟姐妹、祖父母、孙子女、监护人死亡时,企业应根据具体情况,给予职工_____天的丧假。如须赴外地料理丧事的,丧假时间不含路程时间。

第四十七条　产假

女职工享受国家规定的产假时间。女职工产后身体尚未康复,不能按时返回岗位,女职工应向企业提交医生证明,经核实,产假可酌情延长_____天。

女职工放环后怀孕流产的假期按产假待遇处理。

第四十八条　计划生育假

女职工享受计划生育假。产假期间放置宫内节育器者,增加产假_____天。

第四十九条　育婴假

子女刚出生,男职工可连续休_____天的育婴假,如新生婴儿患有身体疾病,男职工可提前_____天向企业提供医生证明,经审核批准,育婴假可延长_____天。女职工晚育的奖励假可由男方享受。

第五十条　探亲假

职工参加工作满一年,与配偶、父母两地分居(不在同一省市),可以享受探望配偶、父母的探亲假。

职工探望配偶,每年给予探亲假一次,假期为_____天,不含路程。

未婚职工探望父母的,原则上每年一次,假期_____天,不含路程;如因工作需要,企业当年不能安排假期或职工自愿2年探亲一次,可以2年安排一次,假期_____天,不含路程。

已婚职工探望父母的,每4年一次,假期_____天,不含路程。

出境、出国探亲按国家有关规定办理。

第五十一条　事假

职工因私事需要办理的,在不影响工作任务的情况下,可请事假。职工应提前_____天向所在单位领导口头或书面申请,全年事假累计不超过_____天。突发临时性情况,应及时电话告知企业。

职工参加学生家长会、房管部门维修、房屋拆迁、因私社会考试等,可请假_____天。

职工的配偶、直系亲属和配偶的父母患重病住院需陪同照顾的,职工应向企业提交休事假的书面申请,经审核批准,职工可以休_____天事假。

因故不能按时返回企业,职工应提前_____天向所在部门领导申请延长事假,如延长超过_____天,应向企业提交书面说明,经批准,可继续休事假。

第五十二条　工伤假

职工在工作时间因工负伤或患职业病需要接受工伤医疗的,可申请工伤假,经医务部门鉴定,负轻伤的,工伤假不超过6个月;负重伤的,工伤假不超过12个月;如伤情严重或情况特殊的,经劳动能力鉴定委员会确认,可适当延长假期,但最多不得延长12个月,法律法规另有规定的除外。如果延长12个月后仍因病情未彻底好转需要继续治疗或休养的,职工可以考虑病休。

第五十三条　带薪年休假

企业制定带薪年休假制度,职工在本企业连续工作一年以上的享受带薪年休假,年休假假期不跨年度使用(具体标准见附表九)。

第五十四条　年假安排

(一)企业于每年1月份,向全体职工公布本年度带薪年休假选择时间段、职工本人的年假天数、提交申请的截止日期等,由职工本人自主选择休假时间,并向企业或工会提交休假的书面申请。

(二)企业和工会根据实际情况,共同做出本年度的职工休假计划,并贴出布告,公布每名职工本年度的休假安排。

(三)由于特殊情况,职工不能按原计划休假,或由于特殊情况临时需要调整计划,职工应提前_____日向企业和工会提出申请,由企业和工会共同协商,并于_____日内做出答复。

(四)所有事先公布的休假安排必须严格履行。

第五十五条　假期加班

企业需要职工在婚假、探亲假、育婴假期间工作的,企业应按照职工日(小时)工资的200%～300%支付加班工资。

企业确因工作需要不能安排职工休年休假的,经职工本人同意,可以不安排职工休年休假。对职工应休未休的年休假天数,单位应当按照该职工日工资的300%支付年休假工资报酬。

(一)企业应至少提前_____天告知工会相关情况,与工会共同制定加班计划。

(二)企业编制假期加班安排,职工根据自愿的原则填写申请表,企业与工会一同根据实际需要安排加班;如果申请加班人数不够,经企业与工会及职工协商后,方可安排没有申请的职工加班。

(三)假期加班应保证至少4小时的工作时间和相应的加班工资。

第五十六条　其他规定

(一)职工在年休假期间生病,可向企业提交医生证明,经核实,年假生病期间可以算作病假的情况,年假顺延。

(二)职工在年休假期间结婚,应向企业提交书面证明,经核实,年假期间可以休婚假,年假顺延。

(三) 除享受探亲假、婚丧假、产假、法定节假日可与年休假合并使用外,每两个带薪假期不能连续休,中间应间隔至少＿＿＿＿天。

(四) 年度内没有休满婚假或者探亲假的,可以积攒假期剩余天数,与年假一起合并计算,休满剩余天数。

(五) 工会每年分期、分批组织各级劳动模范、先进人物及标兵进行不少于＿＿＿＿天的疗、休养。

(六) 职工因私脱产学习进修可与企业协商解决。

第六章 劳动安全与卫生

第五十七条 劳动安全卫生制度

企业根据国家有关法律法规规定,按照《安全生产法》《职业病防治法》《工会法》对安全生产的规定要求,依法履行安全生产管理,建立安全生产长效机制,保障职工的生命安全与身体健康。

企业年初应确定安全生产目标,如:死亡事故为0;重伤事故为0;火灾事故为0,职业中毒事故为0。建立劳动安全卫生责任制;编制安全技术措施制度、安全技术措施实施办法。建立安全生产保证体系、安全管理制度、安全生产培训制度、安全管理技术措施及要求、安全生产检查办法、伤亡事故报告制度等制度。

企业应健全完善安全生产监督管理机构,制订年度安全生产工作计划,内容详实、目标明确、措施得力。每月至少召开一次安全生产工作例会,定期召开防范重大安全事故工作会议,分析安全生产工作,研究防范事故措施。

企业建立健全劳动安全卫生责任制度,执行法律法规及政府有关劳动保护的规定,并根据生产的特点,建立健全劳动安全、防火、环保、治安、保卫、卫生的管理制度和组织体系,实行安全生产责任制。

企业必须提供符合国家有关安全生产法律、法规规定和国家标准或者行业标准要求的生产经营场所、设备、设施。

企业设立专项安全生产监督管理保障经费,确保安全生产工作的开展。按规定比例提取安全环保费用,用于改善劳动条件和增强职工安全意识,防止事故,减少职业危害。

第五十八条 安全生产第一负责人的职责

企业安全生产第一负责人对本单位安全生产工作负有下列职责:

(一) 建立、健全并督促落实本单位安全生产责任制;

(二) 组织制定并督促落实安全生产规章制度和操作规程;

(三) 保证安全生产投入的有效实施;

(四) 定期研究安全生产问题;

(五) 督促、检查安全生产工作,及时消除生产安全事故隐患;

(六) 组织制定并实施生产安全事故应急救援预案;

(七) 及时、如实报告生产安全事故。

第五十九条 年度安全技术措施项目

企业每年提出年度安全技术措施项目,落实资金,落实责任人员,明确完成时间,组织实施。

按照国家规定进行新建、扩建、改建和技术改造工程时,对劳动条件和安全卫生设施实行同时设计、同时施工、同时验收投产(即"三同时"审查验收)。在推广新技术、新工艺、新产品时,必须采取可靠的安全卫生措施,并通知工会组织派员参加。

工会有权对建设项目的安全设施与主体工程同时设计、同时施工、同时投入生产和使用情况进行监督,提出意见。

第六十条 劳动保护工作

企业应加强和改善劳动安全卫生条件、劳动防护以及特殊工种和女职工的特殊保护工作。对_____岗位的特殊作业人员必须进行专门培训,取得特种作业资格,做到持证上岗。

工会发现企业领导违章指挥、强令职工冒险作业,或生产过程中发现明显重大事故隐患、职业危害和危及职工生命安全时,有权提出解决建议;有权向企业建议组织职工撤离危险现场,企业必须及时做出处理决定。

第六十一条 防暑防寒工作

企业应根据季节变化,采取具体措施做好防暑降温、防寒保暖工作,按时发放保健用品。夏季高温时期和其他特殊情况下,工会建议减少职工工作时间时,企业应予以考虑。

第六十二条 按时发放劳动防护用品

企业应提供符合国家规定的劳动安全卫生条件和必要的劳动防护用品。对有毒有害作业岗位的职工发放保健津贴和劳动保护用品;发放标准,按照不同的作业场所和作业岗位的保健津贴标准,每月按时发放。针对不同作业工种和作业环境设立必要的劳动作业休息场所;按时发放符合劳动卫生标准的劳动防护用品。

第六十三条 健康体检

对从事接触职业病危害作业的职工,企业应当按照国务院卫生行政部门的规定组织上岗前、在岗期间和离岗时的职业健康检查,并将检查结果如实告知职工。职业健康检查费用由企业承担。

企业对从事有职业病危害作业的职工每年一次进行专项健康体检。

第六十四条 工会监督配合

工会支持企业劳动保护管理,配合检查、监督劳动保护情况。

企业和工会有责任教育职工严格遵守各项生产规章制度及操作规程,教育和组织职工接受安全技术培训和管理。工会应支持企业对危及企业和职工安全的行为进行惩处。

工会积极配合企业监督劳动保护和安全卫生等方面的制度、规定或规程的执行情况。

第六十五条 生产安全事故处理

企业发生生产安全事故后,事故现场有关人员应当立即报告企业负责人。

企业负责人接到事故报告后,应当迅速采取有效措施,组织抢救,防止事故扩大,减少人员伤亡和财产损失,并按照国家有关规定立即如实报告当地负有安全生产监督管理职责的部门,不得隐瞒不报、谎报或者拖延不报,不得故意破坏事故现场、毁灭有关证据。

企业发生事故后应及时通知工会,工会有权依法参加事故调查,向有关部门提出处理意见,并要求追究有关责任人员的责任。

第六十六条 劳动安全卫生教育、培训

企业应加强对职工进行劳动安全卫生教育、培训。企业有对职工进行安全教育的义务，职工享有接受安全教育的权力。对新入厂的职工进行厂、车间、班组三级安全教育；对从事特种作业(以国家规定工种范围为准)的人员必须进行岗前培训，经考试合格后，持证上岗。

工会积极配合企业对职工进行各项安全教育培训工作，提高职工的技术素质和安全意识，建立安全生产宣传教育制度，组织开展好"安康杯"竞赛活动和"安全生产月"活动，开展形式多样的安全生产宣传教育活动。

第六十七条 工会劳动保护监督检查委员会

企业应建立工会劳动保护监督检查委员会，生产班组中设立工会小组劳动保护检查员。工会应建立完善监督检查、重大事故隐患和职业危害建档跟踪、群众举报等制度；建立劳动保护工作责任制；依法参加职工因工伤亡事故和其他严重危害职工健康问题的调查处理；协助与督促企业落实法律赋予工会与职工安全生产方面的知情权、参与权、监督权和紧急避险权。

第六十八条 职工代表大会或职工大会监督安全生产工作制度

企业应建立职工代表大会或职工大会监督安全生产工作制度。企业法定代表人每年至少一次向职代会专题报告安全生产情况，主要内容包括：企业安全生产状况、安全生产目标及完成情况、企业领导成员履行安全生产职责情况、事故隐患和隐患整改情况、事故预防措施和伤亡事故处理情况、安全生产宣传教育和职工培训情况、安全技术措施经费计划及实施情况等。

第七章 保险福利

第六十九条 社会保险

企业按照国家和本市有关规定为职工缴纳养老、医疗、失业、工伤、生育各项社会保险费，缴费率达到100%，并将职工和企业缴纳保险费情况每年向职工公布一次。具体标准如下：

(一)养老保险

企业按上一年全部应缴纳保险职工缴费工资基数之和的20%缴纳。

职工个人按上一年本人月平均工资为缴费基数，按照8%的比例缴纳。缴费工资基数低于上一年本市职工月平均工资60%的，以上一年本市职工月平均工资的60%为缴费基数(过渡期间按本市规定执行)。本人上一年月平均工资高于上一年本市职工月平均工资300%以上的部分，不作为缴费基数。

(二)医疗保险

企业按上一年全部应缴纳保险职工缴费工资基数之和的9%缴纳基本医疗保险费；1%缴纳大额医疗费用互助资金。

职工个人按本人上一年月平均工资的2%缴纳基本医疗保险费；按每月3元的标准缴纳大额医疗费用互助资金。职工本人上一年月平均工资低于上一年本市职工月平均工资60%的，以上一年本市职工月平均工资的60%为缴费工资基数。职工本人上一年月平均工资高于上一年本市职工月平均工资300%以上的部分，不作为缴费基数。

(三)失业保险

企业按上一年全部应缴纳保险职工缴费工资基数之和的1.5%缴纳。

职工个人按本人上一年月平均工资的0.5%缴纳。职工本人上一年月平均工资高于上一年本市职工月平均工资300%以上的部分,不作为缴费基数。农民合同制职工本人不缴纳。

(四) 工伤保险

企业按全部应缴纳保险职工缴费工资基数之和乘以缴费费率之积缴纳;职工个人不缴纳。

(五) 生育保险

企业按上一年全部应缴纳保险职工缴费工资基数之和的0.8%缴纳。缴费基数低于上一年本市职工月平均工资60%的,按照上一年本市职工月平均工资的60%计算;职工本人上一年月平均工资高于上一年本市职工月平均工资300%以上的部分,不作为缴费基数;职工个人不缴纳。

职工个人应缴纳的养老、医疗、失业保险费,由企业从职工工资中代为扣缴。

企业新招收的职工以到企业工作的第一个月工资作为当年的缴费基数;从第二年起,缴费基数按本人上一年实际月平均工资确定。

第七十条 住房公积金

企业依据《住房公积金管理条例》建立住房公积金。企业每月按上一年职工月平均工资总额的8%~12%为职工缴纳住房公积金。

职工个人每月按本人上一年月平均工资的8%~12%缴纳住房公积金,由企业从其本人工资中代为扣缴。

第七十一条 企业年金

企业根据国家和本市相关规定,经职工代表大会或者全体职工讨论,提出方案和意见,与工会或职工代表通过集体协商确定建立企业年金制度。《企业年金方案》对相关内容进行约定,并提交职工代表大会或职工大会讨论通过,形成正式方案。

(一) 费用来源和缴费标准

企业年金采取企业和职工个人共同缴费的方式。企业每年按不高于上年度职工工资总额的1/12提取企业年金;职工个人每年按不高于本人上年度工资总额的1/12缴纳企业年金。

(二) 管理方式和记账方法

企业年金实行完全积累制,采用个人账户方式进行管理。个人缴费全部记入个人账户;企业缴费根据职工岗位、工龄等条件的不同,按照企业年金方案规定比例计算的数额记入职工企业年金个人账户(具体办法由企业依据国家有关规定制定并执行)。

(三) 待遇给付

职工在达到国家规定的退休年龄时,可从本人企业年金个人账户中一次性或按月领取企业年金。未到达国家规定退休年龄的,不得提前提取企业年金。出境定居人员的企业年金个人账户资金,一次性支付给本人。

第七十二条 补充医疗保险

企业建立补充医疗保险,并按照国家和本市有关规定,补充医疗保险费在企业职工工资总额4%以内的部分,列入成本。

企业补充医疗保险的具体管理办法以及年度预算方案须经职工代表大会或职工大

会审议，股份制企业还须经股东大会和董事会审议。企业补充医疗保险的执行情况接受职工代表大会或职工大会审查，并向全体职工公布。

（一）费用标准和来源

企业每年按上年度职工工资总额的_____提取补充医疗保险费。

（二）管理方式和记账方法

企业每年提取的补充医疗保险费纳入企业补充医疗保险基金，实行专户管理。

（三）待遇给付

按照相关规定执行。

（四）其他约定

企业每年可以为职工投保商业医疗保险，减轻职工的医疗负担。

第七十三条　职工互助补充保障

企业依据职工自愿、企业资助支持、工会组织发动的原则，组织职工参加全国总工会兴办的职工互助保障，由职工个人缴费，工会统一上交中国职工保险互助会北京办事处。保险内容包括：

（一）在职职工住院医疗互助保障计划

保险费为每人每年50元，只能投保1份，保险期限为1年。

（二）在职职工重大疾病互助保障计划

保险费为每份每期90元，保险期限为3年，每期最高投保2份，每份保险金额为5 000～10 000元。

（三）在职职工意外伤害互助保障计划

保险费率根据职工从事的行业、工种分别确定，详见中国职工保险互助会制定的费率表。保险期限为1年。

（四）女职工特殊疾病互助保障计划

凡本市已参加中国职工保险互助会的在职女职工，身体健康，能正常工作，年龄在16～60周岁的女职工，均可由所在单位工会统一组织，集体投保。保险费为每份36元，可投保1～2份。保险期限为2年。每份保险金额为10 000元。

（五）在职职工子女意外伤害互助保障计划

保险费为每人每年50元，最多投保4份，保险期限为1年。

第七十四条　职工福利费的提取和使用

企业按规定支出的职工福利费用，专门用于改善和提高职工的各项福利待遇。《企业职工福利费使用方案》应经职工代表大会或者全体职工讨论，提出方案和意见，与工会或者职工代表平等协商确定。

第七十五条　职工福利

（一）住房提租补贴

企业按照北京市相关政策要求，对职工实施住房提租补贴。

（二）伙食补贴

企业按_____元/月·人的标准向职工发放伙食补贴。

（三）交通补贴

企业按职工家庭住址远近向职工发放交通补贴。

（四）通讯补贴

企业按照工作性质的需要向职工发放通讯补贴。

（五）职工健康体检

企业每年组织全体职工参加一次一般健康体检。

（六）职工文体娱乐活动

企业每半年为职工组织一次郊游或球类比赛、趣味运动会、卡拉OK等文体娱乐活动，使职工调整身心，并促进职工之间的交流、沟通。

第七十六条　送温暖工程基金

企业建立"送温暖工程基金"，由企业出资_____万元、工会筹集_____万元共同组成。

企业与工会共同制定《送温暖工程基金管理使用办法》，规定详细的帮扶救助办法、标准，并报职工代表大会或职工大会审议决定。基金实行专门管理，专款专用，用于解决职工日常生活中的突发性、临时性的重大困难，帮扶职工摆脱困境、渡过难关。

第八章　女职工与未成年工特殊保护

第七十七条　企业依据《妇女权益保障法》和政府关于女职工劳动保护的相关政策法规，实施女职工劳动保护，严格执行劳动部颁发的《女职工禁忌劳动范围规定》，把女职工劳动安全与健康保护纳入职业安全健康管理体系，同步实施。

第七十八条　企业在职工培训、晋级、晋升、评定专业技术职务、享受福利待遇、执行国家退休制度等方面，坚持男女职工机会平等。

第七十九条　女职工经期保护

（1）对从事高处、低温、冷水作业和国家规定的第三级体力劳动强度作业的女职工，在月经期间，企业应暂时减少工作量或调整岗位。

（2）患有痛经的女职工，经医疗或妇幼保健机构确诊，在月经期间，可以休息1天，算作劳动时间。

第八十条　女职工孕期保护

（1）对怀孕的女职工，企业不得以怀孕为由降低职务和工资。

（2）不得安排怀孕女职工在35℃以上的高温天气露天作业以及温度在33℃以上的工作场所作业。

（3）怀孕女职工在工作时间内进行产前检查，计算在工作时间内，有定额的扣减相应的工作量。

（4）女职工怀孕后保胎假期按病假处理。

第八十一条　女职工产期保护

（1）女职工怀孕7个月以上早产或者超期分娩的，按正常分娩对待。

（2）产假期满，企业应恢复女职工原岗位工作，并给予_____天的时间逐步恢复原定额的工作量。如职工本人不适应可调换岗位，但须征求职工本人同意。

（3）女职工产后假满仍需治疗的，经医疗机构证明，按国家规定的疾病医疗待遇办理。

(4) 女职工实施计划生育的费用按规定报销,并根据医生建议给予休息,休息时间视为劳动时间。

(5) 违反计划生育规定的,不享受生育期间的经济待遇。

第八十二条　女职工哺乳期保护

(1) 领取《独生子女父母光荣证》的女职工产假期满后,经批准,可以再增加产假三个月(需减免三年独生子女父母奖励费)。

(2) 经市或区、县级医疗单位确诊为体弱儿的,应适当延长哺乳时间,但最多不超过6个月。

(3) 对哺乳不满1周岁婴儿的女职工,因特殊原因确实不能保证其每天哺乳时间的,在自愿的前提下,可以集中使用哺乳时间,并算作劳动时间。

(4) 特殊情况下,企业与职工协商一致,可以休产假延长假,延长假最多不能超过哺乳期。延长假期间,工资待遇不得低于企业最低工资标准。

第八十三条　女职工更年期保护

经区、县(含区、县)以上综合医疗机构或妇幼保健机构诊断为更年期综合征,经治疗效果仍不明显,且不适应原工作的女职工,企业适当减轻其工作量或者暂时安排其他适合的工作。

第八十四条　企业执行《北京市企业职工生育保险规定》

女职工由于计划生育手术、生育或流产,经本人申请并提供相关的医疗证明后,企业按规定向社会保险经办机构申报生育津贴以及报销产前检查、计划生育手术门诊医疗费用。

生育津贴按照女职工本人生育当月的缴费基数除以30再乘以产假天数计算。生育津贴为女职工产假期间的工资,生育津贴低于本人工资标准的,差额部分由企业补足。

企业在收到拨付的生育津贴及相关保险费用后,及时按规定发给职工(对超出生育保险拨付的费用,企业根据有关规定制定统一的报销办法)。

第八十五条　对不属于参保《北京市企业职工生育保险规定》范围的女职工,其生育期间费用由企业负担。

(1) 退休人员、非本市户口职工实施计划生育手术的医疗费用,参加基本医疗保险的由基本医疗保险基金按规定支付,没有参加基本医疗保险的由企业支付。

(2) 不属于参保范围的女职工怀孕,在企业的医疗机构或者指定医疗机构检查和分娩时,其检查费、接生费、手术费、住院费和药费由企业负担。

第八十六条　企业按照《北京市人口与计划生育条例》规定发放独生子女父母奖励费,每月为10元。独生子女的托幼管理费由夫妻双方所在单位依照有关规定报销。职工子女十八周岁之前的医药费,参加市统一医疗保险后自付部分企业报销＿＿＿＿＿％。

第八十七条　企业每年出资组织安排女职工进行一次妇科体检,并确定专人负责建立女职工健康检查档案。

第八十八条　其他特殊保护

(1) 三八妇女节期间,企业安排女职工上班的,应给予女职工不低于 4 小时的加班工资。
(2) 企业为女职工提供与人数相当的更衣室、浴室和蹲位卫生间,并确保环境干净卫生。
(3) 企业按月向女职工发放妇女卫生用品,每月标准为_____元。
(4) 已婚放环女职工每一年透环检查一次,费用由企业负担。
(5) 企业支持女职工投保女性安康保险。
(6) 企业应采取有效措施预防、调查和制止性骚扰。

第八十九条　未成年工特殊保护
(1) 对年满 16 周岁未满 18 周岁的未成年工,企业执行国家在工种、劳动时间、劳动强度和保护措施等方面的规定,不安排其从事危害未成年人身心健康的劳动或者危险作业。
(2) 企业定期对未成年工进行健康检查,时间为:安排工作岗位之前;工作满一年;年满 18 周岁,距前一次的体检时间已超过半年。
(3) 企业根据未成年工的健康检查结果安排其从事适合的劳动;对不能胜任原劳动岗位的,应根据医务部门的证明,减轻劳动量或安排其他劳动。

第九十条　女职工保护与工会女职工组织
(1) 企业制定和修改涉及女职工权益的规章制度时要听取工会女职工委员会意见。
(2) 企业支持工会女职工组织结合女职工需求开展素质教育流动课堂活动。
(3) 企业支持工会女职工组织参与民主管理,职工代表大会或工会会员代表大会中女职工代表应占适当比例。
企业劳动争议调解委员会、工会劳动保护监督委员会、工会劳动法律监督检查委员会中应有女职工代表。
(4) 企业与工会就女职工特殊保护进行协商,可以签订专项协议或专项集体合同。

第九章　职业技能培训

第九十一条　职业培训制度
企业根据工作岗位特点、条件和要求,建立职业培训制度,对职工进行有计划的培训,造就一支基础知识扎实、业务精通的职工队伍,不断增强企业的生产活力。

第九十二条　教育培训经费的提取和使用
企业按职工工资总额的 1.5%—2.5% 足额提取教育培训经费,列入成本开支,用于安排职工参加各种职业技能培训。其中用于管理人员的培训经费不得高于总额的 30%,用于一线职工的培训经费不得低于总额的 60%。企业每年教育培训经费的使用方案以及培训计划应经职工代表大会或者职工大会讨论通过。

第九十三条　培训时间
(1) 中高层管理人员每年累计学习培训时间不得少于_____天;

(2) 中、高级技术岗位工作人员每年累计学习培训时间不得少于＿＿＿＿＿＿天；

(3) 一般岗位和一线职工每年累计学习培训时间不得少于＿＿＿＿＿＿天。

第九十四条 职业技能培训种类和相关规定

(1) 企业鼓励职工个人积极参加社会上举办的各种学历、技能培训。职工所学专业与其从事岗位密切相关、对提高其工作能力有直接帮助的，经企业批准，可凭最终的毕业(结业、等级、资格等)证书及学费发票，报销费用不低于＿＿＿＿＿＿%。

(2) 对于参加了相关培训并且能力得到切实提高、达到相应技术水平、被聘用的职工，企业将在岗位安排、职务晋升、工资待遇方面给予适当鼓励，以充分调动职工的积极性，发挥职工个人潜能，促进企业整体劳动效率的提高。

第九十五条 技术改造

企业采用新技术、新设备、新工艺、新条件改变工作环境，包括产生新的工作岗位，应将因此造成的劳动定额、工作时间、劳动条件、职工数量以及工资收入方面的变化在实施前书面告知工会。当发生重大的新技术改造或引进新设备时，应提前告知上级工会。

第九十六条 新岗位培训

企业由于技术改造和设备引进产生新岗位或原岗位有所变化，应首先面向在岗职工，并提供＿＿＿＿＿＿天的在职培训；专业性较强的技术岗位可安排不少于＿＿＿＿＿＿天的脱产培训。企业对于暂时停工、待岗职工应加强职业培训工作，保证职工就业。

第九十七条 岗位竞聘

(1) 企业在竞聘开始前一周内，告知工会竞聘计划，并将岗位竞聘内容向全体职工公示，使职工了解竞聘信息，确保机会均等。竞聘的资格主要是工作能力、工作特长和经历、具备知识以及身体条件等。

(2) 同等条件下，具备下列条件之一的，企业应优先聘用：

市、区劳动模范和先进工作者；连续三年评为先进、业绩突出者；工龄长、资历老的职工。

第九十八条 任务调整和岗位变化

企业对职工的工作任务进行调整和重新分配，应在发生变化的＿＿＿＿＿＿天前，告知工会相关情况，与工会共同讨论任务分配计划，并与职工协商一致。职工被分配到其他部门或新岗位，至少提前＿＿＿＿＿＿天获得通知，并给予＿＿＿＿＿＿天的适应时间，以逐步接近岗位劳动定额标准和工作要求。

第十章 规章制度与奖惩

第九十九条 企业在制定、修改或者决定有关劳动报酬、工作时间、休息休假、劳动安全卫生、保险福利、职工培训、劳动纪律以及劳动定额管理等直接涉及劳动者切身利益的规章制度或者重大事项时，应当经职工代表大会或者全体职工讨论，提出方案和意见，与工会或者职工代表平等协商确定。

第一百条 企业依法建立的规章制度必须采取适当形式向职工告知，并及时依据客观情况的变化进行修改、补充。

第一百零一条　企业对职工采取激励与约束相结合的原则,为社会和企业做出突出贡献的职工,给予物质奖励和精神鼓励。具体实施办法由企业与工会协商确定。

第一百零二条　职工应遵守企业劳动纪律和各项规章制度,学习和掌握工作需要的文化、技术、业务知识和技能,树立良好的职业道德,努力做好本职工作,积极参加企业的生产竞赛和各项经济技术创新活动,促进企业的技术进步和经济发展。

第一百零三条　工会组织职工开展劳动竞赛、合理化建议、技术革新、技术攻关、技术协作、发明创造、岗位练兵、技术比赛等群众性经济技术创新活动。

第一百零四条　企业应成立劳动竞赛委员会,对劳动竞赛活动进行统一领导。其主要职责是:审批竞赛方案、制定有关政策、协调和管理竞赛经费、审核评比表彰奖励和听取竞赛情况汇报等。

第一百零五条　企业应支持工会开展的群众性经济技术创新活动,为开展活动创造条件。企业应当设立劳动竞赛奖励基金,经与工会协商按不低于职工工资总额的_____％提取劳动竞赛奖励经费,列入工资总额并严格管理和使用。

第一百零六条　劳动竞赛奖金的发放对象是本年度评选的先进集体和先进职工。发放范围是以提高经济效益(或服务质量)为中心的各种形式的经济技术创新活动。

第一百零七条　劳动竞赛的检查、考核、评比等工作应当做到公开、公正、公平,以数据为标准,凡能计算出经济价值的竞赛成果,均应准确计算,并经企业认可。

第一百零八条　劳动竞赛的评比表彰,应注重创新性、先进性、实效性和示范性,并严格控制比例。劳动竞赛的评比表彰奖励一般每年进行一次。授予劳动竞赛先进集体和先进个人荣誉称号应统一规范。

第一百零九条　劳动竞赛的奖励标准,根据所创价值和有关政策规定结合企业实际确定。对成绩突出者应给予重奖。

第一百一十条　企业对违纪职工坚持教育与处罚相结合的原则,促其改正错误。对违反劳动纪律、工艺纪律或其他规章制度,工作有较大失误、失职,以及犯有其他严重错误的职工,应依照规定给予相应处理。

第一百一十一条　处理程序

(1)对违纪职工进行处理(包括经济处罚),由职工所在单位或者相关部门负责,在查明事实、取得证据的基础上,根据错误性质和程度,结合其平时表现及对错误的认识,依照本规定提出处理建议,并将处理建议、员工所犯错误的综合材料、一贯表现及本人对错误的检查认识等书面材料交企业考核部门。

(2)企业考核部门经全面调查核实后,提出处理意见,报企业研究决定,并以书面形式告知工会。工会认为处理不妥的,有权提出不同意见,企业对工会的意见应该给予书面答复。

(3)对职工给予通报批评、行政处分的应书面通知本人;解除劳动合同的按相关规定执行。

第一百一十二条　对职工的一般性错误,可提出批评,并视情况依照规章制度给予经济处罚。

第一百一十三条 受到通报批评或行政处分的职工,对处理有异议的,可向企业提出;对企业处分不服的,可向企业劳动争议调解委员会申请调解;属于开除或解除劳动合同的,可在公布处理决定之日起的_____天内,向当地劳动争议仲裁委员会书面申请仲裁。在上述部门未做出改变原处理决定之前,仍按原处理决定执行。

第十一章 劳动争议处理

第一百一十四条 职工与企业发生劳动争议后,任何一方都可以提出协商解决。一方提出协商解决的,另一方应在_____日内予以答复。

第一百一十五条 双方同意协商解决的,由职工与_____(企业法定代表人/负责人或其授权的人)进行协商,可以请工会指定专人参与协商。职工与企业经协商达成书面协议,工会应当督促双方自觉履行。

第一百一十六条 劳动争议双方当事人不愿协商或协商不成的,当事人可依法申请调解或仲裁。

第一百一十七条 企业设立劳动争议调解委员会。调解委员会由职工代表_____人、企业代表_____人、工会代表_____人组成。职工代表由职工代表大会或者职工大会推举产生;企业代表由企业法定代表人或负责人指定;工会代表由工会委员会指定。调解委员会主任由工会代表担任,办事机构设在工会。

第一百一十八条 调解委员会接到调解申请后,应征询对方当事人的意见,对方当事人不愿调解的,应作好记录,在3个工作日内以书面形式通知申请人。调解委员会应在4个工作日内作出受理或不受理申请的决定,对不受理的,应向申请人说明理由。

第一百一十九条 调解不成的,当事人一方可以申请仲裁。当事人也可以直接申请仲裁。

第一百二十条 当事人可以委托律师或者其他人代理参加仲裁活动。无民事行为能力和限制民事行为能力的职工或者死亡职工,可以由其法定代理人或指定代理人代为参加仲裁活动。

第一百二十一条 当事人应当履行具有法律效力的仲裁调解书和仲裁裁决书。

劳动争议当事人对仲裁裁决不服的,可以自收到仲裁裁决书之日起15日内向企业工商注册地所属人民法院提起诉讼。

第十二章 变更、解除、终止、续订集体合同

第一百二十二条 经双方协商代表协商一致,职工代表大会或工会会员代表大会表决通过,可以变更或解除集体合同。

第一百二十三条 符合下列情形之一的,集体合同终止:
(1)企业依法破产、解散、被兼并;
(2)集体合同期满后,一方不同意续订原集体合同。

第一百二十四条 企业续订集体合同程序:
(1)集体合同期满前三个月,双方提出继续履行集体合同的意向;
(2)双方协商代表对原集体合同内容进行协商,进行相应的修改和补充,形成新的集体合同草案;

(3) 按照签订集体合同程序,履行续订集体合同手续。

第十三章 履行集体合同发生争议的处理

第一百二十五条 因履行本合同发生争议时,双方应本着平等协商、合作的原则解决。一方首席代表提议协商处理时,双方应在_____日内召开会议协商,达成一致意见的,签订书面协议。

第一百二十六条 协商不能达成一致意见时,职工一方可自集体争议发生之日起60日内向企业工商注册地所属劳动争议仲裁委员会申请仲裁。

第一百二十七条 对仲裁裁决不服的一方,可以自收到《仲裁裁决书》之日起15日内向企业工商注册地所属人民法院提起诉讼。期满不起诉的,《仲裁裁决书》发生法律效力。

第一百二十八条 企业违反集体合同,侵犯职工劳动权益的,工会可以依法要求企业承担责任;因履行集体合同发生争议,经协商解决不成的,工会可以依法申请仲裁、提起诉讼。

第十四章 集体合同的监督和检查

第一百二十九条 为了保证全面履行本合同,企业和工会应在本合同签订后_____日内,联合成立集体合同监督检查小组,其成员由企业_____、_____、_____、_____组成,组长由工会主席担任。

第一百三十条 本合同生效后,企业、工会双方协商代表或者职工若发现违反本合同的行为时,可以向双方首席代表提出。双方协商后,应在_____日内将处理结果及时进行反馈。

第一百三十一条 监督检查小组应对本合同履行情况进行定期或不定期的检查,发现问题及时协商解决。双方首席代表应每半年互相通报一次集体合同履行情况。

第一百三十二条 监督检查小组应定期(根据召开职工代表大会的时间和次数)将集体合同执行情况、检查结果、整改措施以书面形式向企业职工代表大会或工会会员代表大会报告。

第十五章 集体合同期限

第一百三十三条 本合同期限为_____年,集体合同期满,即行终止。

第一百三十四条 企业遇到紧急特殊情况,无法按时续订集体合同,经双方协商同意集体合同期限延长六个月。

第十六章 附 则

第一百三十五条 劳动保障行政部门对本合同内容提出异议的,企业和工会应继续协商,予以修改,并履行集体合同签订程序。

第一百三十六条 企业依据本合同签订的《工资集体协商专项协议》《女职工特殊保护专项协议》《劳动安全与卫生专项协议》等具有同等效力。

第一百三十七条 本合同条款在执行过程中,如与国家法律法规和政策规定相抵触,按国家法律法规和政策执行。

第一百三十八条 本合同一式四份,双方各执一份,劳动行政部门备案一份,报上级工会一份。

三、实操演练

工作任务 8-1

【背景材料】

A商场为了统一规范化管理商场,经过民主程序,与工会签订了集体合同,并报劳动保障部门登记备案。集体合同中约定了劳动报酬、劳动纪律等内容。其中有这样一条规定:在周末与节日的商场经营活动中,员工需要延长一个小时工作时间,商场向员工支付加班费。

公司职工向永前最近爱好上了摄影,于是利用业余时间报了一个摄影班。2011年五一期间,A商场要求所有员工每天加班一个小时,由全体职工讨论、表决集体合同。当天,向永前投了反对票。向永前以自己不同意签署集体合同,因此集体合同条款对自己无效和自己需要上业余学习班为由,拒绝公司的安排,坚持不加班。A商场对于向永前不听从商场安排的行为处以100元的罚款,向永前不服,向劳动争议仲裁委员会提起劳动争议仲裁,要求撤销A商场的处罚决定。但是劳动争议仲裁委员会以向永前违反了集体合同中的条款,A商场的处罚并无不当为由,驳回了向永前的诉讼请求。

【具体任务】

结合此案,请你归纳一下集体合同的效力。

学习任务二　集体协商与集体合同的订立程序

学习情境 8-2

向阳化工厂是一个有几百人职工的私营企业,职工代表大会有二十来人,这几天正忙着起草、签订集体合同。

这两年市里对劳动卫生抓得很严,要求化工厂改善劳动条件。可是要一下子给几百人的职工同时配备劳动卫生用具,实在是一大笔支出,化工厂领导研究后觉得不现实。当职工代表大会把集体合同草案提出来后,厂领导看到有劳动卫生条件改善的内容,随即与职工代表大会商量,通过各种手段说服了职工代表后把相关的内容删除了,并经双方代表签字后把集体合同在厂里公布了。

职工们在看过了国家颁布的有关劳动保护的文件后,知道厂里目前的生产条件不合格,对工人身体有害,于是反映到厂里,要求改善劳动条件。厂领导给的答复是:今年的集体合同已经订立完毕,其中没有提到要改善劳动条件,等明年签订集体合同时再考虑这个问题吧。再说,厂里现在确实有困难,一时拿不出改善工作条件的钱,这也是跟职工代表大会协商过后才达成一致的,大家还是暂时克服一下吧。

请问向阳化工厂同职工所签订的集体合同程序合法吗?是否具有法律效力?

一、相关知识链接

(一) 集体协商

1. 集体协商的概念

在我国,集体协商的概念可以表述为:工会或职工代表代表职工与雇主或雇主组织,围绕劳动条件和劳动标准等问题为签订集体合同而进行商谈和交涉的过程。其主要特征是:(1)集体协商的主体是特定的,一方是代表企业的雇主或雇主组织,另一方是代表职工的工会或职工代表;(2)集体协商的内容是特定的,主要是与职工合法权益相关的劳动条件、劳动标准(报酬、工作时间、休息休假、劳动安全卫生)等;(3)集体协商的目的是签订集体合同。

集体协商与集体合同不是一个概念,两者的关系是:集体协商是签订集体合同的前提和过程,集体合同是集体协商的结果。

2. 集体协商代表

根据《集体合同规定》,集体协商代表是指按照法定程序产生并有权代表本方利益进行集体协商的人员。集体协商由集体协商代表进行。开展集体协商,首先要确定集体协商代表。根据《集体合同规定》,集体协商代表的产生和构成有以下几点:

(1) 集体协商双方的代表人数应当对等,每方至少3人,并各确定1名首席代表。

(2) 职工一方的协商代表由本单位工会选派。未建立工会的,由本单位职工民主推荐,并经本单位半数以上职工同意。职工一方的首席代表由本单位工会主席担任。工会主席可以书面委托其他协商代表代理首席代表。工会主席空缺的,首席代表由工会主要负责人担任。未建立工会的,职工一方的首席代表从协商代表中民主推举产生。

用人单位一方的协商代表,由用人单位法定代表人指派,首席代表由单位法定代表人担任或由其书面委托的其他管理人员担任。

集体协商双方首席代表可以书面委托本单位以外的专业人员作为本方协商代表。委托人数不得超过本方代表人数的三分之一。首席代表不得由非本单位人员代理。用人单位协商代表与职工协商代表不得相互兼任。

3. 集体协商的程序

(1) 提出集体协商要求。

集体协商任何一方均可就签订集体合同或专项集体合同以及相关事宜,以书面形式向对方提出进行集体协商的要求。另一方应当在收到集体协商要求之日起20日内以书面形式予以回应,无正当理由不得拒绝进行集体协商。

(2) 协商前的准备工作。

协商代表在协商前应进行下列准备工作:① 熟悉与集体协商内容有关的法律、法规、规章和制度;② 了解与集体协商内容有关的情况和资料,收集用人单位和职工对协商意向所持的意见;③ 拟定集体协商议题,集体协商议题可由提出协商一方起草,也可由双方指派代表共同起草;④ 确定集体协商的时间、地点等事项;⑤ 共同确定一名非协商代表担任集体协商记录员。记录员应保持中立、公正,并为集体协商双方保密。

(3) 召开协商会议进行协商。

集体协商会议由双方首席代表轮流主持,并按下列程序进行:

① 宣布议程和会议纪律；

② 一方首席代表提出协商的具体内容和要求，另一方首席代表就对方的要求作出回应；

③ 协商双方就商谈事项发表各自意见，开展充分讨论；

④ 双方首席代表归纳意见。达成一致的，应当形成集体合同草案或专项集体合同草案，由双方首席代表签字。集体协商未达成一致意见或出现事先未预料的问题时，经双方协商，可以中止协商。中止期限及下次协商时间、地点、内容由双方商定。

(二) 集体合同的签订程序

1. 集体协商，制定草案

工会或职工代表与雇主或雇主组织集体协商，制定集体合同草案。

2. 职工讨论，通过草案

经双方协商代表协商一致的集体合同草案或专项集体合同草案应当提交职工代表大会或全体职工讨论。职工代表大会或者全体职工讨论集体合同草案或专项集体合同草案，应当有三分之二以上职工代表或者职工出席，且须经全体职工代表半数以上或者全体职工半数以上同意，集体合同草案或专项集体合同草案方获通过。

3. 签字

集体合同草案或专项集体合同草案经职工代表大会或者职工大会通过后，由集体协商双方首席代表签字。

4. 上报、审查备案

集体合同或专项集体合同签订或变更后，应当自双方首席代表签字之日起 10 日内，由用人单位一方将文本一式三份报送劳动保障行政部门审查。

劳动保障行政部门对集体合同或专项集体合同有异议的，应当自收到文本之日起 15 日内将《审查意见书》送达双方协商代表。双方就劳动部门提出的异议事项进行重新协商并报送劳动行政部门审查。

5. 生效

劳动保障行政部门自收到文本之日起 15 日内未提出异议的，集体合同或专项集体合同即行生效。

6. 公布

生效的集体合同或专项集体合同应当自其生效之日起由协商代表及时以适当的形式向本方全体人员公布。

二、业务示例

业务示例 8-2　集体协商要约书与答复书

【背景材料】

A 制造有限公司工会打算与公司就工资事宜进行协商，签订工资协议，于是，首先由工会发出了集体协商的要约书，公司很快给予了答复，并经过双方协商签订了工资协议。

A制造有限公司工资集体协商要约书

经理：

根据《劳动法》《劳动合同法》和《××省企业工资集体协商试行办法》等有关法律法规规定，结合本公司实际情况，就本年度的工资集体协商问题和相关事宜，本工会建议如下：

一、协商的主要内容

1. 员工工资的结构调整；
2. 津贴、补贴；
3. 工资发放；
4. 职工保险福利待遇；
5. 其他由企业职工提出要求协商的与工资有关的问题。

二、协商的时间、地点

1. 时间：建议于2014年3月进行初步沟通，并视进度再商定其他轮次的协商时间，但最后一轮时间不宜超过7月15日。
2. 地点：整个协商过程的地点安排在公司工会活动室进行。

三、确定双方协商代表

按照有关规定，建议双方各派5名协商代表。工会协商代表为：工会主席王明，其他代表为许东、赵兰芳（女）、李凯、夏雨。

请公司尽快提出协商代表名单，以便工作沟通和做好协商准备工作。

四、为了便于协商的顺利进行展开，请公司提供下述资料：

1. 公司上年度销售收入；
2. 公司上年度的销售利润；
3. 公司资产负债表；
4. 公司损益表；
5. 公司上年度工资总额和职工平均工资。

以上建议希望公司采纳，并请收到本要约书之日起15日内作出书面答复。

A制造有限公司工会

工会主席：

年　　月　　日

关于A制造有限公司工会工资协商事宜的答复

工会：

你会于　　年　　月　　日发出的《工资集体协商要约书》已收悉，现就要约书中所提出的建议作如下回复：

1. 同意要约书中提出的建议内容。
2. 同意要约书中提出的具体协商时间。

3. 同意要约书中提出的具体协商地点。

4. 协商代表公司行政方确定为：首席代表总经理范小龙，其他代表：李小琳(女)、魏东、陶春(女)、许言。

5. 公司方已将有关资料准备，届时协商一并提交。

以上答复如有异议，请及时沟通。

此复

总经理：

年　月　日

业务示例8-3　工资协议书

A制造有限公司工资协议书

为保障劳动关系双方合法权益，促进劳动关系和谐稳定，根据《中华人民共和国劳动法》《中华人民共和国工会法》《工资集体协商试行办法》等有关法律、法规规定，经公司与工会双方平等协商，订立本协议。

一、工资标准：

1. 根据本公司实际情况，工资由计件工资(基础工资)和奖励工资组成。工龄的计算方法为：职工自进入公司签订劳动合同开始计算工龄，连续工龄一年(含一年)以上的可享受工龄工资，其间有间断的按最后一次进入公司的时间计算。计件工资标准为：在符合质量要求的前提下，气割下料工序由原来的3元/件上浮为3.5元/件；拼组工序由原来2.2元/件上浮为2.6元/件；焊接工序由原来6元/件上浮为6.8元/件；镗料工序由原来4.8元/件上浮为5元/件；喷漆工序由原来5.2元/件上浮为6.1元/件。奖励工资为：由生产部月末结算，超出部分按原计件工作的200%奖励；由质量部按平时抽检质量的综合水平，低于标准的惩罚，高于标准的进行300—500元的奖励。

2. 最低工资：按照国家最低工资标准执行，国家标准提高时也相应地提高。

二、工资发放：

公司每月至少对职工发放工资一次，并于每月5日前以货币形式予以支付，如遇到休息日应提前发放，公司不得拖欠职工工资性收入；不得以产品、商品等实物抵付职工工资性收入。

三、职工中因公(工)负伤人员的工资待遇，符合计划生育规定的女职工产假期间的工资待遇，职工婚丧假、探亲假期间的工资待遇，职工因病或非因工负伤期间的工资待遇，公司根据国家的有关规定结合实际情况确定其支付标准。由于公司原因，不能安排员工享受带薪年休假的，公司应按实际天数计150%的加班工资。

四、津贴、补贴：

1. 班长每月的产值奖和质量奖为150元/人。

2. 公司食堂为夜班的员工常年免费供应夜间伙食。

五、职工福利保险待遇：

1. 公司应按国家有关规定提取和支付职工福利费。

2. 车间的管理人员和员工每月的福利为手套 6 付、毛巾 2 条、肥皂 4 块、卫生纸 2 包。

3. 公司每年按季节为员工发放工作服 4 套。

4. 公司为员工免费提供宿舍，为车间常年供应饮用水。

5. 春节、中秋两大节日，公司每人发放 80—100 元的物品。

6. 公司按时足额缴纳养老保险金、安全保险及国家规定的各项社会保险。

7. 公司实行行政管理人员每年 24 天，新招聘的大学生 48 天带薪年休假制度。如公布新的带薪休假制度，按国家有关规定执行。

六、对本协议未协商的事项，双方应当以有关法律法规的规定为准，法律法规未予明确的，应由双方协商确定。

七、工资集体协议签订后，遇有不可抗力或企业经营状况发生重大变化，须变更工资集体协议的，双方可协商修改协议。任何一方提出协商要求时，双方应在 7 日内实行商谈；未经双方协商一致，任何一方无权变更本协议内容。

八、工资集体协议的履行、终止、争议处理及其法律责任，依照国家有关法律、法规和国家颁发的《集体合同规定》有关条款执行。

九、违约责任：由违约一方承担此引起的一切经济损失和法律责任。

十、本协议条款经协商双方确认无误后签字，经职代会审议通过报送当地人社部门审查，人社部门收到文本 15 日未提出异议的，协议生效执行。

十一、本协议共四份，甲、乙双方各执一份，上报备案两份。

十二、本协议有效期从　　年　　月　　日到　　年　　月　　日。

总经理　　　　　　　　　　　　　　　　　　　工会主席

签字：　　　　　　　　　　　　　　　　　　　签字：

日期：　　　　　　　　　　　　　　　　　　　日期：

三、实操演练

工作任务 8-2

【背景材料】

2012 年初，某企业 600 多名职工要求签订集体合同。由于尚未组建工会，部分职工委托 5 名职工以及当地商会的刘某作为代表，进行集体协商。3 月 2 日，各方代表就集体合同的具体约定进行协商。商会的刘某和 5 名职工作为职工方的代表，公司一位副总经理、人事部门经理和律师等 3 人作为企业代表。双方讨论协商，基本达成一致。刘某作为职工方的首席代表，在集体合同草案上签了字；副总经理作为企业方的首席代表，也签字认可。随后，刘某等职工代表将集体合同草案向全体职工做了公布。但一些职工对合同协商内容及刘某的代表资格却表示不满，因此发生争议。

【具体任务】
1. 请你分析双方集体协商过程中有哪些不规范的地方。
2. 请为某企业设计一个规范的集体协商方案。

项目九

劳动规章制度管理

学习目标

能力目标：

能够收集整理用人单位和同行业有关劳动规章制度的资料；能够组织安排劳动规章制度讨论会，并整理讨论意见；能够合理解释劳动规章制度；能够对劳动规章制度进行公示。

知识目标：

了解规章制度的意义；理解规章制度的文体要求及主要内容；掌握规章制度的制定程序。

学习任务一 劳动规章制度的制定与生效

学习情境 9-1

某 IT 公司在公司规章制度中规定：凡私拿公司财物者，一经发现，立即辞退。员工李某一天下班时，看到公司地上放着一团废线头，想到家里正缺一块抹桌布，就顺便装进包里。下班出公司时被保安查出，该公司立即与李某解除了劳动合同。李某不服诉至劳动仲裁，要求恢复劳动关系。劳动争议仲裁委员会裁决支持了李某的仲裁请求。

李某的请求为什么能够得到仲裁的支持？

一、相关知识链接

(一) 劳动规章制度的概念与特点

用人单位的劳动规章制度是用人单位制定的组织劳动过程以及进行劳动管理的规则和制度的总和。它是用人单位结合自身特点制定的,明确劳动条件、调整劳动关系、规范劳动关系当事人行为的各种规则、规定、规程标准等制度的总称。它也被称为内部劳动规则,是用人单位内部的"法律"。规章制度内容广泛,包括了用人单位经营管理的各个方面。根据《劳动合同法》第四条规定,规章制度主要包括:劳动报酬、工作时间、休息休假、劳动安全卫生、保险福利、职工培训、劳动纪律及劳动定额管理,以及其他劳动管理规定。

规章制度的特点体现在如下几个方面:

1. 规范性

这是企业规章制度最显著的特征。表现在:第一,形式规范。企业规章制度具有严格规范的表现形式,一般都应以条文的方式表达。第二,内容规范。企业规章制度在内容上一般也应按照法律规范的逻辑结构,由假定、处理、制裁三个部分组成。第三,制定规范。企业规章制度的制定、颁布、修改、废止应严格按有关规定的程序进行。

2. 稳定性

所谓稳定性,是指规章制度一旦形成,将保持较长时间的稳定性,不能朝令夕改。规章制度既然是人们的行为准则,就不宜经常变动和修改,应具有相对稳定性。因此,不能将脱离实际的条文,属于临时性的、个别性的问题,暂还没有条件实行的问题引入规章制度;也不能将一些公文如通知、会议纪要等误认为是规章制度。但这也并不是说规章制度是一成不变的,当国家的法律、政策和单位的客观情况发生了变化的时候,也应及时修改并完善。

3. 普适性

规章制度是对企业全部或部分范围经营管理行为进行规范和约束的文件,它一旦形成将对适用范围之内的所有人员有效,不管职位高低或是权限大小,都应按规章制度办事,受规章制度的约束。这一特点将规章制度同企业与个别员工或特定的部分员工签订的协议区别开来,这一特点也提醒用人单位在制定规章制度时要注意,不具有普适性的内容不应在规章制度中规定。

4. 严肃性

这是指依法制定的规章一旦颁布实施,要具有相应的法律效力,全体劳动者都要受到规章的约束,任何人不得违反规章的规定。对于违反规章制度,造成财产损失的,要追究直接责任人的法律责任。因此,对于规章制度,不能说因为它是用人单位内部的规矩,可以执行也可以不执行,没有一点严肃性。只要规章制度不违反法律的基本原则,其严肃性就受到法律的保护。

5. 权威性

这是指规章制度作为一种行为准则,它不是可有可无,而是只要制定了就必须执行,非经规定程序不可随意变更。譬如,企业章程,是企业行为的准则,是企业一切活动的依据,企业高级管理人员应当按照章程的规定,依章行使自己的职权。

6. 强制性

这是企业规章制度在执行上的特征。规章制度是刚性的,一旦颁布,适用范围内的员工均必须遵守和执行,没有讨价还价和打折扣的余地。第一,凡是企业规章制度的规定任何员工包括企业的领导人都应遵照执行;第二,每一规章制度都应明确责任,具体规定违反规章制度的处罚办法,并且应具有很好的操作性,便于检查实施,不可过于原则、笼统;第三,任何员工违反企业规章制度的规定都应受到相应批评和处罚。

(二)劳动规章制度的作用

1. 正面引导与教育作用

规章制度作为企业内部规范员工行为的一种准则,具有为员工在生产过程中指引方向的作用。规章制度公布后,员工就清楚地知道自己享有哪些权利,怎样获得这些权利,应该履行哪些义务,如何履行义务。比如规章制度中规定请假的条件和程序,员工就知道了遇到各种情况时如何请假,以防止因请假手续不全而导致的旷工。由此可见,优秀的规章制度通过合理的权利义务及责任的设置,可以使职工能预测到自己的行为和努力的后果,调动其工作积极性。

2. 反面警戒与威慑作用

反面的警戒和威慑作用主要体现在以下两个方面:一方面,通过对员工违反规章制度的后果做出规定来威慑员工,使员工能够事先估计到在劳动生产过程中如何作为以及作为的后果,自觉抑制不法行为的发生。另一方面,通过对违反规章制度的行为予以惩处,让违反规章制度的员工从中受到教育的同时也使其他员工看到违反规章制度的后果,达到警戒和威慑的效果。

3. 防患未然与预防争议发生的作用

规章制度既是劳动者实施劳动行为的准则,也是用人单位实施劳动管理的准则,它具体地明确了劳资双方的权利与义务和实现权利与义务的措施、途径和方法等。因此,当劳资双方的权利与义务以及权利与义务实现的措施、途径和方法通过规章制度加以明确、具体后,就可以大幅度防止纠纷的发生,从而维护企业正常的生产和工作秩序。

4. 事后支持与提供处理劳动争议证据的作用

按《劳动合同法》的规定,劳动者严重违反用人单位规章制度的,用人单位可以解除劳动合同。因此,一旦职工违纪被单位解雇而诉诸法律时,单位的规章制度就成为重要的证据之一。什么是严重违反用人单位的规章制度,需要企业事先作出规定,即首先用人单位必须要有明确的、合法的规章制度存在,其次用人单位的规章制度中必须对何为严重违反规章制度的行为作出明确的界定。绝大多数企业在面临劳动争议纠纷中解除劳动关系这一难题时,都输在了"规章制度"上。规范的企业则正是在制定规章制度的时候就充分考虑所有的情形,将可能成为争议焦点的内容加以细化,并用书面的形式固定下来,一旦发生争议,这样的规章制度便能维护企业的合法权益。可以说,规章制度的重要性贯穿于企业管理和纠纷解决的全过程。

(三)劳动规章制度与集体合同和劳动合同的关系

规章制度、劳动合同、集体合同,都是确立劳资双方权利和义务的重要依据、规范劳动行为的准则,因此,从三者的目的来看,具有一致性,均是为调整企业劳动关系而存在的。但是,三者的区别也是明显的,具体区别主要体现在以下几个方面。

1. 参与主体和制定要求不同

根据《劳动合同法》的规定,规章制度制定需要经过民主程序,最后通过平等协商程序确定。但是,规章制度制定时对劳资双方"共决"的要求比较低。企业制定规章制度时需要将企业起草的规章制度草案交由职工代表大会或者全体职工讨论,企业与工会或者职工代表平等协商确定,而不是由职工代表大会或者全体职工"讨论通过";集体合同的制定需要劳资双方共同决定,其劳资"共决"的程度比规章制度要高。劳动合同订立是劳动者与用人单位的双方法律行为,缺少任何一方就无法订立劳动合同,劳动合同的内容均由用人单位和劳动者遵循平等自愿、协商一致的原则,共同确定,因此,劳资双方在劳动合同事项上的"共决"程度更高,且是用人单位与单个劳动者进行"共决"。

2. 内容不同

规章制度、劳动合同、集体合同都会涉及劳动报酬、工作时间、休息休假等内容,但是,三者的内容指向与侧重点是不同的。劳动合同与集体合同侧重的是劳动报酬、工作时间等标准性的东西,而规章制度侧重的是这些标准的实施。如集体合同中规定了单位实施的几种工时制度,它强调的是工时标准以及延长工作时间的要求,包括加班费的支付;而规章制度侧重的是规定实行哪一种工时制度、上下班时间以及违反规定的处理等,其主要目的是要求员工遵守工作时间。再如休假制度,集体合同和规章制度也都会涉及,集体合同主要侧重于为劳动者享有各类假期提供保障;而规章制度主要侧重于员工请假的手续、要求以及违反的后果等。

3. 实施方式不同

规章制度的实施主要靠企业通过奖励和惩罚两种手段来落实,在实践中,一般是通过教育为主、惩罚为辅的原则来督促员工遵守规章制度的自觉性,维护正常的生产工作秩序。劳动合同、集体合同作为双方的协议,主要靠协议的约束力来确保落实。

4. 效力不同

在劳动合同、集体合同与规章制度的效力关系和适用关系上,究竟谁高谁低,哪个应优先适用,实践中观点并不统一,我国目前立法也没有明确的规定。但根据《劳动合同法》第五十五条及最高人民法院《关于审理劳动争议案件适用法律若干问题的解释(二)》第十六条的规定,"用人单位制定的内部规章制度与集体合同或者劳动合同约定的内容不一致,劳动者请求优先适用合同约定的,人民法院应予支持"。因此,一般认为,劳动合同和集体合同的效力高于规章制度,规章制度的内容与劳动合同和集体合同相冲突时,按照劳动合同和集体合同或者尊重劳动者的选择适用权。

(四)劳动规章制度制定的法律要求

《劳动合同法》第四条规定:用人单位应当依法建立和完善劳动规章制度,保障劳动者享有劳动权利、履行劳动义务。用人单位在制定、修改或者决定有关劳动报酬、工作时间、休息休假、劳动安全卫生、保险福利、职工培训、劳动纪律以及劳动定额管理等直接涉及劳动者切身利益的规章制度或者重大事项时,应当经职工代表大会或者全体职工讨论,提出方案和意见,与工会或职工代表平等协商确定。在规章制度和重大事项决定实施过程中,工会或者职工认为不适当的,有权向用人单位提出,通过协商予以修改完善。用人单位应当将直接涉及劳动者切身利益的规章制度和重大事项决定公示,或者告知劳动者。因此,规章制度的法律要求体现在如下几个方面。

1. 规章制度的制定主体要合法

《劳动法》第四条和《劳动合同法》第四条都规定,用人单位应当依法建立和完善规章制度。因此,规章制度的制定主体应该是用人单位。有权以用人单位名义制定规章制度的,应当是该单位有权对用人单位的各个组成部分及全体劳动者全面和统一管理的机构。用人单位的内部职能部门如车间、班组、党组织虽然可参与用人单位规章制度的制定或者直接负责拟定规章制度的人力资源管理部门,都不能直接制定规章制度。如果是用人单位的某个部门制定的规章制度,一旦发生劳动争议,就无法产生预期的效力。在实践中,企业制定规章制度时一般授权或委托人力资源管理部门或者是行政部门制定,但是规章制度在发布时一定要经过用人单位审批并以用人单位名义发布。即使是仅适用于某个部门员工的规章制度,发布的主体也应是用人单位,而不是该部门。

2. 规章制度的内容要合法

用人单位规章制度体现的是用人单位管理者的意志,但这种意志,仍然受国家法律法规的制约。用人单位应当依照国家的法律法规制定规章制度,这是法律赋予用人单位的权利,也是为其规定的义务。因此,规章制度的内容应该是法律法规的细化和具体实施办法,应有上位法根据,不能与法律相抵触,更不能违法,从而损害劳动者的合法权益。合法就是符合我国现行的法律法规。换句话说,用人单位的规章制度必须在现行法律的框架下加以制定。要提醒大家注意的是,这里的合法应该是广义的理解,即要符合所有的法律、法规、规章,不仅是劳动法律法规。实践中,有的用人单位制定的规章制度在工时休假方面违反了国家规定的基本标准,甚至规定劳动者在劳动合同期间不能结婚生育、上下班要搜身检查等,这些都是违反法律法规的规定,依法应确认无效。

3. 规章制度的内容应当合理

合法不只是形式上符合法律法规的规定,而且要符合法理、符合法律的精神,要尊重人的道德主体地位。对一些有弹性内容的规章制度必须做出合理性解释。有关规章制度的"合理性"的认定往往是劳动关系双方在履行劳动合同过程中最容易发生纠纷的地方。

规章制度的合理性,不可能有什么统一的"国家标准"或"地方标准",因为任何合理都是相对的,要结合用人单位的生产性质进行界定。如某化工企业规定生产岗位绝对不允许吸烟、某高科技企业规定保密室岗位不允许值班人员离开一分钟时间,这样的规定应当是合理的,因为一旦有人违反,就可能产生无法挽回的重大后果。

规章制度的合理性,还要结合劳动者的身心特点进行界定。如对职工上厕所的次数和时间等都作规定,不仅很难执行,损害劳动纪律的严肃性,而且违反了自然规律、无视劳动者的身心特点,显然是不合理的。

4. 用人单位规章制度的制定程序合法

我国相关司法解释和《劳动合同法》对用人单位制定规章制度的程序进行了严格的规定,用人单位规章制度必须经过法定程序制定,才具有法律效力。《劳动合同法》第四条第二款规定:用人单位在制定、修改或者决定有关劳动报酬、工作时间、休息休假、劳动安全卫生、保险福利、职工培训、劳动纪律以及劳动定额管理等直接涉及劳动者切身利益的规章制度或者重大事项时,应当经职工代表大会或者全体职工讨论,提出方案和意见,与工会或者职工代表平等协商确定。因此,规章制度必须经过民主协商程序制定。

具体来说,应当分为两个步骤:第一步是经过职代会或全体职工讨论,提出方案和意见;第二步是与工会或者职工代表平等协商确定;未建立工会的,与职工代表协商确定。值得注意的是,并不是所有规章制度或者事项都要通过如此程序,而是直接涉及职工切身利益的或者重大事项必须通过上述程序。

一个优秀的现代企业必定是以民主管理为基础,强调全员管理,充分调动广大职工的积极性,从而提高内部管理水平,增强企业经营决策的准确性和透明度。企业规章制度的制定也是如此,更为重要的是,规章制度关键在于执行,所以劳动规章制度只有在吸收和体现职工一方的意志或者得到职工认同的情况下,才能确保很好地实施。而《劳动合同法》规定,企业制定规章制度的行为是一个民主表决和集体协商的双方行为。具体而言,企业制定规章制度的平等协商程序包括以下两步:

(1) 民主程序。即企业起草的规章制度草案应当首先提交职工代表大会或者全体职工讨论,由职工代表大会或全体职工提出方案和意见。这意味着民主程序很严格地界定了,只有两种选择:企业有职工代表大会制度的,应当将规章制度的草案交由职工代表大会讨论;没有职工代表大会制度的,应当交由全体职工讨论。这个交由职工代表大会或全体职工讨论、提出方案和意见的过程,我们可以称之为发扬民主的过程,也可称之为"民主程序"。

(2) 集中程序。规章制度的草案交由职工代表大会或全体职工讨论后,职工代表大会或全体职工肯定会提出很多意见和方案,而且这些方案、意见与企业的意见很可能差别很大。那么企业的规章制度最后如何确定呢?《劳动合同法》第四条第二款明确规定了,企业要与工会或者职工代表平等协商确定。这也意味着,发扬民主后,规章制度最后的拍板决定权不在企业,而是由企业与工会或者职工代表通过平等的协商程序予以决定。这个程序可称之为发扬民主的集中过程,也可称之为"集中程序"。

5. 向劳动者公示或告知劳动者

公示原则是现代法律法规生效的一个要件,作为企业内部的规章制度对其适用的人必须公示,未经公示的企业内部规章制度,职工无所适从,对职工不具有约束力。《劳动合同法》第四条第四款规定,直接涉及劳动者切身利益的规章制度应当公示,或者告知劳动者。《最高人民法院关于劳动争议案件适用法律若干问题的解释(一)》第十九条也明确规定了规章制度向劳动者公示才能作为审判案件的依据。

公示、告知程序不仅是法律的要求,从另一个角度来讲,单位规章制度以全体劳动者为约束对象,就应当为全体劳动者所了解,当然必须以合法有效的方式公布。实践中,一些用人单位在制定规章制度后,将规章制度文件置之高阁,大部分劳动者都不知其内容,这种做法显然违背了制定规章制度的初衷。《劳动合同法》第四条规定:"用人单位应当将直接涉及劳动者切身利益的规章制度和重大事项决定公示,或者告知劳动者。"在实践中,常用的告知方法有:传阅或分发、层层培训、考试法、签收法、员工手册发放、会议宣讲法等。

此外,需要提醒企业的是,用人单位在制定规章制度时,无论是进行平等协商程序,还是进行公告、告知程序,都务必要留好记录,保存好相关证据,如会议纪要、讨论情况、员工签名等。因为,一旦劳资双方在规章制度效力问题上产生争议,是由用人单位负举证责任的。用人单位需要举证证明其规章制度是经过平等协商程序且曾向劳动者公示、告知;如果举证不能,用人单位将承担不利的法律后果。

(五) 劳动规章制度的格式与技术要求

1. 规章制度的格式写法

规章制度的种类多,每一种的格式写法都有不同,不可能把各种规章制度归入一种结构模式。但各种规章制度的格式写法也有许多相同之处,一般规章制度由"标题""正文""落款"三部分构成。

(1) 标题。

完整的规章制度的标题一般由三部分组成:"单位名称+事由(劳动规章制度的内容)+文种名称"。如"某某公司年休假办法"。标题也可以采取简略的写法,即省掉单位名称,只写"事由+文种",如《厂区卫生管理暂行办法》。至于文种的名称,企业常用的有如下几种:

- 章程——是某个单位或组织的宗旨、机构和组成人员活动的规则。
- 条例——是指导某方面长期性工作和活动的比较系统的条文。
- 规定——是对某项具体工作或活动的要求和规范程序。
- 办法——是为贯彻法律、法规或实施某项工作而提出的具体方法和措施。
- 细则——是贯彻、执行、实施"条例"或"规定"中某一项或几项条款的详细准则。

至于单位的劳动规章制度选用哪一种文种名称,要根据具体情况而定。

(2) 正文。

正文部分主要规定劳动规章制度的主要内容。规章制度的正文结构一般有两种形式:

① 章条式。即把规章制度的内容分成若干章,每章又分为若干条。第一章是总则,中间各章叫分则,最后一章叫附则。总则一般写原则性、普遍性、共同性的内容,包括制定规章制度的目的、意义、依据、指导思想和适用原则、范围等。分则是规章制度的具体内容,通常按事物间的逻辑顺序或按各部分内容的联系或按工作活动以及惯例分条列项,集中编排。附则是对规范内容的补充说明,包括用语的解释和解释权、修改权、公布实施的时间等。

② 条款式。即只分条目不分章节,适用于内容比较简单的规章制度。一般开头说明缘由、目的、要求等,主体部分则分条列出规章制度的具体内容。其中,第一条相当于章条式的总则,最后一条相当于附则的写法。

(3) 落款。

写上制发单位名称、具体时间。

2. 规章制度制定的技术要求

(1) 体式的规范性。

规章制度是用来规范人们的言行的,它的制定与颁布都有严格的程序,它的写作编制也要体现严肃性。因此,写作规章制度一定要按照规范的格式,不能各行其是,自创一套。

(2) 内容的科学性。

规章制度在一定范围内、一定程度上具有法定效力,牵涉到人们的切身利益,影响到人们工作、生活的方方面面,所以编制规章制度一定要考虑周全,使规章制度的内容科学合理,切实可行。最好在写作规章制度前能深入了解实际情况,充分考虑普遍性与典型性,分析科学性与可行性,写作过程中要反复讨论研究,集思广益,使规章制度能体现大多数人的利益及意愿。

(3) 用词的准确性与规范性。

规章制度实际上是企业内部的"法",因此,要使用法律术语和规范性的书面语言,避免使用口语、俗语方言等,如"司龄",规范用语应该是"在本公司的工作年限";再如平时所说的解雇,规范用语应该是"劳动合同解除或终止"。

(4) 结构的条理性。

为了便于人们理解、熟记与执行,规章制度要求条理清晰,简洁明了。所以规章制度在结构安排上要注意有层次性,层次应根据具体文种的内容需要而设置,可多可少。多的可以达到七级:编、章、节、目、条、款、项。最常见的由章、条、款三层组成。

（5）表述的严密性。

规章制度是规范人们行为的依据，也是对人们工作、学习、生活等事项做出评判及处理的凭证，因此规章制度的语言表述要富于逻辑性、严密性，要注意句与句之间、条与条之间不能脱节，更不要自相矛盾，不能有漏洞，不能有歧义，否则会给执行带来困难。

二、业务示例

业务示例 9-1　规章制度的制定步骤方案

【背景材料】

天纵公司是一家私营企业，近年来发生了两起因职工违反规章制度被单位解除劳动合同的劳动争议案件，均因单位规章制度不规范而败诉。公司决定重新制定单位的规章制度，完善其制度体系，决定由人力资源部启动这项工作。人力资源部首先制定了规章制度的制定步骤方案。

天纵公司 2014 年规章制度制定步骤方案

为了规范 2014 年公司规章制度的制定程序，特制定本方案。

一、提出规章制度制定的议案

由各部门根据本部门的状况和科学合理的预测，提出规章制度立、改、废的议案。议案的截止日期为 2014 年 3 月 31 日。

人力资源部根据各部门提出的议案并考虑公司的总体情况，初步确定提交公司审议的立案事项，此项工作在 2014 年 4 月 10 日前完成。

二、审查、立项

人力资源部将立案事项提交董事会讨论决定，此项工作应于 2014 年 4 月 30 日前完成。

三、形成草案

综合性的规章制度由人力资源部负责拟定草案，专业性的规章制度由相关部门负责拟定草案。此项工作的完成日期为 2014 年 10 月 15 日。

四、征求意见

10 月 20 日将规章制度草案提交职工代表大会讨论，征求意见。

五、形成建议稿

由人力资源部对职工代表提出的意见进行梳理、归类和总结，对规章制度草案进行完善，形成规章制度建议稿，此项工作应于 2014 年 11 月 20 日前完成。

六、形成定稿

由人力资源部与工会对规章制度建议稿进行协商，形成最终的定稿。此项工作应于 2014 年 11 月 30 日前完成。

七、公示

由人力资源部将制度汇编成册，交职工签收，此项工作于 2014 年 12 月 15 日前完成。

天纵公司人力资源部
2014 年 2 月 25 日

三、实操演练

工作任务 9-1

【背景材料】

下面的表述均为一些公司的规章制度中的条款：
- 公司建议员工出差后 7 个工作日内到财务部报销有关费用。
- 凡给公司"砸牌"的，公司与之解除劳动合同。
- 迟到一次扣奖金的 30%。
- 严重违反公司规章制度的，予以除名。
- 严重违反公司规章制度的，予以开除。
- "司总办""司总助"。

【具体任务】

请你结合规章制度制定的要求，分析一下上述条款的错误或不恰当之所在，并加以改正。

工作任务 9-2

【背景材料】

胡某以技术人才的身份应聘进入某科技实业公司，双方订立了 5 年期限的劳动合同，劳动合同中并无关于试用期的约定。同时，胡某收到了该公司的《员工手册》，其中有关于试用期的规定，该规定参考《劳动合同法》关于劳动合同试用期的规定，具体表述为：劳动合同不满三个月的，没有试用期；……3 年以上的，试用期为 6 个月。双方的劳动合同履行到 3 个多月时，胡某与上司之间因故产生矛盾，应上司的要求，公司立即与胡某解除了劳动合同，理由是胡某在试用期内证明其不符合公司的录用条件。胡某以双方的劳动合同并无关于试用期的约定，公司以试用期的规则解除双方劳动合同属解雇理由错误为由，提起了仲裁申请，请求撤销该公司的解除劳动合同决定，恢复双方的劳动关系。在劳动争议仲裁委作出了支持胡某的裁决后，这项争议被起诉到了法院。

在法院审理过程中，某科技实业公司始终坚持的一个理由就是，尽管双方的劳动合同中没有关于试用期的约定，但胡某签领的《员工手册》已经就此作了非常清晰的规定，胡某对此应当知道，公司以试用期的规则解除劳动合同并无不当。

【具体任务】

1. 请你分析一下公司败诉的原因。
2. 此案给劳动关系管理人员哪些启示？

学习任务二 常用的劳动规章制度的制定

学习情境 9-2

李东升大学毕业后与一家公司签订了两年的劳动合同。一年后,李东升因上班时间玩电脑游戏被公司发现,公司遂以严重违反规章制度为由解除了与其的劳动合同。李东升不服,申请仲裁。仲裁委员会受理后,经查,公司的规章制度中规定"上班时间内禁止打电脑游戏",但未对此行为的后果做出规定。最后裁决支持了李东升的请求。

公司败诉的原因何在?应该怎样纠正不当的规章制度?

一、相关知识链接

劳动规章制度一般包括哪些内容呢?劳动规章制度是企业调整劳动关系的重要依据,因此其内容应当覆盖劳动关系的方方面面,凡涉及劳动管理、企业和劳动者劳动权利和义务的事项,都应在规章制度中作出相应的规定。按《劳动合同法》第四条的规定,企业劳动规章制度的内容为"劳动报酬、工作时间、休息休假、劳动安全卫生、保险福利、职工培训、劳动纪律以及劳动定额管理等直接涉及劳动者切身利益的规章制度或者重大事项"。因此,企业劳动规章制度的种类主要有:

(1) 企业招聘录用制度;
(2) 企业劳动合同管理制度;
(3) 企业试用期管理制度;
(4) 企业考勤制度;
(5) 企业加班加点制度;
(6) 企业休假制度;
(7) 企业工资制度;
(8) 企业福利(保险)制度;
(9) 企业培训制度;
(10) 企业绩效考核制度;
(11) 岗位员工调动制度;
(12) 企业奖惩制度;
(13) 员工离职管理制度;
(14) 员工申诉与争议处理制度;
(15) 企业民主管理制度;
(16) 企业劳动规章制度制定程序制度。

下面以企业的主要规章制度为例介绍一下劳动规章制度的内容。

(一) 劳动合同管理制度的主要内容

劳动合同管理制度是用人单位内部实施劳动合同制的具体办法规定的总称。各单位的制度名称不同,有的叫劳动合同制实施细则,有的叫劳动合同制实施办法,有的直接叫劳动合同管理制度。无论名称如何,都和前文介绍的《劳动合同制实施细则》的内容是一样的,在此环节不再赘述。

(二) 考勤制度的主要内容

考勤是记录员工出勤情况、计算员工工资的重要依据。在有关工资支付、休息休假等劳动争议处理中,考勤记录是属于用人单位掌握管理的证据之一,如果用人单位不提供考勤记录,将承担不利后果。考勤制度是企业劳动规章制度中最为重要的制度之一。

考勤制度一般包括如下主要内容:

1. 总则

总则包括制度的适用范围、目的等。

2. 上班时间和休息时间的界定

考勤制度要明确公司的上下班时间,即什么时间上班、什么时间下班;还要明确,午餐时间是不算作工作时间。我国有三种工时制度,即标准工时制度、不定时工时制度、综合计算工时制度。考勤制度主要是针对标准工时和综合计算工时制的员工,因为这两种工时制度都有工作时间的限制。对于不定时工时制的员工而言,考勤制度的意义不大,因为它没有固定的工作时间限制。但是也要注意,有些单位对实行不定时工时制的劳动者,规定了每周例会的制度,那么对此考勤也要做出规定。

3. 迟到、早退、旷工的界定

考勤制度的目的是建立有秩序的上下班时间,避免、减少、控制员工迟到、早退等现象的发生,因此,必须对迟到、早退、旷工做出明确的界定。除此之外,还要界定三者之间的逻辑关系。如考勤制度中规定了工作时间开始后十分钟内到岗的算迟到,那么如果员工在工作时间开始后一个小时到岗的如何定性呢？这也要做出规定。

4. 考勤方式

考勤方式就是公司如何对员工进行考勤,如是实行人工考勤、机器打卡考勤还是指纹考勤,要做出明确规定。

5. 违反考勤制度的处罚措施

如果没有处罚措施,那么考勤制度就成为一纸空文了。违反考勤制度的处罚措施主要有:扣工资、解除劳动合同等。当然如果是解除劳动合同,必须在考勤制度中规定哪些违反考勤制度的行为被视为严重违反规章制度。

(三) 休息休假制度的主要内容

休息休假是指企业、事业、机关、团体等单位的劳动者按照规定不必进行生产和工作,而自行支配的时间。休息休假是员工的一项重要福利,也是法律给予劳动者的权利。而企业内部的休假制度是将法律规定细化,是激励员工的重要措施之一。对于企业来讲,休息休假制度怎样制定才能达到双赢的效果,则是最重要的。完善的休息休假制度包括如下主要内容:

1. 假期的种类

休假制度首先应当明确企业可以给予员工哪些假期。我们可以将我国法律中规定的休假制度分为一般性休假和特殊休假,前者主要包括公休日、法定节假日、职工带薪年休假;后者则主要包括婚假、丧假、产假、探亲假、病假、事假、工伤假及其他假期。上述假期种类中很多是法定的,即休假的条件、期限以及相关待遇等法律均有明确的规定,如法定节日休息就是如此;有些是企业自己定的,即休假的条件、期限等可以由企业自己定,如事假、病假等。

2. 请假手续

请假手续即员工申请某种类假期的条件、时间以及需要向谁提出申请、需要提供哪些材料等。请假手续是休假制度中最关键的部分。这部分设计不完善很容易引起纠纷。在规定了请假手续后,还要规定,未履行请假手续后的处理办法。一般单位都规定,未履行请假手续而休假的,以旷工论处。

3. 假期的批准权限

不同长短的假期应由不同级别的领导批准。因此,员工休假的批准权限也需要在规章制度中明确,即休假期限的长短分别由哪一级领导批准。

4. 休假的时限

对于有些假期需要在制度设计时明确休假的时限,超过时限,可以视为自动放弃,不再予以假期。如婚假,有的单位规定在领取结婚证之日起一年内申请。

5. 休假方式

有些假期,需要明确规定休假的方式,如年休假,是否允许分段休、分几段、其间的间隔期限是多长等。

6. 假期未用的处理

单位规定了员工可以享有的假期,如果因个人原因未提出休假,那么对未用的假期该如何处理也要做出规定。

7. 休假的限制

在休假制度设计中,还需要对有些假期做出限制,如事假一年不能超过多少天;如果没有这种限制的话,员工可能会无休止地休假。

8. 假期工资待遇

休假期内的工资待遇是休假制度的重要内容,也是劳动关系双方比较关心的问题,因此,在休假制度中也需要重点规定各类假期的工资待遇。当然,有些假期如法定节日的工资待遇法律有明确规定,在制度中只要注明按国家有关规定执行就行了;而有些假期,如事假和病假,具体的工资支付由企业自定。

9. 违反休假制度的处理

没有相关违反责任的规定,休假制度不能发挥其应有的作用,因此,必须规定违反休假制度的处理措施。

(四)加班加点制度的主要内容

加班加点是企业经常发生的现象,完善的加班加点制度对于控制企业的用工成本、减少劳动争议的发生都有着重要意义。从实践上看,加班加点制度包括如下主要内容:

1. 加班的界定

什么情况算加班?这是加班制度中首先要明确的。如劳动者下班后主动留在单位工作算不算加班？加班是否需要双方合意？

2. 加班申请流程

加班一般是产生于双方的合意，因此，必须有申请及批准的流程。如果是用人单位安排的经劳动者同意的加班，也要办理相应的手续，如签署加班单等；如果是劳动者申请加班的，需要有相应的申请和批准手续。

3. 加班工资计发

一是加班工资的比例。这没有什么异议，因为《劳动法》对此已经做出了明确的规定。二是加班工资的计发基数。这一基数是基本工资还是全额工资各地有各地的规定。许多地方规定了由单位与劳动者协商确定，因此，在规章制度中要明确加班工资的计发基数。三是计发工资还是安排倒休。按《劳动法》的规定，公休假日安排劳动者工作的，是安排补休还是支付200%的工资，由用人单位决定。

4. 加班与值班的区分

在实践中，许多用人单位出现了争议，晚上值班的职工认为自己是加班，将用人单位告上仲裁庭。两者是容易混淆的概念。虽然法律对此并未做出明确的规定，但许多地方法规对此做了规定：值班是指单位因安全、消防、假日等需要，临时安排或根据制度安排与劳动者本职无关联的工作；或虽与劳动者本职工作有关联，但值班期间可以休息的工作，一般为非生产性的责任，如看门、接听电话等。加班则指劳动者在平时正常工作时间外，继续从事自己的本职工作。因此，认定加班还是值班，主要看劳动者是否继续在原来的岗位上工作，或是否有具体的生产或经营任务。注意，如果是值班，单位的制度中要规定支付值班津贴，值班津贴可以不按劳动法规定的标准，而由用人单位自定。

5. 违反加班规定的处罚措施

加班往往是企业确保经营秩序所必需的，因此，对于职工违反加班制度的行为要规定处罚措施。

（五）薪酬制度的主要内容

工资制度是劳动关系双方最关注的制度之一，其对劳动关系双方的重要性是不言而喻的。工资制度是双方在劳动合同中确定劳动者工资的依据，也是单位支付工资、扣减工资的依据。工资制度中一般包括如下内容：

1. 工资的构成

工资制度中首先要明确的就是单位的工资由哪些部分构成。工资的构成在实践中一般有两种形式，即单一结构型工资和复合结构型工资。所谓单一结构工资，简单而言就是将劳动者的所有劳动报酬用一个具体的工资数额表现出来，如每月工资3 000元，不再细分工资的构成。而复合结构型工资是将劳动者的劳动报酬分成若干部分，如基本工资1 600元，绩效工资根据考核结果而定。在这种工资类型中，有的部分是固定的，有的部分是浮动的，根据企业的实际情况或者考核情况酌情发放。

2. 工资标准的确定

工资标准需要明确。如采用复合型工资结构的，每一块的工资如何确定需要明确，如基本工资是多少，各类补贴、津贴是多少，奖金如何计算等。

3. 工资是否含税

按照公司工资制度确定的工资数额是否包括税收也要明确。

4. 工资的支付时间

按《劳动法》的规定,工资应当以货币形式按月工资支付给劳动者本人,不得克扣和无故拖欠劳动者工资。因此,工资支付制度中要明确工资支付的时间。

5. 工资的支付方式

《劳动法》明确规定了工资的支付方式为货币,但就实际的支付方式而言,企业可以直接将现金支付给员工,也可以委托银行代发工资。具体的支付方式可以由企业自己选择,因此,工资制度中需要明确工资的具体支付方式。

6. 工资扣发的情形

《劳动法》规定了用人单位不得克扣劳动者的工资,但法律法规规定或用人单位规章制度中规定的代扣以及违纪减发的工资不属于克扣。因此,工资制度中必须明确扣发工资的情形。

7. 工资调整机制

工资调整的条件、调整的程序、调整的时间也应在工资制度中做出规定。

8. 特殊情况下的工资

这里包括停工停产、各种休假期间的工资支付、加班加点的工资支付等。如果休假期间的工资支付已经在休假制度中做出规定了,在此可不规定休假工资的支付。

9. 其他规定

如试用期的工资支付、工资保密规定等。

(六) 奖惩制度的主要内容

奖惩制度一般包括奖励制度、惩处制度和专项奖励制度。一方面,用人单位通过奖励制度激励劳动者,提高其工作积极性,奖励制度具有特殊的导向作用;另一方面,必要的惩处制度是单位有效管理的手段之一。

一般而言,奖惩制度包括如下内容:

1. 奖励的种类

奖励的种类包括名誉上的奖励、经济上的奖励等,如嘉奖、奖金、奖品等。

2. 奖励的条件

具备哪些条件要实施奖励必须明确。

3. 奖励的程序

奖励职工不应是领导一句话的事,应当按程序进行。

4. 惩处的种类

惩处的种类目前没有相应的法律依据,也是由企业自定。一般惩处的种类包括:行政处分、经济处罚、调岗调薪、解除劳动合同等。

5. 惩处的条件

要明确各类惩处适用的条件。惩处的条件应与惩处的种类成对应关系。

6. 惩处的程序

同奖励要有程序一样,惩处更强调程序,特别是在现代法治社会更强调程序,即实施处罚时要经过哪些步骤。

二、业务示例

业务示例 9-2　公司考勤制度

A 有限公司考勤制度

第一章　总　则

第一条　为维护正常的工作秩序，强化全体职工的纪律观念，结合公司实际情况，制定本制度。

第二条　考勤制度是加强公司劳动纪律，维护正常的生产秩序和工作秩序，提高劳动生产效率，搞好企业管理的一项重要工作。全体员工要提高认识，自觉地、认真地执行考勤制度。

第三条　公司的考勤管理由人力资源部负责实施。

第四条　各部门主管对本部门人员的考勤工作负有监督的义务。

第五条　公司考勤实行签到制度，员工上班须签到。员工应亲自打卡签到，不得帮助他人签到和接受他人帮助签到，一经发现扣款 20 元。

第六条　考勤记录作为个人工作绩效考评的参考依据。

第二章　具 体 规 定

第七条　工作时间

1. 本企业全体员工每日工作时间一律以 7 小时为标准。
2. 具体工作时间为，周一至周五 9:00—12:00，14:00—18:00；公司实行大小周制度（所谓"大小周"就是第一周休息两天，下一周休息一天）。

第八条　迟到、早退

1. 上班 10 分钟以后到达，视为迟到；下班 10 分钟以前离开，视为早退。
2. 以月为计算单位，前三次迟到 10 分钟以内予以提醒；单次迟到 10 分钟以上的按迟到计算累计扣除；迟到 1 小时及以上的按旷工半天算；第四次迟到开始，按迟到分钟数，1 分钟扣款 1 元，累计增加扣除。
3. 迟到早退情节严重屡教不改者，将给予通报批评、扣除绩效工资，直至解除劳动合同处理。
4. 遇到恶劣天气、交通事故等特殊情况，属实的，经公司领导批准可不按迟到早退处理。

第九条　请假程序

1. 各部门人员请假须至行政人事处领取请假单，填写后交由部门经理批准，再交由行政人事处审批。两天以内的由副总批准，两天以上的由某总批准；副总请假由某总批准。所有请假人员都须将请假条交由行政人事部备案。
2. 员工因公外出不能按时签到，应及时在考勤卡上注明原因，并由部门经理签字确认。

第十条　病假

1. 员工本人确实因病不能正常上班者，须经部门经理及副总批准，报人力资源部备案,月累计超过两个工作日者,必须取得区级以上医院开具的休假证明。

2. 患病员工请假须由本人或由直系亲属于当日9点半前向所在部门领导或公司领导请假,经批准后方可休假。

3. 患病员工如有区级以上医院开具病假条的,连续病假超过三个月者试为自动辞职或按某市相关政策执行。

5. 员工必须在病愈上班两日内将病假条主动交给人力资源部核查存档。

第十一条　事假

1. 员工因合理原因须本人请假处理,并按规定时间申请,经公司领导批准的休假,称为事假。

2. 请事假的员工必须提前一天书面申请(如遇不可预测的紧急情况,必须由本人在早晨9点以前请示公司领导),如实说明原因,经部门领导报经公司领导同意后,方可休假,否则按旷工处理。

3. 事假按照日工资标准扣除。

4. 1小时以内的事假可以用加班加点时间调休,但必须经过公司领导的批准,经批准的调休事假可不扣发。

5. 员工在工作时间遇有紧急情况需要本人离开岗位处理的,也按上述有关规定执行。

第十二条　年假

1. 员工在公司工作满一年,享受每年5个日历日的年假。工作每增加一年假期增加一日,但最长假期不超过15个日历日。

2. 年假须当年度休完,当年未休年假者不得累计到第二年。

3. 年假休假申请流程同请假申请规定。

第十三条　婚假

1. 员工请婚假时,必须本人持法定的结婚证填写婚假申请单,经部门经理批准,交人力资源部审核。

2. 婚假假期为3天。男方25周岁、女方23周岁以上为晚婚,晚婚假期为7天。晚婚假共计10天。

第十四条　产假

1. 女员工正常生育时,给予90天(包括产前15天)产假,难产可增加15天。多胞胎每多生一个婴儿增加15天,符合晚育年龄(24周岁以上)的增加30天产假。

2. 女员工怀孕3个月以内流产的给予20—30天妊娠假,怀孕3个月以上7个月以下流产的给予42天妊娠假,怀孕7个月以上流产的给予90天产假。

3. 女员工休假前需要有医院证明,经所在部门经理同意后,报人力资源部批准,方可休假。

4. 男员工陪产假为3天,若属于晚育(生育时满24周岁),则增加7天,共10天。

第十五条　丧假

员工供养的直系亲属死亡,可办理丧假,假期为3天;员工办理丧假须在休假前写出申请,部门经理签字后,经经理室批准后,交人力资源部备案。

第十六条　旷工

1. 未向部门和公司主管领导书面申请并经批准者,或未按规定时间请假,或违反病、事假规定,或违反公司制度中其他有关规定等行为,均视为旷工。

2. 旷工一日(含累计)者,扣发2个工作日薪资;旷工2日(含累计)者,扣发4个工作日薪资;以此累计,扣除旷工日数2倍薪资。旷工3日以上公司视情况给予严重处理。

第三章　附　　则

第十七条　本制度解释权归人力资源部。

第十八条　本制度自颁布之日起执行。

业务示例9-3　公司休假制度
TD公司休假管理制度

一、目的

根据《劳动法》《劳动合同法》《职工带薪年休假条例》《企业职工带薪年休假实施办法》等法律法规,本着以人为本的企业精神,理顺员工休假流程,明确休假原则,规范休假纪律,特制定本管理规定。

二、适用范围

公司全体在册员工。

三、给假种类

(一)国家法定节假日:

1. 元旦:一天。
2. 春节:三天。
3. 清明节:一天。
4. 国际劳动节:一天。
5. 端午节:一天。
6. 中秋节:一天。
7. 国庆节:三天。

(二)病假:员工在工作期间,因病确需治疗和休养者可以请病假。病假须出具县级以上医疗单位证明;提供不了医院病假证明的,一律按事假处理。因工负伤,按用工所在地有关规定执行。

(三)事假:在实行调休假的情况下,公司原则上不提倡请事假。但确有特殊原因时,可酌情予以批准。一般情况下每月事假最长不超过3天(含3天),一年内事假累计不得超过10天,10天(含)以上事假的员工年度评定不得为A、B级。

(四)婚假:3天。晚婚假(男25周岁、女23周岁以上)增加7天。

(五)丧假:直系亲属(指父母、配偶、子女、兄弟姐妹、配偶父母)丧亡可请丧假3天(不含路途时间);非直系亲属去世(指祖父母、外祖父母、兄弟姐妹的配偶、配偶的兄弟姐妹、父母的兄弟姐妹等），给予丧假1天（不含路途时间）。丧假期间工资照发，但超出规定时间按事假论处。

（六）生育假：

1. 产假：女员工的产假按照如下标准：产假90天，晚婚晚育增加30天，在产假期间领取《独生子女光荣证》的增加15天。多胎生育的，每多生育一个婴儿增加15天。计划外生育与非婚生育不享受此类待遇。男员工的配偶依照国家和地方法规生育的，男员工可享受护理假7天（含公休日）。

2. 小产假：女职工怀孕不满4个月流产的，可享受15天假期；怀孕4个月以上流产的，可享受42天产假。

（七）年休假：员工在本公司工作满1年，可以开始享受年休假。工作有效工龄累计已满1年不满10年的，年休假为5天；已满10年不满20年的，年休假为10天；已满20年的，年休假为15天。国家法定休假日、公休日不计入年休假的假期。年休假可在一个自然年内一次或分次休完，逾年度不累加，参照国家《职工带薪年休假条例》执行。

（八）调休：先有加班，后有调休。即加班在前，如有事假或病假可以用加班抵扣。原则上，加班须在两个月内调休完毕。未调完的，统一按当年调休管理办法结算。

（九）探亲假：指员工探望与自己不住在一起且不能在公休假日团聚的配偶或父母的带薪假期。本市（含三县）的员工不享受探亲假。符合休探亲假的员工可以在规定的探亲次数内享受探亲往返交通补贴，具体参照公司《员工探亲交通补贴发放管理办法》。

1. 引进人才：往返上海市探亲，每月一次，每次往返不超过3天（含公休日）；往其他地区探亲，每季度一次，每次往返不超过5天（含公休日）。

2. 非引进人才：往任何地区探亲，每年一次，每次往返不超过5天（含公休日）。

3. 员工探亲假期须一次性休完、不累积，逾年度的自动清零。确因工作需要无法正常安排探亲的，可延迟到同一个自然年中的下一个探亲周期安排探亲。每延期一个探亲周期的，下次探亲时可增加1天，但累计不得超过正常探亲假期2天。

4. 如员工因工作需要无法回家探亲，家属可来公司探亲，以冲抵员工探亲次数，提供家属往返交通发票，即可按公司《员工探亲交通补贴发放管理办法》发放探亲交通补贴。

5. 员工探亲时间安排尽量包括公休日或节假日，选择最少占用正常上班时间的方式安排探亲假期。

6. 员工探亲须办理请假手续，到人力资源部门备案，经批准后方可探亲。符合本探亲规定的，在探亲次数内，享受探亲往返交通补贴。

（十）年休假和探亲假不得同时享用，休假类型可自行选择，选择休年休假的不可享受探亲交通津贴。公司统一安排的休假将酌情抵扣员工年休假。

（十一）员工转正满月以后，方可享受婚假、生育假和探亲假，试用期不享受。

（十二）各类休假（如病事假、调休、年休假、探亲假），一次性连续休假天数不能超过7天（含公休）。

四、假期待遇

（一）病假扣发工资＝日薪×20％。

患病或非工伤，医疗期满后仍不能从事原工作，也不能从事公司另行安排的工作的；或因身体不适长期病假达3个月以上的；公司将劝其离职或按《劳动合同法》相关规定解除劳动合同。

（二）事假扣发工资＝日薪×100％。

（三）婚假扣发工资＝日薪标准×30‰×50‰×（实际请假天数－3）。

（四）其他种类假期的薪酬支付执行公司薪酬管理相关规定。

五、休假流程和办法

（一）除法定节假日外，各类休假必须填写《请假表》，办理请假手续。

（二）部长级以下员工3天以内休假，须经部门负责人同意；3天以上休假，须经分管领导批准，并及时送人力资源部备案。

（三）部长级以上人员各类休假，均须经总裁批准，同时送人力资源部备案。

（四）婚假、产假、探亲假、年休假须提前一周申请，并合理安排所属岗位的工作衔接。

（五）休假手续流程图如下所示。

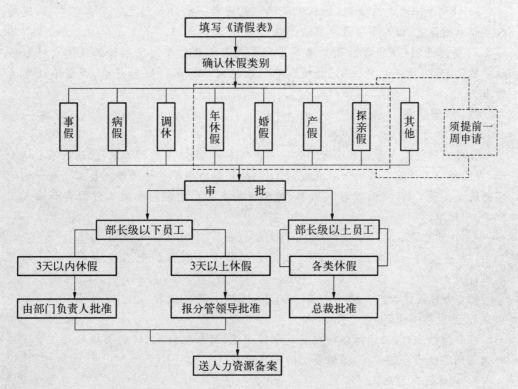

本规定自职代会批准之日起试行，人力资源部负责解释和修改。

TD公司

2014年3月2日

业务示例 9-4　员工加班管理制度
ARK公司员工加班管理制度

一、目的

1. 规范公司员工加班的管理，提高工作效率，在正常的工作时间内努力完成工作任务。
2. 劳逸结合，保护员工身体健康。
3. 保证公司运营的有序进行，根据《中华人民共和国劳动法》《劳动合同法》及相关法律法规，结合本公司实际情况，特制定本制度。

二、适用范围

1. 公司非提成人员确因工作需要加班的，适用本规定。
2. 按提成制度结算的营销人员不适用本规定。

三、加班的分类和程序

1. 加班：在规定工作时间外，因本身工作需要或主管指定事项，必须继续工作者，称为加班。加班分为两种，即计划加班和应急加班。因工作岗位不能断续，须周末或国家法定节假日继续工作，称为计划加班。正常工作日内因工作繁忙、临时性工作增加需要在规定时间外继续工作或休息日处理突发事件称为应急加班。
2. 计划加班员工应填写《加班申请单》（见附表一），经部门主管同意签字后，送交人事部审核备案，由人事部呈总经理批准后，方可实施加班。
3. 特殊原因（下班之后因紧急事件加班或休息日处理突发事件加班的），可以事后补填《加班申请单》，并注明"补填"；非特殊原因一律不得事后补填，否则不认定为加班。

四、加班原则

1. 效率至上原则：

公司鼓励员工在每天8小时工作制内完成本职工作，不鼓励加班，原则上不安排加班，由于部门工作需要必须加班完成的工作，按照加班审批程序进行。员工须有计划地组织展开各项工作，提高工时利用率，对加班加点从严控制。确因工作需要加班或值班，才予批准。

2. 加班时间限制：

（1）一般周一至周五工作日内，因日常工作需要每日加班不超过4小时的不算加班；

（2）每月累计加班一般不应超过36小时，超过36小时按36小时计算。

3. 健康第一原则：

在安排加班时，必须结合加班人员身体状况，对加班频次、时间长短及与正常上班时间的间隔做出合理安排，保证员工的身体健康。

4. 调休优先原则：

员工加班后，原则上优先安排调休，确因工作需要无法调休的，计算加班费。

5. 怀孕7个月以上（含7个月）或处于哺乳期（即产假结束后至婴儿满一周岁）内的女职工，公司不安排其从事夜班劳动（当日22点至次日6点之内从事的劳动和工作）

或加班加点。

五、加班认定

1. 只有在具备下列条件之一时,才可组织员工加班:
(1) 在正常休息时间和节假日内工作不能间断,须连续作业的;
(2) 发生有可能造成较大负面影响的事情,需要紧急处理的;
(3) 为完成公司下达的紧急任务的。

2. 公司所有员工按公司规定在国家法定节假日(元旦、春节、清明、五一、端午、中秋、十一)继续工作均算加班。

3. 值班不属于加班,对被安排值班的员工(值班是指公司为临时负责接听、协调、看门、防火、防盗或为处理突发事件、紧急公务等原因,安排有关人员在公休日、法定休假日等非工作时间内进行的工作,它一般不直接完成工作任务)应给予值班津贴。

4. 有下列情况之一者,不认定为加班:
(1) 由于正常工作任务未按要求及时完成而需延长工作时间或利用公休日、节假日完成的;
(2) 在正常工作日因接待公司客户延时工作的;
(3) 延长工作时间处理日常工作4小时以内的;
(4) 开会、培训、应酬、出差的,出差补贴政策另计;
(5) 正常工作时间以外参加公司组织的公共活动的。

5. 周一至周五加班算平时工作日加班,周六、周日算公休日加班,国家法定节假日加班算节假日加班。

六、加班补偿

1. 加班调休
(1) 员工加班后除法定节假日外,一律安排调休,尽量在适当时间安排员工调休。
(2) 员工有权要求将加班时间累积到一起调休,但调休时间最长原则上不得超过三天。具体调休时间由员工领导安排。

2. 员工确因工作任务繁忙不能调休的,按《劳动法》规定支付加班补贴。
(1) 加班费的计算基数。
加点工资=基本工资/月计薪天数/8×延时加点工时×1.5倍;
公休日加班工资=基本工资/月计薪天数/8×公休加班工时×2倍;
法定节假日加班工资=基本工资/月计薪天数/8×法定加班工时×3倍。
(2) 加班费的计发比例。
① 平时工作日加班:每小时按员工小时工资标准的1.5倍计算;
② 公休日加班:安排劳动者工作又不能安排补休的,每小时按员工小时工资标准的2倍计算;
③ 国家法定节假日加班:每小时按员工小时加班工资标准的3倍计算。

3. 下列人员(除法定假日加班工作)原则上不享受加班费:

(1) 中层以上员工。

(2) 临时工人、司机、实行业绩提成工资的员工因工作情形有别,其薪资给付已包括工作时间因素在内以及另有规定,故不报支加班费。

七、执行原则

1. 公休、法定假日加班时,作息时间与正常工作日相同。

2. 加班人员必须记录好当日《加班工作情况记录表》(见附表二),并于加班结束后的两天内提交给人事部。无加班日志者,其实际加班视为无效。相关负责人应切实负责加班申请的审批,如果发现弄虚作假,谎报加班出勤者一律严惩。

3. 在监督检查过程中,如发现加班人员、频次、时间安排不合理,公司责令有关部门限期改正,并对主要责任人予以批评。

4. 为获取加班补偿,采用不正当手段(如"正常工作时间故意降低工作效率""虚增工作任务"等)取得加班机会进行加班者,一经发现并核实,公司有权取消加班补偿,并处以一定数额罚款。

八、其他说明

1. 本规定自颁布之日起生效。

2. 本规定由人力资源部负责解释。

ARK 公司
2013 年 9 月 8 日

附表一

加班申请单

申请人			
加班类型	[ ]平常加班	[ ]休息日加班	[ ]法定假日加班
加班日期	年 月 日		
加班原因:			
加班时间 从___至___		总加班时数	

直接上级:　　　　　　总经理签字:　　　　　　人事部签收:

备注:审批流程为:加班前一天员工填写加班申请单→领导签字→两日内交人事部备案。

附表二

加班工作情况记录表

姓名		所属部门	
日期		加班时间	

加班原因：

加班工作情况及内容：

证明人	

业务示例 9-5 工资制度

××××集团有限公司薪酬管理制度

第一条 目的

为适应企业发展要求，充分发挥薪酬的激励作用，进一步拓展员工职业上升通道，建立一套可循环、科学、合理的薪酬体系，根据集团公司现状，特制定本规定。

第二条 制定原则

本方案本着公平、竞争、激励、经济、合法的原则制定。

1. 公平：是指相同岗位的不同员工享受同等级的薪酬待遇；同时根据员工绩效、服务年限、工作态度等方面的表现不同，对职级、薪级进行动态调整，可上可下，同时享受或承担不同的工资差异。

2. 竞争：使公司的薪酬体系在同行业和同区域有一定的竞争优势。

3. 激励：是指具有上升和下降的动态管理，对相同职级的薪酬实行区域管理，充分调动员工的积极性和责任心。

4. 经济：在考虑集团公司承受能力大小、利润和合理积累的情况下，合理制定薪酬，使员工与企业能够利益共享。

5. 合法：方案建立在遵守国家相关政策、法律、法规和集团公司管理制度基础上。

第三条　管理机构

1. 薪酬管理委员会。主任：总经理；成员：分管副总经理、财务总监、人力资源部经理、财务部经理。

2. 薪酬委员会职责：

(1) 审查人力资源部提出的薪酬调整策略及其他各种货币形式的激励手段（如年终奖、专项奖等）；

(2) 审查个别薪酬调整及整体薪酬调整方案和建议，并行使审定权。

本规定所指薪酬管理的最高机构为薪酬管理委员会，日常薪酬管理由人力资源部负责。

第四条　制定依据

本规定制定的依据是根据内、外部劳动力市场状况、地区及行业差异、员工岗位价值（对企业的影响、解决问题、责任范围、监督、知识经验、沟通、环境风险等要素）及员工职业发展生涯等因素（岗位价值分析评估略）。

第五条　岗位职级划分

1. 集团所有岗位分为六个层级，分别为：一层级（A）——集团总经理；二层级（B）——高管；三层级（C）——经理级；四层级（D）——副经理级；五层级（E）——主管级；六层级（F）——专员级。

具体岗位与职级对应见下表：

	序号	职级	对　应　岗　位
职级岗位对应表	1	A	集团总经理
	2	B	各分管副总、总监
	3	C	集团总经理助理、各部门经理、分公司总经理
	4	D	集团各部门副经理、分公司副总经理
	5	E	集团及各子公司承担部门内某一模块的经理助理、主管、专员
	6	F	集团及各子公司承担某一具体工作事项的执行者

2. A、B、C岗位层级分别为八个级差（A1、A2、……A8），D、E岗位层级分为六个级差。具体薪级见《职级薪级表》（略）。

第六条　薪酬组成

基本工资＋岗位津贴＋绩效奖金＋加班工资＋各类补贴＋个人相关扣款＋业务提成＋奖金。

1. 基本工资：是薪酬的基本组成部分，根据相应的职级和职位予以核定。正常出勤即可享受,无出勤不享受。

2. 岗位津贴:是指对主管以上行使管理职能的岗位或基层岗位专业技能突出的员工予以的津贴。

3. 绩效奖金:是指员工完成岗位责任及工作,公司对该岗位所达成的业绩而予以支付的薪酬部分。绩效奖金的结算及支付方式详见《公司绩效考核管理规定》(略)。

4. 加班工资:是指员工在双休日、国定假及8小时以外,为了完成额外的工作任务而支付的工资部分。公司D职级(包含D级)以上岗位及实行提成制的相关岗位实行不定时工作制,工作时间以完成固定的工作职责与任务为主,所以不享受加班工资。

5. 各类补贴:

(1) 特殊津贴:是指集团对高级管理岗位人员基于他的特长或特殊贡献而协议确定的薪酬部分。

(2) 其他补贴:包括手机话费补贴、出差补贴等。

6. 个人相关扣款:包括各种福利的个人必须承担的部分、个人所得税及因员工违反公司相关规章制度而被处的罚款。

7. 业务提成:公司相关业务人员享受业务提成,按公司业务提成管理规定执行。

8. 奖金:即公司为了完成专项工作或对做出突出贡献的员工给予的一种奖励,包括专项奖、突出贡献奖等。

第七条　试用期薪酬

1. 试用期间的工资为(基本工资+岗位津贴)的80%。

2. 试用期间被证明不符合岗位要求而终止劳动关系的或试用期间员工自己离职的,不享受试用期间的绩效奖金。

3. 试用期合格并转正的员工,正常享受试用期间的绩效奖金。

第八条　见习期薪酬

见习员工的薪酬详见公司关于见习期的相关规定。

第九条　薪酬调整

薪酬调整分为整体调整和个别调整。

1. 整体调整:指集团公司根据国家政策和物价水平等宏观因素的变化、行业及地区竞争状况、集团公司发展战略变化以及公司整体效益情况而进行的调整,包括薪酬水平调整和薪酬结构调整。调整幅度由董事会根据经营状况决定。

2. 个别调整:主要指薪酬级别的调整,分为定期调整与不定期调整。

(1) 薪酬级别定期调整:指公司在年底根据年度绩效考核结果对员工岗位工资进行的调整。

(2) 薪酬级别不定期调整:指公司在年中由于职务变动等原因对员工薪酬进行的调整。

3. 各岗位员工薪酬调整由薪酬管理委员会审批,审批通过的调整方案和各项薪酬发放方案,由人力资源部执行。

第十条 薪酬的支付

1. 薪酬支付时间计算

(1) 执行月薪制的员工,统一按国家规定的当年月平均上班天数乘以日工资标准计算。

(2) 薪酬支付时间:当月工资于下月15日发放。遇到双休日及假期,提前至休息日的前一个工作日发放。

2. 下列各款项须直接从薪酬中扣除:

(1) 员工工资个人所得税;

(2) 应由员工个人缴纳的社会保险费用;

(3) 与公司订有协议应从个人工资中扣除的款项;

(4) 法律、法规规定的以及公司规章制度规定的应从工资中扣除的款项(如罚款);

(5) 司法、仲裁机构判决、裁定中要求代扣的款项。

3. 工资计算期间中途聘用或离职人员,当月工资的计算公式如下:

$$实发工资 = 月工资标准 \times \frac{实际工作日数}{20.83}$$

工资计算期间未全勤的在职人员工资计算如下:

应发工资=(基本工资+岗位津贴)-(基本工资+岗位津贴)×缺勤天数/20.83

4. 各类假别薪酬支付标准:

(1) 产假:按国家相关规定执行。

(2) 婚假:按正常出勤结算工资。

(3) 护理假:(配偶分娩)不享受岗位技能津贴。

(4) 丧假:按正常出勤结算工资。

(5) 公假:按正常出勤结算工资。

(6) 事假:员工事假期间不发放工资。

(7) 其他假别:按照国家相关规定或公司相关制度执行。

第十一条 社会保障及住房公积金

1. 本市户籍员工依照劳动合同约定的工资为基数缴纳养老保险金、失业保险金、医疗保险金和住房公积金。

2. 非本市户籍员工由本人提出申请,经公司审批后也可按本市户籍员工同等标准缴纳。

第十二条 薪酬保密

人力资源部、集团财务及财务所有经手工资信息的员工及管理人员必须保守薪酬秘密。非因工作需要,不得将员工的薪酬信息透漏给任何第三方或公司以外的任何人员。薪酬信息的传递必须通过正式渠道。有关薪酬的书面材料(包括各种有关财务凭证)必须加锁管理。工作人员在离开办公区域时,不得将相关保密材料堆放在桌面或容易泄露的地方。有关薪酬方面的电子文档必须加密存储,密码不得转交给他人。员工需查核本人工资情况时,必须由人力资源部会同财务部门出纳进行核查。违反薪酬保密相关规定的一律视为严重违反公司劳动纪律的情形予以解除劳动合同。

公司执行国家规定发放的福利补贴的标准应不低于国家规定标准,并随国家政策性调整而相应调整。

第十三条 其他

1. 本规定自职代会通过发布后发生法律效力。
2. 本规定由人力资源部负责解释。

某某集团有限公司
2013 年 5 月 10 日

三、实操演练

工作任务 9-3

【背景材料】

以下是某公司人力资源部新来的小刘为此公司拟定的加班管理规定。

某公司加班制度

根据《员工手册》有关规定,在不损害员工利益的前提下,公司有权根据工作和经营需要安排员工加班,员工应服从公司安排,加班时应填写《加班申请单》。

公司工作采取"结果导向性"(即以工作做完为准),如遇指定工作未完成,则不属于加班;如上级临时交办之工作且需非工作时间立即完成,则属加班范畴。

以下情况不视为加班:公司在工作日小时外组织的各种集体游乐活动;用餐时间的各种应酬;出差时路途所花费的时间;在非工作时间组织的各类学习培训;公司管理人员,未经上司指派或同意的日工作时间的延长。

一、审批流程

凡是因公需要加班人员,需要提前一天填写《加班申请单》(详见附件),直接上级签字同意后,由上一级主管审批,并报送人事部审批备案后方为有效加班。没有加班手续以及后补手续的,视为无效。

二、加班工资核算

员工在休班日,最少加班核算天数为 0.5 天,未满 0.5 天时,不予计算。

不分部门、岗位,加班均按照 60 元/天给予补偿。

某公司
2013 年 3 月 9 日

【具体任务】

1. 请你分析此制度中存在哪些问题。
2. 对此制度加以完善。

工作任务 9-4

【背景材料】

QUFZ 是一所区级重点中学,现有教职工 300 多名,为规范管理、调动教职员工的积极性、惩处违纪行为,学校决定制定奖惩制度。

【具体任务】

请为 QUFZ 制定奖惩制度。

工作任务 9-5

【背景材料】

东风制衣有限公司是一家拥有 200 多名职工的国有企业,该企业日常管理中有各种会议,包括厂长办公会、中层干部会、全体职工大会及各类专项会议。

【具体任务】

请你为该公司制定会议制度。

项目十

劳动争议处理

学习目标

能力目标：

能够提出劳动争议双方争议的焦点并提供法律咨询；能够作为企业方代表调解劳动争议；能够收集、准备与劳动争议仲裁、诉讼案件相关的资料；能够代理用人单位参与劳动仲裁、诉讼活动；会撰写劳动争议调解协议书；会撰写劳动仲裁申请书、答辩书等各种文书。

知识目标：

了解劳动争议的处理体制；理解劳动争议处理组织及职能、证据规则；掌握劳动争议处理的一般流程、企业劳动争议调解程序、劳动仲裁程序。

学习任务一 劳动争议处理途径的选择

学习情境 10-1

小张与公司签了两年的劳动合同，但工作半年后，公司以其不能胜任工作为由与之解除了劳动合同。小张觉得非常委屈，想为自己讨个说法。听说企业有劳动争议调解委员会，但小张担心调解委员会会偏袒企业，不敢去那儿解决，于是，决定去法院讨个公道。

小张的想法可行吗？

一、相关知识链接

(一) 劳动人事争议的概念和范围

1. 劳动争议

劳动争议,又称劳动纠纷、劳资纠纷、劳资争议,是指劳动者与用人单位之间基于劳动关系,因实现劳动权利和履行劳动义务而发生的纠纷。

2. 人事争议

人事争议,是指人事关系双方因权利、义务发生分歧而产生的争议。在我国,"人事争议"与"劳动争议"有时并称为"劳动人事争议"。

其中,人事关系包括我国实施公务员法的机关和聘任制公务员之间、事业单位与编制内工作人员之间、社团组织与工作人员之间,以及军队文职人员聘用单位与文职人员之间的四组关系。理解这个概念时要注意,事业单位只有与编制内的工作人员在劳动管理与义务方面产生纠纷才能被视为人事争议。如果事业单位与编制外人员或劳务派遣人员发生了相关纠纷,仍属于劳动争议。

我国曾经就劳动争议和人事争议运行不同的劳动争议处理制度和人事争议处理制度,也有专门的劳动争议仲裁委员会和人事争议仲裁委员会。随着社会的发展,劳动争议和人事争议处理制度走向一体化,但是,实践中的劳动争议案件的数量远远高于人事争议案件,劳动争议的数量占绝对主导地位。因此,本教材仅围绕劳动争议的处理实务展开讨论,不再单独涉及人事争议的内容。

3. 劳动争议的范围

劳动争议的范围,在不同的国家有不同的规定。根据我国《劳动争议调解仲裁法》第二条规定,劳动争议的范围是:(1)因确认劳动关系发生的争议;(2)因订立、履行、变更、解除和终止劳动合同发生的争议;(3)因除名、辞退和辞职、离职发生的争议;(4)因工作时间、休息休假、社会保险、福利、培训以及劳动保护发生的争议;(5)因劳动报酬、工伤医疗费、经济补偿或者赔偿金等发生的争议;(6)法律、法规规定的其他劳动争议。

(二) 劳动争议的处理方式

《劳动争议调解仲裁法的规定》第四条、第五条规定,发生劳动争议,劳动者可以与用人单位协商,也可以请工会或者第三方共同与用人单位协商,达成和解协议。发生劳动争议,当事人不愿协商、协商不成或者达成和解协议后不履行的,可以向调解组织申请调解;不愿调解、调解不成或者达成调解协议后不履行的,可以向劳动争议仲裁委员会申请仲裁;对仲裁裁决不服的,除本法另有规定外,可以向人民法院提起诉讼。因此,我国的劳动争议处理途径强调多元化处理,包括争议的协商、调解、仲裁与诉讼。其中,协商与调解是争议解决途径中的柔性措施,仲裁具有准司法性质,而诉讼是争议解决的最终程序。

1. 协商

劳动争议的协商,是指劳动者与用人单位为解决劳动争议,通过平等自愿、互谅互让的沟通商谈,在认清事实、明辨是非的情况下,化解矛盾达成共识的过程。双方当事人这种自主化解决争议的方式,是当事人解决争议的首要途径,并贯穿于争议处理全过程。《劳动争议调解仲裁法》第四十一条规定,当事人申请劳动争议仲裁后,可以自行和解。协商的方式由当事人进行自主选择,但根据争议的具体情况,一般有如下方式:当事人之间的直接协商、劳动者邀请工会组织或第三方共同与用人单位进行协商,以及当事人代表协商。

2. 调解

劳动争议的调解,是指在第三方主持下,依据法律规范和道德规范,劝说争议双方当事人,通过民主协商、互谅互让达成协议,从而消除争议的一种方法与活动。这里面的第三方,主要指的是社会调解组织。劳动争议基层调解组织包括企业劳动争议调解委员会、依法设立的基层人民调解组织与在乡镇、街道设立的具有劳动争议调解职能的组织。这些基层调解组织在解决劳动争议的过程中,发挥着软组织、硬功夫的作用。

3. 仲裁

劳动争议仲裁,指经争议当事人申请,由劳动争议仲裁机构对争议当事人因劳动权利、义务等问题产生的争议进行评价、调解与裁决的一种处理争议的方式。争议仲裁是一项具有准司法性质的处理劳动争议的方法。生效的劳动争议仲裁裁决都具有法律上强制执行的效力。

我国劳动争议仲裁采取了"仲裁前置,裁审衔接"的体制。此外,根据《劳动争议调解仲裁法》第四十七条的规定,对部分劳动争议仲裁案件进行有条件的一裁终局,即仲裁的裁决就是终局裁决,不能再到法院起诉。有条件是指这类案件仅对用人单位是一裁终局,劳动者不服仲裁裁决仍然可以向法院起诉。仲裁裁决书自做出之日起发生法律效力,这是附有条件的"一裁终局"。此类案件包括两类:(1)小额案件:追索劳动报酬、工伤医疗费、经济补偿或者赔偿金,不超过当地月最低工资标准12个月金额的争议;(2)劳动标准案件:因执行国家的劳动标准在工作时间、休息休假、社会保险等方面发生的争议。这项规定把相当一部分当前普遍发生的、劳动者和社会反映强烈的争议案件留在仲裁程序解决,不再经过诉讼程序,有利于提高劳动争议处理工作效率,缩短劳动争议处理周期,也进一步增强了仲裁裁决的法律效力和仲裁机构的公信力。需要注意的是,这里的小额案件,在《司法解释三》中做了进一步的明确:劳动者依据《劳动争议调解仲裁法》第四十七条第(一)项规定,追索劳动报酬、工伤医疗费、经济补偿或者赔偿金,如果仲裁裁决涉及数项,每项确定的数额均不超过当地月最低工资标准12个月金额的,应当按照终局裁决处理。劳动人事争议仲裁委员会作出的同一仲裁裁决同时包含终局裁决事项和非终局裁决事项,当事人不服该仲裁裁决向人民法院提起诉讼的,应当按照非终局裁决处理。

另外,对于"一裁终局"的案件,法律也给了用人单位的救济途径:用人单位在有证据证明上述第四十七条规定的仲裁裁决中包含法律规定的六种情形之一时,可以自收到仲裁裁决书之日起30日内向劳动争议仲裁委员会所在地的中级人民法院申请撤销裁决。而人民法院经组成合议庭审查核实裁决有以上规定情形之一的,应当裁定撤销。此外,仲裁裁决被人民法院裁定撤销的,当事人可以自收到裁定书之日起15日内就该劳动争议事项向人民法院提起诉讼。

4. 诉讼

根据《劳动法》第八十三条规定,劳动争议当事人对仲裁裁决不服的,可以自收到仲裁裁决书之日起15日内向人民法院提起诉讼;一方当事人在法定期限内不起诉又不履行仲裁裁决的,另一方当事人可以申请人民法院强制执行。因此,当事人向人民法院提起劳动争议诉讼必须满足两个条件:一是劳动争议已经经过仲裁;二是满足自收到裁决书之日起15日内向人民法院提起诉讼的时间要求。

目前法院是由民事审判庭依据《民事诉讼法》和《劳动争议调解仲裁法》的规定,对劳动争议案件进行审理实行二审终审制,即如果劳动争议的当事人不服一审人民法院的判决,可向上一级人民法院上诉,后者的判决是二审判决,是生效的终审判决,当事人必须执行。

(三) 劳动争议的处理原则

按《劳动争议调解仲裁法》的规定,解决劳动争议,应当根据事实,遵循合法、公正、及时、着重调解的原则,依法保护当事人的合法权益。因此,劳动争议处理的原则主要包括以下几个。

1. 根据事实、从实际出发原则

解决劳动争议,要坚持实事求是,一切从具体实际出发,注重证据,注重调查研究,还客观事实以本来面目,并以客观事实作为分清当事人是非曲直和裁判的依据。

2. 以依法保护当事人的合法权益为归宿原则

由于劳动关系双方的利益存在差异,劳动争议的发生不可避免,而经济体制和劳动制度的改革更使双方的利益矛盾凸显,导致劳动争议大幅度增加。劳动争议处理制度为双方当事人开通了权利救济渠道,使争议能够依照法律途径解决。劳动争议处理机构通过依法受理和审理劳动争议案件,对当事人的合法权益予以维护,对违法或不适当的行为予以纠正,从而起到保护劳动者和用人单位双方的作用。在解决劳动争议的过程中要时刻牢记,调解、仲裁乃至诉讼程序的归宿和落脚点都是为了依法保护当事人的合法权益。

3. 合法原则

所谓"合法",是指劳动争议处理机构在调解、仲裁过程中坚持以事实为根据,以法律为准绳,依法处理劳动争议案件。也就是说,调解、仲裁的程序、方法和内容都不得违反法律,不得损害国家、集体和他人的权益。需要注意的是,这里"合法"一词所指的"法"是一个广义的概念,既包括劳动实体法也包括处理劳动争议的程序法,还包括相关的行政法规和政府规章等。还有依法签订的劳动合同、集体合同以及依法制定并经职工代表大会或者职工大会讨论通过的企业规章制度,都可以作为处理劳动争议案件的依据。与诉讼程序不同的是,由于调解、仲裁自身的灵活性,只要不违反法律规定,调解、仲裁可以依据政策文件、道德观念等促使当事人达成调解协议或者作出仲裁裁决。

4. 公正原则

所谓"公正",是指在处理劳动争议的过程中,调解和仲裁机构能够公平正义、不偏不倚,保证争议当事人处于平等的法律地位,具有平等的权利和义务,并对人们之间权利或利益关系进行合理的分配。坚持公正原则是正确处理劳动争议的基本前提。由于劳动者和用人单位存在着隶属关系,在现实劳动关系中,劳动者应当服从用人单位的管理和指挥,劳动者相对于用人单位处于弱势地位。劳动争议处理机构一定要坚持公正原则,防止把这种不对等关系带到劳动争议处理程序中,确保劳动者和用人单位在劳动争议解决程序中处于平等地位,任何一方都没有超越另一方的特权。追求这样一种让当事人满意的

"公平",就是追求劳动争议处理的裁判标准公正、程序公正和结果公正。因此,必然要求严格地适用实体法,依照程序法的规定,准确地认定证据和发现客观事实,综合考虑和平衡当事人的各种权益等。

5. 及时原则

所谓"及时",是指遵循劳动争议法律法规规定的期限,尽可能快速、高效率地处理和解决劳动争议。劳动争议与其他争议的一个重要区别就是,劳动争议与劳动者的生活、企业生产密切相关,一旦发生争议,不仅影响生产、工作的正常进行,而且直接影响劳动者及其家人的生活,甚至影响社会的稳定。因此对劳动争议必须及时处理,及时保护权利受侵害一方的合法权益,以协调劳动关系,维护社会和生产的正常秩序。

6. 着重调解原则

劳动争议属于人民内部矛盾,劳动者与用人单位不存在对立的、不可调和的矛盾,经过说服教育和协商对话就有可能及时解决纠纷,化解矛盾,而且由于调解气氛平缓,方式温和,易于被双方接受。因此各国都重视采用调解方法,使之成为解决劳动争议的重要手段。《劳动法》第七十七条规定:"用人单位与劳动者发生争议,当事人可以依法申请调解、仲裁、提起诉讼,也可以协商解决。调解原则适用于仲裁和诉讼程序。"由此可见,着重调解原则包含两方面的内容:一是调解作为解决劳动争议的基本手段贯穿于劳动争议的全过程。即使进入仲裁和诉讼程序后,劳动争议仲裁委员会和人民法院在处理劳动争议时,仍必须先进行调解,调解不成的,才能做出裁决和判决。二是调解必须遵循自愿原则,在双方当事人自愿的基础上进行,不能勉强和强制,否则即使达成协议或者作出调解书也不能发生法律效力。

二、业务示例

业务示例 10-1 劳动争议处理的流程

【背景材料】

某公司近两年来劳动争议案件不断发生,给公司造成了很大的影响,公司领导决定规范劳动争议处理的工作流程。于是,委托人力资源部依照法律、法规的规定,设计了本公司的劳动争议处理的操作流程,流程中规定了各部门在劳动争议处理中的职责。

▶ 劳动纠纷处理工作流程图

单位名称	行政及人力资源部		流程名称	劳动纠纷处理工作流程	
层次	3		任务概要	员工劳动纠纷处理工作	
单位	总经理/分管领导	行政及人力资源部	员工	仲裁机构	法院
节点	A	B	C	D	E

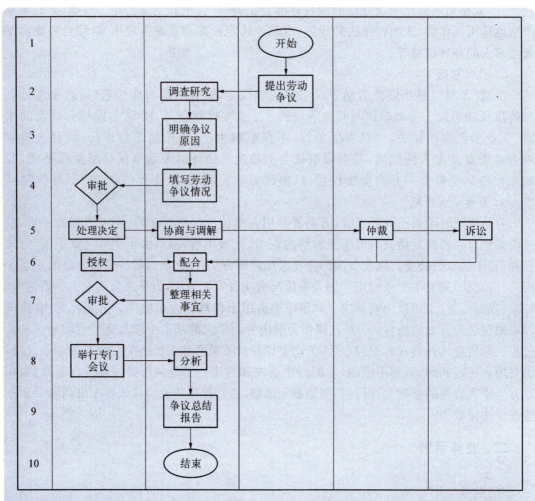

▶ 劳动纠纷处理工作标准

任务名称	节点	任务程序、重点及标准	时限	相关资料
争议调查		程序		
	C2	员工向公司提出劳动争议	1个工作日	
	B2	行政及人力资源部对其进行调查研究，了解情况，掌握材料，明确争议原因	1个工作日	
		公司领导决定解决争议的相关措施	1个工作日	
		重点		
		劳动争议调查		
		标准		
		真实、可靠		

(续表)

任务名称	节点	任务程序、重点及标准	时限	相关资料
争议协商与调解		程序		《争议调查表》
		判断劳动争议是否属实	1个工作日	
		若内容属实,公司与员工协商,不成功,申请调解	1个工作日	
		行政及人力资源部向劳动部门和员工沟通公司的意愿	1个工作日	
		双方寻求解决方式	1个工作日	
		重点		
		争议调解		
		标准		
		公正、合法		
争议仲裁	D5	程序		
		行政及人力资源部将调解无效的结果向公司领导汇报	1个工作日	
		由总经理组织对劳动争议进行讨论、分析、论证	1个工作日	
		授权行政及人力资源部处理劳动争议	1个工作日	
		调解无效交仲裁机构裁决	1个工作日	
		严格执行裁决结果	1个工作日	
		重点		
		争议仲裁		
		标准		
		公正、合法		
争议诉讼	E5	程序		
		接到仲裁判决书15日内由行政及人力资源部向当地法院提出诉讼申请	1个工作日	
		行政及人力资源部提交相关资料	1个工作日	
		重点		
		争议诉讼		
		标准		
		公正、合法		
争议处理总结		程序		
		争议解决后,公司领导举行专门会议	1个工作日	
		组织对其进行分析、总结	1个工作日	

(续表)

任务名称	节点	任务程序、重点及标准	时限	相关资料
争议处理总结		行政及人力资源部编写总结报告	1个工作日	《争议总结报告》
		责令有责任部门改进工作	1个工作日	
	重点	劳动争议处理的总结与改进		
	标准	科学、积极		

三、实操演练

工作任务 10-1

【背景材料】

周某因工作原因连续工作三个月，致使"五一"黄金周出游计划落空，还必须在"五一"期间坚持工作。为此，他要求支付其三个月期间所有休息日和"五一"节假日的加班工资，公司称已经批准实行了综合工时，没有加班工资，双方发生争议。

【具体任务】

1. 收集相关工作时间的法律规定，并对案情进行法律分析。
2. 把所有解决本案的选择性办法及各自的后果列举出来，做出决定。
3. 站在劳动关系管理员的角度，为企业提出建设性的建议。

学习任务二 企业劳动争议调解委员会的组建

学习情境 10-2

A公司近年来劳动争议案件不断发生，已经影响到了企业的正常的生产经营秩序，在这种情况下，公司欲成立劳动争议调解委员会，以起到预防、化解劳动争议的作用。但是，该如何组建劳动争议调解委员会呢？

一、相关知识链接

（一）企业劳动争议调解委员会的设置及组成

企业劳动争议调解委员会是在企业内部设立的调解组织，负责解决本企业发生的劳动争议。《企业劳动争议协商调解规定》第十三条规定："大中型企业应当依法设立调解委员会，并配备专职或者兼职工作人员。有分公司、分店、分厂的企业，可以根据需要在分支机构设立调解委员会。总部调解委员会指导分支机构调解委员会开展劳动争议预防调解工作。调解委员会可以根据需要在车间、工段、班组设立调解小组。"第十四条规定："小微型企业可以设立调解委员会，也可以由劳动者和企业共同推举人员，开展调解工作。"

由此可见，设置企业劳动争议调解委员会，法律采取的是不干预的态度，把是否设立的决定权交予企业。随着劳动争议调解在处理劳动争议程序中发挥的作用越来越大，政府开始倡导企业设置劳动争议调解委员会，充分发挥调解环节的作用，甚至对大中型企业强制规定建立劳动争议调解委员会。不过《企业劳动争议协商调解规定》并没有对大中型企业有明确的界定，也没有规定大中型企业不建立劳动争议调解委员会的法律责任，因此其强制程度还是很有限的。

企业劳动争议调解委员会由职工代表和企业代表组成。职工代表由工会成员担任或者由全体职工推举产生，企业代表由企业负责人指定。企业劳动争议调解委员会主任由工会成员或者双方推举的人员担任。

《企业劳动争议协商调解规定》第十五条也进一步明确，调解委员会由劳动者代表和企业代表组成，人数由双方协商确定，双方人数应当对等。劳动者代表由工会委员会成员担任或者由全体劳动者推举产生，企业代表由企业负责人指定。调解委员会主任由工会委员会成员或者双方推举的人员担任。

（二）企业劳动争议调解委员会的职责

按《企业劳动争议协商调解规定》，调解委员会履行下列职责：宣传劳动保障法律、法规和政策；对本企业发生的劳动争议进行调解；监督和解协议、调解协议的履行；聘任、解聘和管理调解员；参与协调履行劳动合同、集体合同、执行企业劳动规章制度等方面出现的问题；参与研究涉及劳动者切身利益的重大方案；协助企业建立劳动争议预防、预警机制。

二、业务示例

业务示例 10-2　劳动争议调解委员会组织及工作规则

【背景材料】

A 公司是一家人寿保险公司，为解决日益增多的劳动争议和预防劳动争议的发生，公司打算成立本企业的劳动争议调解委员会，委托工会起草了一份《劳动争议调解委员会组织及工作规则》。

A 总公司劳动争议调解委员会组织及工作规则

第一章　总则

第一条 为促进企业和谐稳健发展,充分发挥工会桥梁、纽带作用,维护员工合法权益,根据《中华人民共和国劳动争议调解仲裁法》规定,制订本规则。

第二条 A总公司劳动争议调解委员会(以下简称调解委员会)是调解本企业劳动争议的组织,接受总公司工会指导。

第三条 调解委员会负责调解员工与企业之间发生的下列劳动争议:
(1) 因订立、履行、变更、解除和终止劳动合同发生的争议;
(2) 因辞退和辞职、离职发生的争议;
(3) 因工作时间、休息休假、社会保险、福利、培训以及劳动保护发生的争议;
(4) 因劳动报酬、工伤医疗费、经济补偿或者赔偿金等发生的争议;
(5) 法律、法规规定的其他劳动争议。

第二章 组织机构

第四条 总公司调解委员会日常办事机构设在总公司工会。分公司根据实际情况建立分公司调解委员会。

对于尚未建立企业劳动争议调解委员会的分公司所发生的劳动争议,争议当事人可以向总公司调解委员会申请调解。

第五条 调解委员会履行下列职责:
(1) 调解本企业内发生的劳动争议;
(2) 聘任、管理调解员;
(3) 定期组织调解员进行业务培训;
(4) 检查督促争议双方当事人履行调解协议;
(5) 进行劳动法律、法规的宣传教育,做好劳动争议的预防工作;
(6) 做好公司劳动争议的登记、档案管理和分析统计工作;
(7) 做好法律、法规规定的其他工作。

第六条 调解委员会由职工代表和企业代表组成。职工代表由工会成员担任,企业代表由企业负责人指定,调解委员会主任由工会成员或双方推举的人担任。

第七条 调解委员会委员同时为本调解委员会的调解员。

调解委员会根据实际需要可以聘任其他人员担任调解员,所聘任的人员应当是为人公道正派、密切联系群众、热心调解工作,并具有一定法律知识、政策水平和文化水平的成年公民。调解委员会委员需要调整时,应按规定另行推举或指定。

第三章 调解程序

第八条 对于调解范围内的劳动争议,调解委员会应征求另一方当事人的调解意愿。另一方当事人愿意调解的调解委员会应当在3日内作出受理决定,并以书面形式通知相关当事人下列事项:
(1) 告知申请人提供须补充的材料;
(2) 告知双方当事人主持和参与本争议的调解人员,征询双方当事人是否要求调解人员回避;
(3) 告知双方当事人其所享有的权利和义务。

另一方当事人不愿意调解的,调解委员会应做好记录,并在3日内以书面形式通知申请人。

第九条 调解会议应当按照下列程序进行:

(1) 宣布调解会议的纪律;

(2) 主持人告知双方当事人调解事项、调解会议组成人员、双方当事人的权利和义务,询问双方当事人是否申请调解人员回避;

(3) 申请人陈述申请事项,被申请人进行答辩,当事人举证;

(4) 调解员向双方当事人公开调查结果,宣布与该劳动争议相关的法律法规和政策规定,出示调解委员会调查的有关证据并宣读调查结论;

(5) 调解员根据查明的事实,分清是非,指明当事人的责任,提出调解方案,征询当事人的意见;

(6) 双方当事人协商对话并向调解会议陈述协商结果;

(7) 双方当事人在调解委员会主持下达成调解协议的,双方当事人均应在会议记录文本上签字;

(8) 双方当事人经调解未达成协议的,应当在会议记录中注明"经调解未达成一致"。

第十条 双方经调解达成协议的,由调解委员会按照双方签字的会议记录文本制作《劳动争议调解协议书》。此协议书一式3份,由调解委员会备案1份,当事人各执1份。

《劳动争议调解协议书》由双方当事人签名或者盖章,经调解员签名并加盖调解委员会印章后生效,对双方当事人具有约束力,当事人应当履行。

第十一条 自调解委员会收到调解申请之日起15日内未达成协议的,当事人可以依法申请仲裁。

达成调解协议后,一方当事人在协议约定期限内不履行调解协议的,另一方当事人可以依法申请仲裁。

第四章 附则

第十二条 本规则自发布之日起执行,由A总公司工会委员会负责解释。

A总公司
2013年11月

三、实操演练

工作任务10-2

【背景材料】

某国有企业设立了劳动争议调解委员会,由5名调解员组成,其中2名是企业方代表,并且由该企业人事处副处长担任调解委员会主任。2012年4月5日,职工张某因工作表现不佳被企业扣发了部分工资,张某不服与企业发生争议。企业提出必须先在本企业设立的劳动争议调解委员会先行调解。张某不同意调解,劳动争议调解委员会在企业提交申请后宣布维持企业的处理决定。而张某在争议发生后一个月内直接向人民法院提起诉讼。

【具体任务】

1. 分析该企业劳动争议调解委员会的组成是否合法?为什么?
2. 人民法院是否应该受理张某的诉讼?为什么?

工作任务 10-3

【背景材料】

某大型房地产投资开发公司为了在公司内部及时有效地处理劳动纠纷,2013年在企业内设立了劳动争议调解委员会。调解委员会由五名调解员组成,包括公司的副总经理、公司的人力资源部经理和财务部总监、一名工会代表、一名职工代表大会推举的代表。为了加强对劳动争议调解委员会的领导,公司董事长直接任命副总经理为调解委员会的主任。而该副总经理之前对法律知识了解很少,担任调解委员会主任后,因为工作繁忙,也没有抽时间学习,调解工作中既不重视争议事实的调查和各种书证的留存,更因为工作繁忙,调解过程中缺乏耐心,多以想当然的解决方案和公司领导权威强力压制处理争议。劳动争议调解委员会运行得很不顺畅,员工很快对企业设立调解委员会的目的、调解效果和作用产生了怀疑,调解成功的事例越来越少。最后,一旦与公司发生争议,员工都直接选择仲裁方式,调解委员会形同虚设,而员工进而对公司也产生了不信任感,员工流动性开始加大,企业在员工离职和新员工招聘上的成本增加了很多。

【具体任务】

1. 请你分析企业的劳动争议调解委员会在组成和运作上存在哪些问题。
2. 请你为规范该企业的劳动争议调解委员会的组织和运作提出相应的建议。

学习任务三 实施劳动争议调解

学习情境 10-3

某公司职工王女士在45岁时产下一子,由于是高龄生产,身体一直不舒服,产假结束后,向公司申请产假延长,被公司拒绝,但王女士以身体有病为由不再上班。10天后,公司以其没有履行正常的请假手续擅自不上班以旷工论处为由,解除了她的劳动合同。王女士到调解委员会申请调解。

调解委员会调解劳动争议要遵循什么程序呢?

一、相关知识链接

(一) 企业劳动争议调解的原则

1. 自愿原则

企业劳动争议调解委员会是群众性的组织,因此,调解必须遵循自愿原则。自愿原则包括三个方面的含义:(1)申请调解必须是双方当事人的自愿行为,任何一方或第三方不得强制调解,且调解委员会也不得强行调解;(2)达成调解协议的内容必须出自双方当事人的自愿,任何一方和调解委员会都不能强迫;(3)履行调解协议必须出于双方当事人的自愿。

2. 尊重当事人申请仲裁和诉讼的权利原则

此原则包括三个方面的含义:(1)发生争议后,当事人可以向企业调解委员会申请调解,不愿调解的可直接向当地仲裁委员会申请仲裁;(2)调解过程中,当事人不愿意继续调解了,也可以向仲裁委员会申请仲裁;(3)调解委员会调解不成或调解达成协议后反悔的,应允许当事人到仲裁委员会申请仲裁。对仲裁裁决不服的可以向人民法院提起诉讼。对当事人上述的权利,调解委员会不得阻止。

(二) 企业劳动争议调解的程序

《企业劳动争议协商调解规定》规定了劳动争议调解的一般程序。

1. 申请调解

调解属于第三方介入的纠纷解决机制,而第三方解决的效力和威信来自争议当事人双方的选择和认同,由当事人启动调解程序时当事人意思自治的体现,也符合调解自愿的原则。因此一般情况下,调解组织不主动介入,调解程序的启动应以当事人的申请为前提。但企业劳动争议调解委员会设在企业内部,本着把矛盾化解在基层的出发点,《企业劳动争议协商调解规定》第二十三条规定,发生劳动争议,当事人没有提出调解申请,调解委员会可以在征得双方当事人同意后主动调解。特别要注意的是,这种所谓的"主动",也应当在征得双方当事人同意后才进行,而不是强制调解。

2. 审查受理

按《企业劳动争议协商调解规定》第二十二条的规定:"调解委员会接到调解申请后,对属于劳动争议受理范围且双方当事人同意调解的,应当在3个工作日内受理。对不属于劳动争议受理范围或者一方当事人不同意调解的,应当做好记录,并书面通知申请人。"因此,申请人向企业劳动争议调解委员会提出申请后,调解委员会应当依法进行审查,然后根据不同情况,分别做出受理或不予受理的决定。

调解委员会审查的内容主要包括:申请调解的争议是否属于劳动争议,当事人是否向对应的调解组织提出申请;调解申请人是否合格,即必须是与劳动争议有直接利害关系的当事人;申请调解的劳动争议是否符合该调解机构接受申请的范围和条件;是否有明确的被申请人以及具体的调解请求和理由;审查申请调解的劳动争议是否已经经过仲裁裁决或法院判决,对未经过仲裁裁决或法院判决的,须征询对方当事人的意见,对方当事人不愿调解的,应作好记录,并通知申请人。对已经过仲裁裁决或法院判决的,调解委员会不应受理,应当告知当事人按照申诉办理。

调解机构应在规定时间内做出受理或不受理申请的决定。对于不受理的案件,调解委员会应向申请人说明理由。

3. 调解前准备

调解委员会对决定受理的案件,应及时指派调解员对该劳动争议事项进行全面调查核实,调查应作好笔录,并由调查人签名或盖章。调解前的准备工作主要包括:了解与争议有关的劳动法律、法规、规章、政策,劳动者与用人单位签订的劳动合同,以及用人单位相关的规章制度;弄清争议的基本事实,即劳动争议产生的原因、发展过程、主要的利益矛盾等;对调查中得到的材料进行综合分析研究,并结合劳动法规的有关规定和劳动合同的约定,判断其中的是非曲直,确定双方当事人各自承担的责任,拟定调解方案和调解意见;召开调解员会议,通报调查情况,讨论确定调解方案,在公平公正的基础上确定调解意见;与劳动争议当事人谈话,进行有关劳动法律、法规及政策的教育,通过有针对性的说服劝导,开展耐心细致的思想工作,为调解奠定良好的思想基础。

4. 实施调解

调解主要是通过召开调解会议的方式进行,其程序主要有:查明当事人是否到会;调解委员会主任宣布调解会议的开始、调解纪律和调解委员会的组成人员;告知当事人的权利和义务,询问当事人是否回避;申请人陈述申请事实与理由,被申请人答辩;调解委员会出示有关证据,宣布调查结果,并提出初步的调解意见;当事人相互协商,如双方达成协议,则调解委员会应制作调解协议书;如双方无法达成协议,调解委员会应作好记录,并制作调解处理意见书。

5. 调解终结

调解终结有三种情况:

(1) 双方当事人在调解委员会主持下达成调解协议,调解程序终结。

(2) 因当事人无法达成协议或调解期限届满,调解程序终结。

(3) 由于申请人撤回调解申请或当事人自行和解、拒绝调解而终结调解程序。

(三) 企业劳动争议调解的相关文书

企业劳动争议调解的相关文书主要包括:劳动争议调解申请书、劳动争议调解协议书、劳动争议调解意见书。

1. 劳动争议调解申请书

劳动争议调解申请书是当事人向劳动争议调解委员会申请调解时提供的文书,一般包括如下内容:

(1) 双方当事人的基本情况。劳动争议发生在劳动关系双方之间,所以,当事人肯定一方是劳动者,另一方是用人单位。劳动者这一方要写清姓名、性别、职务、岗位、住址、联系方式等,单位这一方要写清单位名称、地址、法定代表人的基本情况等。

(2) 调解请求。调解的请求是申请人希望通过调解所要达到的目的,要表述清楚。

(3) 请求所根据的事实和理由。申请人应当说明争议的基本事实和主要调解请求及理由,包括申请人与被申请人之间何时建立劳动关系、劳动合同履行情况、争议发生时间、争议内容、请求事项的法律依据,以及证据、证据来源、证人姓名和住址。

(4) 申请的时间。

2. 劳动争议调解协议书

劳动争议调解协议书是劳动争议的双方当事人在企业劳动争议调解委员会的主持下,

就解决争议的有关事项,达成了一致意见,并由双方签名、盖章后而形成的法律文书。一般调解协议书包括如下内容:

(1) 首部。首部包括案件编号、双方当事人的基本情况。

(2) 事实。事实是对调解过程中所查明的案件事实进行陈述。这部分内容应当明确揭示案件的本来面貌,确切表达案件争议的焦点。实践中,这部分内容根据需要可繁可简,甚至可以不写。

(3) 理由。理由是对事实部分的综合评述,也是调解结果的重要依据。这部分要根据查明的事实和争议的焦点阐述理由,针对性要强,要注意论点和论据之间的内部联系并对此进行合理分析,适用法律要正确,防止错引或漏引。实践中,应达成一致意见的双方当事人的要求,这部分内容也可以省略。

(4) 调解结果。调解结果是在调解委员会主持下双方达成的协议的内容,主要是双方的权利义务。因此调解结果一定要明确、具体、完整,不能有遗漏或似是而非、模棱两可,要有可操作性。

(5) 尾部。尾部有双方当事人的签名和调解委员会主任的签名,并有调解委员会的落款和签章,还须注明调解日期。

3. 劳动争议调解意见书

劳动争议调解意见书是指企业劳动争议调解委员会在经过调解工作后,争议双方没有达成一致意见时,由调解委员会制作的,表明调解委员会对该项争议案件的意见、看法的文书。该文书的出现是在企业调解委员会的调解行为之后,如果争议双方调解不成,应由调解委员会制作笔录,同时制发调解意见书。调解意见书中应当写明当事人的姓名(单位与法定代表人)、职务、争议事项,同时在文书中写明"经本会主持调解,双方未能达成协议的字样",最后写明调解委员会的意见。

二、业务示例

业务示例 10 - 3 劳动争议调解申请书

劳动争议调解申请书

申请人:_____ 性别:_____ 电话:_____
地址:_____ 职务(岗位):_____
法定代表人:_____ 职务(岗位):_____
委托代理人:_____

被申请人:_____ 性别:_____ 电话:_____
地址:_____ 职务(岗位):_____
法定代表人:_____ 职务(岗位):_____
委托代理人:_____
事由:申请人因_____与被申请人产生争议,申请调解。

调解请求：1.……
　　　　　2.……
　　　　　　……

事实与理由：（申请人应当说明争议的基本事实和主要调解请求及理由，包括申请人与被申请人之间何时建立劳动关系、劳动合同履行情况、争议发生时间、争议内容、请求事项的法律依据，以及证据、证据来源、证人姓名和住址）。

为此，向××劳动争议调解委员会申请调解，请依法调解。
此致
　　　　_____劳动争议调解委员会

　　　　　　　　　　　　　　　　　　申请人：_____（本人签名或盖章）
　　　　　　　　　　　　　　　　　　　　年　　月　　日

业务示例10－4　劳动争议调解协议书

劳动争议调解协议书

（　）字第　　号

申请人：_____　　　　　性别：_____
地　址：_____　　　　　职务（岗位）：_____
法定代表人：_____　　　职务（岗位）：_____
委托代理人：_____

被申请人：_____　　　　性别：_____
地　址：_____　　　　　职务（岗位）：_____
法定代表人：_____　　　职务（岗位）：_____
委托代理人：_____

上列双方因_____引起争议，申请人_____于___年___月___日向本调解委员会提出请求，经本会主持调解，双方协商，自愿达成如下协议：
　1._____。
　2._____。
　3._____。

　　　　　　　　　　　　　　　　　　申请调解方：（签名盖章）
　　　　　　　　　　　　　　　　　　申请调解对方：（签名盖章）
　　　　　　　　　　　　　　　　　　劳动争议调解委员会（公章）
　　　　　　　　　　　　　　　　　　___年___月___日

业务示例 10-5　劳动争议调解意见书

劳动争议调解意见书

（　）字第　　号

申请人：＿＿＿＿＿＿　　　　性别：＿＿＿＿＿＿
地址：＿＿＿＿＿＿　　　　　职务（岗位）：＿＿＿＿＿＿
法定代表人：＿＿＿＿＿＿　　职务（岗位）：＿＿＿＿＿＿
委托代理人：＿＿＿＿＿＿＿＿＿＿

被申请人：＿＿＿＿＿＿　　　性别：＿＿＿＿＿＿
地址：＿＿＿＿＿＿　　　　　职务（岗位）：＿＿＿＿＿＿
法定代表人：＿＿＿＿＿＿　　职务（岗位）：＿＿＿＿＿＿
委托代理人：＿＿＿＿＿＿＿＿＿＿

上列双方因＿＿＿＿引起争议，申请人＿＿＿于＿＿年＿＿月＿＿日向本调解委员会提出请求，经本会主持调解，双方未能达成协议（或逾期未能调解）。现对此案提出如下意见：
1. ＿＿＿＿＿＿＿＿＿。
2. ＿＿＿＿＿＿＿＿＿。
3. ＿＿＿＿＿＿＿＿＿。

劳动争议调解委员会
＿＿＿年＿＿月＿＿日

三、实操演练

工作任务 10-4

【背景材料】

王林，男，大专学历。原是一家企业的技术骨干。王林在应聘时发现：技术岗位人员的招聘条件都要求是大学本科学历，尽管王林强调自己的能力，仍多次碰壁。为了到某知名公司 TR 工作，应聘时王林向用人单位提交了写有"大学本科学历"及其技术能力说明的简历。该用人单位于 2013 年 3 月 1 日录用了王林，双方签订了一年的劳动合同。试用期内，用人单位获悉王林伪造大学本科学历。王林承认，为了应聘成功，不得以撒谎欺骗了企业，请求用人单位看在自己工作的能力和工作态度上予以谅解。但该用人单位认为，员工应该有基本的诚信，王林是以欺骗的方式达到与用人单位签订劳动合同的目的，立即解除了王林的劳动合同。王林不服，认为自己是通过面试等考核录用的，入职用人单位后工作能力也得到了认可，与有无大学本科学历没有关系，用人单位不应该解除合同。王林遂向企业劳动争议调解委员会申请调解。

【具体任务】

以王林的名义写一份劳动争议调解申请书。

工作任务 10-5

【背景材料】

同工作任务 10-4。

【具体任务】

以 TR 公司劳动争议调解委员会的名义设计劳动争议调解的实施方案。

工作任务 10-6

【背景材料】

同工作任务 10-4。

【具体任务】

1. 如果按上述实施方案达成协议了,请拟一份调解协议书。
2. 如果未达成协议,请为劳动争议调解委员会出具一份调解意见书。

学习任务四 实施劳动争议仲裁

学习情境 10-4

2011年10月26日,于某到山东某酒店工作。于某在该酒店每周工作6天,月工资为1300元。2012年12月18日,于某提出辞职。但于某想要回在酒店期间的加班工资,单位认为其没有加班,称其实行的是不定时工作制,没有加班工资。于某想通过仲裁解决与酒店的争议,但如何申请仲裁、到哪儿去申请他全然不知,于是向某律师事务所咨询。

一、相关知识链接

(一) 劳动争议仲裁的概念

仲裁,从字面上解释,"仲"意为居于中间,即立足于纠纷当事人之间的人;"裁",意为判断和认定,即对纠纷的事实和当事人的责任进行认定和裁决。因此,仲裁是指公认的权威机构依据法律规定和当事人的申请,对双方的争议事项做出裁决的过程和活动。

劳动争议仲裁是仲裁的一种,其仲裁的对象是当事人之间的劳动纠纷,是指依照国家劳动法律法规规定成立的劳动争议仲裁委员会作为第三者,遵循法律规定的原则和程序,对劳动关系双方发生的劳动人事争议进行调解和裁决的一项劳动法律制度。

理解劳动争议仲裁的概念,需要把握以下几点:

(1) 仲裁的对象是劳动纠纷,纠纷的种类有很多,如民事纠纷、行政纠纷、劳动纠纷等,其中只有劳动纠纷才属于劳动争议的受案范围。

(2) 仲裁机构具有权威性和公正性。"仲裁"意即"居中公断",这就要求仲裁机构具有一定的权威性,并保证裁决的公正性,一般而言,劳动争议仲裁机构都是由国家法律授权的专门机构。

(3) 自愿提交。劳动仲裁是事后监督,不告不究。因此劳动争议当事人应当以书面或口头形式向劳动争议仲裁机构提出仲裁申请,仲裁程序才开始启动。

(4) 处理结果具有法律约束力。劳动争议仲裁调解书和裁决书的内容对劳动争议当事人履行义务、承担责任具有制约作用,由法院按照一定程序保障其实施。

劳动争议仲裁包括两种形式,即仲裁调解和仲裁裁决。仲裁调解是指在仲裁员的主持下,双方当事人自愿协商、互让互谅达成协议,解决争议的方式。仲裁裁决是指在仲裁调解不成的情况下,由仲裁员对案件作出具有法律约束力的判决的方式。

(二) 劳动争议仲裁的特征

1. 劳动争议仲裁是诉讼的前置程序

我国《劳动争议调解仲裁法》第五条规定:发生劳动争议,当事人不愿意协商、协商不成或者达成协议后不履行的,可以向调解组织申请调解;不愿调解、调解不成或者达成调解协议后不履行的,可以向劳动争议仲裁委员会申请仲裁;对仲裁裁决不服的,除本法另有规定的外,可以向人民法院提起诉讼。从该条可以看出,协商和调解是在双方当事人自愿的原则下选择进行的,当事人也可以直接申请仲裁,但仲裁实行的是强制仲裁的原则,是诉讼的前置程序,即不经过仲裁处理,劳动争议当事人就无权向人民法院提起劳动争议诉讼。这样做的目的在于缩短劳动争议的解决时间,减少当事人的维权成本,减轻法院的诉讼负荷,因为同诉讼程序相比,仲裁程序更为快捷便利。

2. 合理分配举证责任,特别强调用人单位的举证责任

为了保护劳动者的合法权益,我国的劳动争议仲裁制度合理地分配了举证责任,强调了用人单位的举证责任。如《劳动争议调解仲裁法》第六条规定,发生劳动争议,当事人对自己提出的主张,有责任提供证据。与争议事项有关的证据属于用人单位掌握管理的,用人单位应当提供;用人单位不提供的,应当承担不利后果。

3. 部分案件实行有条件的"一裁终局"

为了防止一些用人单位通过恶意诉讼来拖延时间、加大劳动者的维权成本,《劳动争议调解仲裁法》在仲裁环节规定对部分案件实行有条件的"一裁终局"。关于一裁终局案件,前已述及,在此不再赘述。

4. 处理案件迅速、及时,维权成本低

经济纠纷是引起劳动争议的重要原因,相对于用人单位,劳动者受维权时间和维权成本的影响更大。为了缩短维权时间、降低维权成本,我国的劳动争议仲裁制度都做了相应的安排。如《劳动争议调解仲裁法》规定,劳动争议仲裁委员会收到仲裁申请之日起5日内要给申请人答复,予以受理的案件要在受理申请之日起45日内作出仲裁裁决。这样的规定就保证了劳动争议案件能够迅速、及时地得到解决,保障当事人的合法权益。同时,《劳动争议调解仲裁法》第五十三条规定:劳动争议仲裁不收费,劳动争议仲裁委员会的经费由政府财政予以保障。如此直截了当的规定,卸下了维权劳动者肩上的包袱,减少因高昂的费用而放弃维护权利的可能。

5. 人力资源社会保障行政部门在劳动争议仲裁中发挥主导作用

我国的劳动行政部门在劳动争议仲裁委员会及其工作中发挥着主导作用。劳动争议仲裁委员会主任由劳动行政部门的代表担任；仲裁委员会的办事机构由劳动行政部门劳动争议处理机构或者依法设立的劳动争议仲裁院充当；省、自治区、直辖市人民政府劳动行政部门对本行政区内的劳动争议仲裁工作进行指导；在实际工作中，劳动行政部门承担着主要的工作量。这一情况是由我国的特殊国情造成的，同时与现行工会体制不能充分发挥工会在劳动争议仲裁工作中的作用也是分不开的。

6. 案件处理中坚持三方原则

劳动仲裁机构在处理劳动争议案件中，坚持三方原则，这是由劳动关系和劳动争议的特性所决定的，已经形成国际惯例。三方是指政府、工会、企业代表组织三方。三方性在劳动争议处理制度中的体现形式一般有两种：一种体现在劳动争议处理机构是由三方代表共同组成的，具体案件的处理不一定由三方的人来共同处理；一种体现在集体劳动争议案件的处理是由三方共同组成的人员来处理的。通过发挥工会组织在职工中的号召力、企业代表组织在企业中的影响力，以及政府居中的协调平衡作用促使劳动关系双方达成共识，减少冲突，发挥三方原则的独特作用。

7. 仲裁机构的独立性

独立性是指劳动人事争议仲裁委员会在处理劳动争议案件时具有独立性，任何组织和个人不得干预。

8. 强制性

劳动人事争议仲裁的强制性主要体现在：（1）当事人双方只要有一方提出劳动争议仲裁申请即可进入仲裁程序，无须双方达成一致协议；（2）经仲裁庭调解不成的，仲裁庭即可行使裁决权，依法作出裁决，无须双方同意；（3）对生效的仲裁调解书、裁决书，一方不履行的，另一方可向法院申请强制执行。

(三) 劳动争议仲裁委员会

1. 劳动争议仲裁委员会的设立

劳动争议仲裁委员会是指依法设立，依法独立地对劳动争议案件进行仲裁的专门机构。《劳动争议调解仲裁法》规定：劳动争议仲裁委员会按照统筹规划、合理布局和适应实际需要的原则设立。省、自治区人民政府可以决定在市、县设立；直辖市人民政府可以决定在区、县设立。直辖市、设区的市也可以设立一个或者若干个劳动争议仲裁委员会。劳动争议仲裁委员会不按行政区划层设立。

由于我国幅员广阔，经济发展不平衡，东部、南部省市经济比较发达，劳动争议相对较多，争议当事人相对集中。而在广大中西部地区，劳动争议相对较少。因此，在劳动争议仲裁委员会的设立上，允许各省级人民政府根据本地区劳动争议处理工作的实际需要，统筹安排、合理布局本辖区内的劳动争议仲裁委员会。

2. 劳动争议仲裁委员会的组成和职责

劳动争议仲裁委员会由劳动行政部门代表、同级工会代表和用人单位代表组成。其组成人数应当是单数。

劳动争议仲裁委员会依法履行下列职责：（1）聘任、解聘专职或者兼职仲裁员；（2）受理劳动争议案件；（3）讨论重大或者疑难的劳动争议案件；（4）对仲裁活动进行监督。

3. 劳动人事争议仲裁委员会的办事机构

劳动人事争议仲裁委员会下设办事机构,负责办理劳动人事争议仲裁委员会的日常工作。这包括管理仲裁员,组织仲裁庭;管理仲裁委员会的文书、档案、印鉴;负责劳动争议及其处理方面的法律、法规及政策咨询;向仲裁委员会汇报、请示工作,办理仲裁委员会授权或交办的其他事项。

(四)劳动争议仲裁庭和仲裁员

仲裁庭是仲裁委员会处理劳动争议案件的基本组织形式,代表仲裁委员会对具体劳动争议案件行使仲裁权,是由经一定程序选出的仲裁员组成的非常设性的处理劳动争议的专门机构。仲裁委员会处理劳动争议案件实行仲裁庭制度,即按照"一案一庭"的原则组成仲裁庭。仲裁庭的组织形式可分为独任制和合议制两种。独任制是由仲裁委员会指定一名仲裁员独任审理仲裁,适用于事实清楚、案情简单、法律适用明确的劳动争议案件。合议制是指由一名首席仲裁员和两名仲裁员组成仲裁庭,共同审理劳动争议案件。仲裁庭的首席仲裁员由仲裁委员会负责人或其授权办事机构负责人指定,另两名仲裁员由仲裁委员会授权其办事机构负责人指定或由当事人各选一名。其中不符合规定的,由仲裁委员会予以撤销,重新组成仲裁庭。仲裁庭在仲裁委员会领导下依法处理劳动争议。仲裁庭对重大或疑难案件,可以提交仲裁委员会集体决定;对于仲裁委员会的决定,仲裁庭必须执行。仲裁庭处理劳动争议案件时,应报仲裁委员会主任审批;仲裁委员会主任认为有必要时,也可提交仲裁委员会审批。

仲裁员是指由劳动争议仲裁委员会依法聘任的,可以成为仲裁庭组成人员而从事劳动争议处理工作的人员。《劳动争议调解仲裁法》规定:具备下列条件之一的公民可以担任仲裁员:(1)曾任审判员的;(2)从事法律研究、教学工作并具有中级以上职称的;(3)具有法律知识、从事人力资源管理或者工会等专业工作满五年的;(4)律师执业满三年的。

(五)劳动争议仲裁管辖

劳动争议仲裁管辖是指劳动争议仲裁机构受理劳动争议案件的权限和范围,即规定当事人应向哪一个仲裁机构申请仲裁,由哪一个机构负责受理的法律制度。明确管辖制度,有利于仲裁机关行使仲裁权和当事人行使申诉权。我国现行的劳动争议仲裁管辖,是参照《民事诉讼法》的有关规定,分为地域管辖、级别管辖、移送管辖和指定管辖。劳动争议仲裁管辖的原则是方便原则,为当事人的申诉、应诉提供方便,为劳动争议仲裁委员会审理案件提供方便,避免当事人因仲裁造成过重的负担,从而影响正常的生活。

1. 地域管辖

地域管辖是指同级劳动争议仲裁机关按空间范围确定受理劳动争议案件的分工。地域管辖分为一般地域管辖、特殊地域管辖和专属管辖。

(1)一般地域管辖是指按照当事人的所在地划分案件管辖的。《劳动争议调解仲裁法》第二十一条第一款规定,劳动争议仲裁委员会负责管辖本区域内发生的劳动争议。

(2)特殊地域管辖,是指某种劳动争议案件依据特定标准,如劳动法律关系产生、变更和消灭的所在地,由某地仲裁委员会管辖。《劳动争议调解仲裁法》第二十一条第二款规定,劳动争议由劳动合同履行地或者用人单位所在地的劳动争议仲裁委员会管辖。双方当事人分别向劳动合同履行地和用人单位所在地的劳动争议仲裁委员会申请仲裁,由劳动合同履行地的劳动争议仲裁委员会管辖。同时,《劳动人事争议仲裁办案规则》第十二条第一、二款规定,劳动合同履行地为劳动者实际工作场所地,用人单位所在地为用人单位注册、登记地。用人单位未经注册、登记的,其出资人、开办单位或主管部门所在地为用人单位所在地。案件受理后,劳动合同履行地和用人单位所在地发生变化的,不改变争议仲裁的管辖。用人单位被吊销营业执照、责令关闭、撤销或者用人单位决定提前解散,以及无营业执照或者未经依法登记、备案的,由用人单位方的当事人所在地或住所地仲裁委员会管辖;出资人为用人单位方的当事人,且有多个出资人不在同一辖区的,多个出资人住所地的仲裁委员会均有管辖权。

(3) 专属管辖,是指法定的某国家机关经立法授权,依法确定某种劳动争议案件专属某地仲裁委员会管辖。原劳动部规定,我国公民与国(境)外企业签订的劳动(工作)合同履行地在我国领域内,因履行该合同发生争议的,由合同履行地仲裁委员会受理。

2. 级别管辖

级别管辖是指上下级仲裁委员会之间对于受理劳动争议案件的分工和权限,它主要根据案件的性质、影响范围和繁简程度确定。根据我国法律法规的规定,县、市、市辖区仲裁委员会负责本行政区域内发生的劳动争议。设区的市的仲裁委员会和市辖区的仲裁委员会受理劳动争议案件的范围,由省、自治区人民政府规定。国务院劳动行政部门依照有关规定制定仲裁规则。省、自治区、直辖市人民政府劳动行政部门对本行政区域的劳动争议仲裁工作进行指导。

3. 移送管辖

移送管辖是指仲裁委员会将已受理的但不属于本会管辖的劳动争议案件移送给有管辖权的仲裁委员会。就其实质而言,移送管辖是对案件的移送,而不是对案件管辖权的移送。它是在管辖发生错误时而采取的一种补救措施,通常发生在同级的劳动争议仲裁委员会之间,但有时也适用于上、下级的劳动争议仲裁委员会。《劳动人事争议仲裁办案规则》第十三条第一款规定:仲裁委员会发现已受理案件不属于其管辖范围的,应当移送至有管辖权的仲裁委员会,并书面通知当事人。在实践中,受移送的仲裁委员会对接受的移送案件不得再自行移送,如果认为自己对接受的移送案件确无管辖权,可以报告劳动行政部门决定是否由它管辖。

4. 指定管辖

指定管辖是指上级劳动争议仲裁委员会以裁定方式,指定下级劳动争议仲裁委员会对某一案件行使管辖权。其目的在于,确保在特殊情况下由指定的劳动争议仲裁委员会审理劳动争议案件,保证案件的及时正确处理。《劳动人事争议仲裁办案规则》第十三条第二款规定:对上述移送案件,受移送的仲裁委员会应依法受理。受移送的仲裁委员会认为受移送的案件依照规定不属于本仲裁委员会管辖或仲裁委员会之间因管辖争议协商不成的,应当报请共同的上一级仲裁委员会主管部门指定管辖。

(六) 劳动争议仲裁时效

劳动争议申请仲裁的时效为一年。仲裁时效期间从当事人知道或者应当知道其权利被侵害之日起计算。劳动关系存续期间因拖欠劳动报酬发生争议的,劳动者申请仲裁不受仲裁时效的限制。但是,劳动关系终止的,应当自劳动关系终止之日起一年内提出仲裁申请。

如果当事人一方向对方当事人主张权利,或者向有关部门请求权利救济,或者对方当事人同意履行义务,那么仲裁时效中断,从中断时起,仲裁时效重新计算。导致仲裁时效中断的情形包括:(1)一方当事人通过协商、申请调解等方式向对方当事人主张权利的;(2)一方当事人通过向有关部门投诉;(3)一方当事人向仲裁机构申请仲裁;(4)一方当事人向人民法院起诉;(5)一方当事人向人民法院申请支付令;(6)对方当事人同意履行义务;(7)法律规定导致仲裁时效中断的其他情形。

因不可抗力或者有其他的正当理由的,当事人不能在规定的仲裁时效期间申请仲裁的,仲裁时效中止。从中止时效的原因消除之日起,仲裁时效期间继续计算。

(七)劳动仲裁程序

1. 申请

劳动争议仲裁虽然是一种非司法程序,但和司法程序一样实行"不告不理"原则,即仲裁程序因当事人提出申请而启动。如果没有当事人提出劳动争议仲裁申请,那么劳动争议仲裁机构是不会主动启动仲裁程序的。

申请劳动争议仲裁,当事人应当亲自或者书面委托代理人到有管辖权的劳动争议仲裁机构提出书面申请,按照申请书上的要求填写后递交给工作人员,然后等待是否受理的通知。

申请劳动争议仲裁应当提交下列材料:

(1)申请书。

申请书一式三份,递交劳动争议仲裁机构两份,申请人留存一份。如果被申请人为共同当事人的,申请书一式四份,递交劳动争议仲裁机构三份,申请人留存一份。

申请书用蓝黑或者黑色钢笔或签字笔书写,均须本人签名并落有申请日期。申请书除应写明劳动者的姓名、性别、年龄、职业、工作单位、住所、联系电话及用人单位的名称、住所、法定代表人或负责人的姓名、职务、联系电话等当事人的基本情况外,还应当有明确具体的申请请求及申请所依据的事实和理由。

(2)身份证明。

申请人是劳动者的,应携带本人身份证明并提交复印件,有委托代理人的,还应提交授权委托书及委托代理人身份证明等;申请人是用人单位的,应携带单位营业执照副本,并提交复印件以及本单位法定代表人身份证明、授权委托书、委托代理人身份证明等。

(3)劳动关系证明。

如劳动合同、解除或终止劳动合同证明、工资发放证明、社会保险缴费证明、工作证、出入证等材料及相应复印件。

(4)被申请人身份证明。

申请人在申请劳动争议仲裁时,劳动争议仲裁机构根据立案审查的需要,要求申请人提交能够证明被申请人身份的有关材料的,申请人应尽可能提交。如果被申请人是用人单位的,应当提交其工商注册登记相关情况的证明,包括单位名称、法定代表人、住所地、经营地等;如果被申请人是劳动者的,应当提交其本人户口所在地地址、现居住地、联系电话等。

(5)送达地址确认书。

申请人在递交申请书时应填写送达地址确认书,写明自己接收仲裁法律文书的详细地址、邮政编码和联系电话等内容。

本环节涉及的法律文书主要包括仲裁申请书、送达地址确认书。

2. 仲裁机构受理

仲裁受理是指劳动人事争议仲裁委员会对劳动争议当事人提出的仲裁申请进行审查后,确认其符合受理条件的,决定立案处理,从而引起仲裁程序开始的行为。《劳动争议调解仲裁法》第二十九条规定:劳动争议仲裁机构收到仲裁申请之日起5日内,认为符合受理条件的,应当受理,并通知申请人;认为不符合受理条件的,应当书面通知申请人不予受理,并说明理由。对劳动争议仲裁机构不予受理或者逾期未作出决定的,申请人可以就该劳动争议事项向人民法院提起诉讼。

劳动争议仲裁机构受理仲裁申请后,应当在5日内将仲裁申请书副本送达被申请人。被申请人收到仲裁申请书副本后,应当在10日内向劳动争议仲裁机构提交答辩书。劳动争议仲裁机构收到答辩书后,应当在5日内将答辩书副本送达申请人。被申请人未提交答辩书的,不影响仲裁程序的进行。

仲裁委员会接到仲裁申请后,要填写立案审批表,由仲裁委员会主任审批。同时还要制作受理案件通知书给申请方、立案通知书给被申请方。《立案审批表》是劳动争议仲裁机构的工作文件,不送达给当事人,但会存入该案件的档案予以保存。对于案件是否受理,以劳动争议仲裁机构向当事人送达的通知书为准。受理案件通知书是告知申请人其所提出的申请已被受理,立案通知书是告知被申请人其已经被别人提起仲裁申请,仲裁委员会已经受理。具体的文书格式参见业务示例。

本环节涉及的法律文书包括:劳动争议仲裁委员会受理案件通知书、劳动争议仲裁委员会立案通知书、劳动争议仲裁答辩书、法定代表人身份证明书、授权委托书。

3. 开庭前的准备工作

劳动争议仲裁机构裁决劳动争议案件实行仲裁庭制。仲裁庭由三名仲裁员组成,设首席仲裁员,简单的劳动争议案件可以由一名仲裁员独任仲裁。劳动争议仲裁机构应当在受理仲裁申请之日起5日内将仲裁庭的组成情况书面通知当事人。

仲裁庭应当在开庭5日前,将开庭日期、地点书面通知双方当事人,当事人有正当理由的,可以在开庭3日前请求延期开庭。是否延期,由劳动争议仲裁机构决定。

本环节涉及的法律文书主要是出庭通知书。

4. 开庭程序(仲裁庭审流程)

第一阶段:书记员主导的仲裁庭准备阶段

(1) 书记员整顿庭审秩序:

书记员:申请人(姓名或单位名称)与被申请人(姓名或单位名称)(案由)劳动/人事争议一案,仲裁庭审理即将开始。请双方当事人及各自委托代理人按指示牌就座,旁听人员进入旁听席就座。

(2) 书记员核查双方当事人其他仲裁参与人到庭情况:

书记员:现在核查各方当事人及其他仲裁参加人到庭情况。

申请人及其委托代理人是否到庭?

被申请人及其委托代理人是否到庭?

共同被申请人及其委托代理人是否到庭?

其他仲裁参与人(如证人、鉴定人员等)是否到庭?

(3) 书记员宣布仲裁庭纪律：

书记员：现在宣布仲裁庭纪律。

① 参加庭审人员必须遵守仲裁庭纪律，保持庭内安静、庄严，不许喧哗吵闹。未经仲裁庭许可，不准录音、录像、拍照及进行其他妨碍庭审的活动。如携带移动通信工具的，请予关机。

② 当事人及代理人在陈述事实、说明理由以及辩论时，必须在首席仲裁员主持下，围绕争议要点进行。发言应实事求是，文明礼貌，不得进行人身攻击。

③ 旁听人员不得随意走动或进入审理区域，不准发言和提问。

④ 对违反仲裁庭纪律、妨碍仲裁活动的当事人或代理人，情节严重的，对申请人按撤回仲裁申请处理。对被申请人按缺席裁决处理，构成犯罪的，建议司法机关追究其法律责任。

仲裁庭纪律宣读完毕，请问申请人及代理人听清了吗？请问被申请人及代理人听清了吗？请问共同被申请人及代理人听清了吗？

(4) 书记员向仲裁员报告工作：

书记员：报告首席仲裁员(仲裁员)仲裁庭准备工作就绪，请开庭。

(说明：如果必须到庭的当事人和其他仲裁活动参与人没有到庭，由书记员向首席仲裁员报告，首席仲裁员可于通知开庭时间的30分钟后宣布休庭。如申请人属无正当理由拒不到庭的，按照申请人撤回仲裁申请处理。被申请人提出反申请的，可以作缺席审理。如被申请人属无正当理由未到庭的，本案按缺席裁决处理。)

第二阶段：(首席)仲裁员主导的准备阶段

(1) (首席)仲裁员正式宣布开庭：

首席仲裁员：××××劳动人事争议仲裁委员会现在依法公开开庭审理申请人(姓名或单位名称)与被申请人(姓名或单位名称)(案由)劳动/人事争议一案。

(2) (首席)仲裁员宣布仲裁庭组成人员：

首席仲裁员：依照《中华人民共和国劳动争议调解仲裁法》第三十一条规定，由××××劳动争议仲裁委员会仲裁员×××、×××、×××组成合议庭(或由××××劳动争议仲裁委员会仲裁员×××独任审理)，×××担任首席仲裁员，×××担任书记员，负责本庭的记录。

(3) (首席)仲裁员核实双方代理人、第三人及其代理人的身份：

首席仲裁员：现在核实当事人及委托代理人的身份。

首席仲裁员：请申请人的出庭人员依次说明自己的姓名、职务或职业以及代理权限(适用申请人为劳动者)。

首席仲裁员：请被申请人的出庭人员(共同被申请人的出庭人员)依次说明单位名称、住所地、法定代表人/负责人、自己的姓名、职务或职业以及代理权限(适用被申请人是单位)。

(说明：上述核实须查验相关证件，如居民身份证、法定代表人身份证明书、授权委托书、法人营业执照副本等。代理人是律师的，须说明律师的姓名、工作单位、职务及代理权限、律师事务所公函、律师执照。)

(4) (首席)仲裁员宣布核实身份环节结束：

首席仲裁员：上述人员经本庭核实，符合法律规定，可以参加本案仲裁活动。

(5) (首席)仲裁员宣布当事人在庭审活动中的权利和义务：

首席仲裁员：下面宣布当事人在庭审活动中的权利和义务。当事人在仲裁活动中享有以下权利和义务：

① 当事人有提出、变更、放弃仲裁请求、反诉以及和解的权利；

② 当事人有申请回避、提供证据、进行辩论、请求调解的权利；

③ 当事人有如实陈述事实、如实提供证据的义务；

④ 当事人有遵守仲裁庭纪律、服从仲裁庭指挥的义务。

(6)（首席）仲裁员询问仲裁庭参与人是否听清，对本庭组成人员是否申请回避。

首席仲裁员：申请人及委托代理人是否听清？是否对本庭组成人员申请回避？

首席仲裁员：被申请人及委托代理人是否听清？是否对本庭组成人员申请回避？

［说明：当事人申请回避的，首席仲裁员在问明理由后宣布休庭，并即向仲裁机构主任或副主任汇报，仲裁机构主任或副主任当即作出决定不同意回避申请的，首席仲裁员可在口头告知当事人后随即宣布继续开庭；仲裁机构主任或副主任作出决定同意回避申请的，首席仲裁员可在告知当事人后宣布延期开庭审理。如当事人申请仲裁机构主任（担任仲裁员时）回避的，首席仲裁员在问明理由后宣布休庭，并提交仲裁机构决定。］

第三阶段：（首席）仲裁员主导的仲裁庭调查

首席仲裁员：现在仲裁庭调查开始：

(1) 申请人宣读申请书。

首席仲裁员：请申请人宣读申请书。

首席仲裁员：申请人对你的仲裁请求有无增加、变更？

（说明：当申请人增加、变更仲裁请求的，首席仲裁员应询问被申请人是否需要答辩期，如不需要，即可继续开庭审理；如需要答辩期的，则可宣布休庭，重新确定开庭时间。）

(2) 被申请人宣读答辩书。

首席仲裁员：请被申请人宣读答辩书。

（说明：如果被申请人没有提交书面的答辩意见，可以口头进行答辩，由书记员记入笔录。被申请人放弃答辩权利的，不影响案件的继续审理。）

(3) 共同被申请人陈述意见。

首席仲裁员：请共同被申请人陈述意见。

(4) （首席）仲裁员明确案件争议的焦点。

首席仲裁员：根据申请人的陈述和被申请人的答辩，本案争议的焦点在如下几个方面：……

(5) （首席）仲裁员根据案件争议的焦点，请各方当事人如实回答问题，进行争议事项的调查。

首席仲裁员：请各方当事人就本案争议的焦点问题如实回答本庭提出的问题（按所列调查提纲发问。此步骤是庭审的关键内容，仲裁员可拟定好调查提纲进行）。

(6) 由各方当事人当庭举证和质证。

首席仲裁员：现在由各方当事人当庭举证和质证，请各方当事人依次出示相关证据并请各方当事人进行质证。

① 顺序：申请方出示相关证据。每举一份证据，须说明该份证据的来源、证明对象及内容（根据审理需要，质证可以分组进行，亦可逐份进行）。

首席仲裁员：被申请人对该份证据有无异议？

（说明：被申请方举证的，先由其出示证据并进行说明，然后询问申请人对该证据有无异议。）

② 认证：在举证质证过程中，仲裁庭可逐一或分阶段地对证据材料进行评议或认证，对所认证完毕的相关证据，由仲裁庭予以确认并当庭宣布认证结果（如有效、无效、效力待查）。

举证要求：要针对与案件有直接联系的内容和范围进行；应客观、真实；证据的来源、形式等必须合法；书证、鉴定结论、勘验笔录要宣读内容，物证要当庭展示，视听资料要当庭播放。

质证要求：应围绕本案的请求、事实及理由进行；对任何一方所举证据可以互相审验，对其证明效力进行辩论和反驳；经仲裁庭许可，可以向对方当事人、证人发问；当事人请求庭后补充证据的，仲裁庭应当根据实际情况确定补充证据的期限，并记入笔录。

（7）证人出庭作证。

首席仲裁员：请问各方当事人是否有证人出庭作证？

申请人证人出庭作证。

被申请人证人出庭作证。

共同被申请人证人出庭作证。

① 查验证人的身份证件，核实基本情况（如姓名、性别、出生时间、职业或工作单位和职务、住所地、身份证复印件留存）。

首席仲裁员：证人，请陈述你的姓名、年龄、民族、住址、工作单位，并向本庭提交你的身份证件。

② 宣读证人权利义务。

首席仲裁员：下面宣读证人的权利义务：依照有关法律规定，证人在作证时，应当客观公正地提供证言，如有意歪曲事实真相作伪证的，将追究法律责任；同时，证人有权拒绝回答与本案无关的提问。

首席仲裁员：证人，你听清了吗？

③ 证人作证发言（按以下顺序进行：申请方证人、被申请方证人、共同被申请人证人）：

首席仲裁员：请证人作证发言。

④ 各方当事人及委托代理人对证人的证言发表质证意见。

首席仲裁员：请各方当事人及委托代理人对证人的证言发表质证意见。

⑤ 由仲裁员询问证人。

首席仲裁员：请证人回答本庭提出的以下问题……

⑥ 经仲裁庭许可，各方当事人及委托代理人可以向证人提问。

首席仲裁员：当事人询问证人时，不得使用威胁、侮辱及不适当引导证人的言语和方式。

首席仲裁员：申请证人出庭的一方（申请人或被申请人）向证人提问。

首席仲裁员：对方向证人提问。

（8）证人出庭作证结束，核对笔录证词后签字。请证人退庭。

首席仲裁员：现在请证人核对笔录证词，当庭签字。

首席仲裁员：请证人退庭。

首席仲裁员：现在仲裁庭调查结束。

第四阶段:(首席)仲裁员主持的仲裁庭辩论

(1)(首席)仲裁员宣布辩论开始。

首席仲裁员:现在进行仲裁庭辩论。辩论应围绕本案争议焦点进行,发言应简明扼要,避免重复,并不得进行人身攻击。双方听清楚了吗?

首席仲裁员:由申请人及其委托代理人发言。

首席仲裁员:由被申请人及其委托代理人发言。

(说明:辩论中如当事人提出新的事实或证据,首席仲裁员则宣布恢复仲裁庭调查;如申请人再行追加、变更仲裁请求或被申请人提出反申请的,告知另案处理。)

申被双方自由辩论。

(2)辩论结束。

首席仲裁员:现在仲裁庭辩论结束。

(3)请各方当事人作最后陈述。

首席仲裁员:现在请各方当事人按申请人、被申请人、共同被申请人的顺序作最后陈述。

第五阶段:(首席)仲裁员主持的调解裁决阶段

(1)仲裁员对本案进行小结,就双方争议焦点分清是非,明确责任(必要时可休庭合议)。

首席仲裁员:现在对本案进行小结……

(2)(首席)仲裁员主持调解:

① 询问调解意向并主持调解

首席仲裁员:依照《中华人民共和国劳动争议调解仲裁法》的规定,仲裁庭处理劳动人事争议应当本着自愿、合法的原则先行调解。请问各方当事人是否愿意调解?

申请人:……

被申请人:……

共同被申请人:……

(说明:如当事人均愿意调解,可由申请人先提出调解方案,申请人无成熟调解方案的,也可请被申请人或共同被申请人提出或宣布休庭,在休庭期间,仲裁员也可分别做当事人的调解工作。)

② 如果调解成功,仲裁员当庭宣布调解书,并制作调解书当庭送达各方当事人,同时宣布闭庭。

③ 如果当事人均不愿意调解或调解不成,首席仲裁员直接宣布休庭进行评议。

(3)(首席)仲裁员宣布裁决。

首席仲裁员:现在继续开庭,然后宣布裁决,如不服本裁决,当事人有权在收到裁决书之日起15日内向××××法院起诉。各方当事人是否听清?今天是口头裁决,本委将在5日内将仲裁裁决书送达各方当事人(当庭不宣布裁决的,告知当事人等候通知)。

(4)各方当事人及代理人阅读、补正仲裁庭笔录并签字盖章。

(5)(首席)仲裁员宣布闭庭,如没有当庭裁决的,应为"休庭"。

本环节涉及的法律文书主要包括:庭审笔录、劳动争议仲裁委员会调解书、劳动争议仲裁委员会裁决书、劳动争议仲裁委员会送达回执、劳动争议仲裁委员会结案报告等。

二、业务示例

业务示例10-6　劳动争议仲裁申请书

【背景材料】

李辉通过层层面试,接到SH公司发出的录用通知书,月薪13 000元。于是,李辉辞去之前工作,满心欢喜地来到这个工作单位,报到日期为2013年10月8日。但是,李辉只在这里工作了2个月,12月8日他被告知,公司因经济不景气裁员,李辉也是被裁之列。李辉失去了这份工作,公司也没有给予李辉任何补偿。经查,公司未与其签订劳动合同,入职时,口头告知其有3个月的试用期,试用期满后再签正式的劳动合同。李辉申请仲裁。

×××劳动争议仲裁委员会
劳动争议仲裁申请书

申请人			被申请人		
姓名或单位名称	李辉		姓名或单位名称	SH公司	
单位性质			单位性质	私营企业	
法定代表人姓名		职务	销售部经理助理	法定代表人姓名	肖满	职务	总经理
性别	男	年龄	37	性别	男	年龄	46
民族或国籍	汉族		民族或国籍	汉族	
工作单位	SH公司		工作单位		
地址	北京市朝阳区团结湖路9号		地址	北京市朝阳区南大街88号	
电话	×××××××××		电话	×××××××××	
邮编	××××××		邮编	××××××	

请求事项:

1. 裁决被申请人支付违法解除劳动合同的赔偿金13 000元;

2. 裁决被申请人因未按照法律规定与申请人签订劳动合同应该从2013年11月8日起至12月8日向申请人支付双倍工资差额13 000元。

事实和理由:

2013年10月8日,申请人到被申请人处上班,担任被申请人销售部经理助理职位,根据被申请人向申请人所发的录用通知中确认:月薪13 000元。2013年12月8日,在没有任何法定理由和提前通知的情况下,被申请人单方面决定与申请人解除劳动合同关系。实际上,被申请人也并未按照国家法律的规定为申请人签订劳动合同,使申请人的实际利益受到很大损失。

按我国《劳动合同法》的相关规定,自用工之日起一个月内单位必须与劳动者签订书面的劳动合同,超过一个月未满一年的,应向劳动者支付双倍工资。同时,《劳动合同法》还规定,单位违法解除劳动合同的,应按经济补偿金的双倍向劳动者支付赔偿金。

为维护申请人的合法权益,依据我国《劳动合同法》及其他相关法律法规之规定,申请劳动仲裁,希望能够得到贵仲裁委员会的支持。

此致

×××劳动争议仲裁委员会

申诉人:<u>李辉</u>(签名或盖章)
2013 年 12 月 25 日

附证据:

书证一:被申请人发出的录用通知

书证二:《被申请人医疗保险手册》

业务示例 10-7　劳动争议仲裁答辩书

【背景材料】

根据上述提供的背景资料,被申请人 SH 公司收到了申请书副本。

被申请人 SH 公司制作了《劳动争议仲裁答辩书》,提交给劳动争议处理机构。

劳动争议仲裁答辩书

答辩人:SH 公司

答辩请求:驳回申请人的请求,维持公司解除劳动合同的决定。

事实和理由:

1. 申请人李辉要求支付违法解除合同的赔偿金的要求没有依据。

李辉入职我公司刚刚两个月,尚处于试用期内,试用期内解除其劳动合同并无不妥,因此,不属于违法解除劳动合同。

2. 申请人要求支付未签劳动合同双倍工资的请求也不应得到支持。

申请人入职我公司后,公司与其约定试用期满后再与其签订正式的劳动合同,在试用期内双方并未建立正式的劳动关系,且试用期满考核合格后再签正式的劳动合同也是经李辉本人同意的,是双方协商一致的结果。现在他又出尔反尔,也是不诚信的表现。

综上所述,申请仲裁机构驳回申请人的请求。

此致

×××劳动争议仲裁委员会

答辩人:<u>SH 公司</u>(签名或盖章)
2013 年 12 月 30 日

业务示例10-8 劳动争议仲裁委员会立案审批表

×××劳动争议仲裁委员会
立案审批表

案由			收案时间		案号	
申请人 (被申请人)	姓名		性别		出生日期	
	现工作单位					
被申请人 (申请人)	单位全称 企业性质				主管部门	
	单位全称 企业性质				主管部门	
请求事项						
					填报人: 年 月 日	
审批意见						
					审批人: 年 月 日	

【文书说明】此表是仲裁委员会决定立案时由仲裁员填报仲裁委员会主任审批的文书。

业务示例10-9 劳动争议仲裁委员会受理案件通知书

×××劳动争议仲裁委员会
受理案件通知书

×劳仲案字[ ]第 号

_____：

本委已经接到你(单位)申请仲裁_____的申请书，经审查符合规定的受理条件，本委决定立案审理。现将有关事项通知如下：

一、自收到本通知书之日起10日内，劳动者应提交身份证件复印件(A4型纸)，用人单位应提交《营业执照》副本复印件(A4型纸)并填写《法定代表人身份证明书》。

二、如需委托代理人代理参加仲裁活动，一经确定具体人选，即应填写《授权委托书》提交本委。

三、本委决定此案由仲裁员_____承办，仲裁员的联系电话为_____。如要求回避，当事人请向本委提出回避申请。

年 月 日
(盖章)

【文书说明】本通知书是仲裁委员会决定立案后给申请人的文书。

业务示例10-10　劳动争议仲裁委员会立案通知书

×××劳动争议仲裁委员会

立 案 通 知 书

×劳仲案字[　]第　号

＿＿＿＿＿＿＿：

　　本委已受理＿＿＿＿＿＿＿＿＿＿＿＿＿＿＿申请仲裁你(单位)劳动争议案,现将申诉书副本送交你(单位),并将有关事项通知如下:

　　一、请你(单位)自收到申请书副本之日起10日内向本委提交答辩书两份(使用A4型纸,并签名或盖章)。

　　二、自收到本通知书之日起10日内,劳动者应提交身份证件复印件(A4型纸),用人单位应提交《营业执照》副本复印件(A4型纸)并填写《法定代表人身份证明书》。

　　三、如需委托代理人代理参加仲裁活动,一经确定具体人选,即应填写《授权委托书》提交本委。

　　四、本委决定此案由仲裁员＿＿＿＿＿＿＿＿＿＿＿＿＿承办,仲裁员的联系电话为＿＿＿＿＿＿。如要求回避,当事人请向本委提出回避申请。

　　五、如对本案管辖持有异议,请自收到本通知书之日起10日内向本委书面提出并提供相关依据原件。

年　　月　　日

(盖章)

本委地址:×××××××××××××　　　邮编:××××××

【文书说明】此文书是仲裁委员会决定立案后发给被申请人的文书。

业务示例10-11　法定代表人身份证明书

法定代表人(或主要负责人)身份证明书

　　＿＿＿＿＿＿同志现任我单位＿＿＿＿＿＿职务,为法定代表人(或主要负责人)。

特此证明。

附:

　　法定代表人(或主要负责人):＿＿＿＿＿＿

　　性别:＿＿＿＿＿＿

　　年龄:＿＿＿＿＿＿

　　民族:＿＿＿＿＿＿

　　住址:＿＿＿＿＿＿

　　联系电话:＿＿＿＿＿＿

邮政编码：_____

(单位全称，加盖印章)
年   月   日

【文书说明】
在劳动争议仲裁的申请和受理环节中，用人单位一方当事人，需要填写《法定代表人身份证明书》。

业务示例 10-12　授权委托书

授权委托书

_____劳动争议仲裁委员会：

你委受理的关于_____的劳动争议一案，依照法律规定，特委托_____为我(单位)的代理人，参加本案仲裁活动。

委托代理人：
  姓　　名：_____
  性　　别：_____
  年　　龄：_____
  工作单位及职务：_____
  经常居住地：_____
  联系电话：_____

委托事项和代理权限如下(请在以下两项中选择其一进行勾选)：

☐1. 一般代理。
☐2. 代为接收法律文书；代为承认、放弃、变更仲裁请求，进行和解，提出反申请。

委托代理人在委托权限范围内签署的有关文书我方均予以承认，并承担法律责任。

委　托　人(签名或盖章)：　　　　　　　　　年　月　日
委托代理人(签名或盖章)：　　　　　　　　　年　月　日

业务示例 10-13　出庭通知书

×××劳动人事争议仲裁委员会
出庭通知书

_____：

本委受理_____一案，现决定于____年____月____日____午____时____分在_____开庭审理，请准时出庭。

特此通知。

年　月　日

(盖章)

注：1. 申请人收到本通知，无正当理由拒不到庭或未经仲裁庭同意中途退庭的，视为撤回仲裁申请。

2. 被申请人收到本通知，无正当理由拒不到庭或未经仲裁庭同意中途退庭的，可缺席裁决。

3. 请注意遵守仲裁庭纪律。

【文书说明】仲裁委员会应在开庭5日前将开庭通知书送达双方当事人。

业务示例 10-14　劳动争议仲裁委员会庭审笔录

×××劳动人事争议仲裁委员会

庭 审 笔 录

时间：＿＿＿年＿＿＿月＿＿＿日＿＿＿时到＿＿＿时

地点：＿＿＿＿＿＿＿＿＿＿＿＿＿＿

案号：＿＿＿劳仲字[　　]第　　号

案由：＿＿＿＿＿＿＿＿＿＿＿＿＿＿

首席仲裁员：＿＿＿＿＿＿＿＿＿＿

仲裁员：＿＿＿＿＿＿＿＿＿＿＿＿

书记员：＿＿＿＿＿＿＿＿＿＿＿＿

申请人：＿＿＿＿＿＿＿＿＿＿＿＿

委托代理人：＿＿＿＿＿＿＿＿＿＿

被申请人：＿＿＿＿＿＿＿＿＿＿＿

委托代理人：＿＿＿＿＿＿＿＿＿＿

第三人：＿＿＿＿＿＿＿＿＿＿＿＿

委托代理人：＿＿＿＿＿＿＿＿＿＿

审理情况：＿＿＿＿＿＿＿＿＿＿＿＿＿＿＿＿＿＿＿＿＿＿＿＿＿＿＿＿＿

＿＿＿＿＿＿＿＿＿＿＿＿＿＿＿＿＿＿＿＿＿＿＿＿＿＿＿＿＿＿＿＿＿＿＿＿

＿＿＿＿＿＿＿＿＿＿＿＿＿＿＿＿＿＿＿＿＿＿＿＿＿＿＿＿＿＿＿＿＿＿＿＿

＿＿＿＿＿＿＿＿＿＿＿＿＿＿＿＿＿＿＿＿＿＿＿＿＿＿＿＿＿＿＿＿＿＿＿＿

【文书说明】

① 本文书是供仲裁庭开庭时使用的。

② 本文书的"案号"一栏应填写本案"受理通知书"等仲裁文书的同一个编号："×劳仲案字[　　]第　　号"。

③ 仲裁庭开庭裁决时作的庭审笔录应如实记录仲裁庭审理的全部活动，包括当事人和其他仲裁参加人的活动。庭审过程中再进行调解的，也应将调解过程记入本笔录，不须另记调解笔录。

④ 庭审笔录由当事人和其他仲裁参加人阅读后在最后一页的下方签名或盖章。如他们认为记录有误或有遗漏的可以进行补正。

⑤ 拒绝签名盖章的应记明情况，由首席仲裁员或独任仲裁员、书记员签名。

⑥ 增加的续页应注明页数。

业务示例10-15 劳动争议仲裁委员会调解书

×××劳动争议仲裁委员会
调 解 书

×劳仲字[ ]第 号

申请人：×××(姓名),×(性别),××××年××月××日出生,××××××(工作单位及职务),住本市××区××街××号。

委托代理人：×××(姓名),×(性别),×岁(年龄),××××××(工作单位及职务或家庭住址)。[如果是律师代理,则仅写：×××(姓名),×××律师事务所律师。]

被申请人：××××公司,住所地：××××××××。

法定代表人/或负责人：×××(姓名),×××(职务)。

委托代理人：×××(姓名),×(性别),×岁(年龄),××××××(工作单位及职务或家庭住址)。[如果是律师代理,则仅写：×××(姓名),×××律师事务所律师。]

申请人×××(姓名)(以下简称×××)诉被申请人××××(名称全称)(以下简称××公司)劳动争议一案,本委受理后,由仲裁员×××、×××、×××(仲裁员姓名)依法组成合议庭,×××任首席仲裁员/或依法由仲裁员×××(姓名)独任审理。

×××(申请人姓名)向本院提出如下仲裁请求：

一、……；

二、……；

……。

经本院主持调解,双方当事人自愿达成如下协议：

一、……；

二、……；

……。

上述协议不违背有关法律规定,本院予以确认。

本调解书自送达之日起具有法律效力。

首席仲裁员：×××
仲 裁 员：×××
仲 裁 员：×××
年 月 日
(仲裁机构盖章)
书记员：×××

此处盖 此件与原本核对无异

注：本调解书式样是以申请人为劳动者个人,被申请人为用人单位为例。

业务示例10-16 劳动争议仲裁委员会裁决书

×××劳动人事争议仲裁委员会

裁 决 书

×劳仲字[ ]第 号

申请人：×××(姓名)，×(性别)，××××年××月××日出生，××××××(工作单位及职务)，住本市××区××街××号。

委托代理人：×××(姓名)，×(性别)，×岁(年龄)，××××××(工作单位及职务或家庭住址)。[如果是律师代理，则仅写：×××(姓名)，×××律师事务所律师。]

被申请人：××××公司，住所地：××××××。

法定代表人/或负责人：×××(姓名)，×××(职务)。

委托代理人：×××(姓名)，×(性别)，×岁(年龄)，××××××(工作单位及职务或家庭住址)。[如果是律师代理，则仅写：×××(姓名)，×××律师事务所律师。]

第三人：××××公司，住所地：××××××。

法定代表人/或负责人：×××(姓名)，×××(职务)。

委托代理人：×××(姓名)，×(性别)，×岁(年龄)，××××××(工作单位及职务或家庭住址)。[如果是律师代理，则仅写：×××(姓名)，×××律师事务所律师。]

申请人×××(姓名)(以下简称×××)与被申请人××××(名称全称)(以下简称××公司)××、××、(案由)争议一案，本委受理后，由仲裁员×××、×××、×××(仲裁员姓名)依法组成合议庭，×××任首席仲裁员/或依法由仲裁员×××(姓名)独任审理。

经审查，本委认为××××公司(名称全称)(以下简称××公司)与本案的处理结果有利害关系，依据《中华人民共和国劳动争议调解仲裁法》第二十三条的规定，追加××公司为第三人。

本案经公开开庭审理，×××(申请人姓名)及其委托代理人×××(姓名)、××公司(被申请人名称简称)的委托代理人×××(姓名)、××公司(第三人名称简称)的委托代理人××(姓名)均到庭参加了仲裁活动。如果被申请人经书面通知未到庭，在前面表述了已出庭人员后(注意不要再表述被申请人)，应在此继续写明：本委于××××年××月××日向××公司(被申请人名称简称)送达了出庭通知，但其无正当理由未到庭。本案现已审理终结。

×××(申请人姓名)称：……(概述申请人提出的事实和理由，并明确列出申请人的全部请求)。

××公司(被申请人名称简称)辩称：……(概述被申请人答辩的主要内容及针对申请人每一项请求的明确态度)。

××公司(第三人名称简称)述称：……(概述第三人的主要意见)。

经查：……(一般按时间发展的基本顺序表述劳动争议仲裁机构查明的事实。个别疑难案件,如有必要,可以采取逐一列举双方提交的证据并论述质证、认证情况的论述方式)。

上述事实有各方陈述、庭审笔录、×××(证据名称)、×××(证据名称)(这类证据应该是经过确认的证据)等在案证实。

本委认为：……(首先应当有概述性语言作为观点,逐一展开论述。要求对经查事实表明态度,并针对申请人的每一项请求是否予以支持进行论述,双方意见一致的点到即可,不用展开论述。着重论述双方存在分歧的地方。写明裁决的理由和依据,要写明具体所依据的法律、法规、规章和其他规范性文件等,文件要简练、逻辑要清晰、内容要全面)。

本案经调解,双方未达成协议,依据《中华人民共和国劳动争议调解仲裁法》第四十二条第四款、《××××》第××条、《××××》第××条的规定,现裁决如下[如果被申请人经书面通知未到庭的,则此段表述为：本案在开庭审理中,××公司(被申请人名称简称)经本委合法通知无正当理由未到庭,根据《中华人民共和国劳动争议调解仲裁法》第三十六条第二款、《××××》第××条、《××××》第××条的规定,现缺席裁决如下]：

一、……；
二、……；
三、……；
……。

如不服本裁决,可于本裁决书送达之日起15日内,向××法院提起诉讼,逾期不起诉,本裁决书发生法律效力[如果系终局裁决,则此段表述为：本裁决对××公司(被申请人名称简称)为终局裁决。××公司(被申请人名称简称)有证据证明本裁决有《中华人民共和国劳动争议调解仲裁法》第四十九条第一款规定的情形之一的,可自本裁决书送达之日起30日内向××法院申请撤销裁决。××(申请人姓名)如不服本裁决,可于本裁决书送达之日起15日内,向××法院提起诉讼,逾期不起诉,本裁决书即发生法律效力]。

首席仲裁员：×××
仲裁员：×××
仲裁员：×××

年　　月　　日
(仲裁机构盖章)
书记员：×××

此处盖 | 此件与原本核对无异 |

【文书说明】
① 本裁决书式样是以申请人为劳动者个人,被申请人为用人单位为例。
② 加下划线的部分是追加第三人情况下的格式要求,如未追加,则不需要表达。

业务示例 10-17　劳动争议仲裁委员会送达回执

×××劳动人事争议仲裁委员会

送 达 回 执

×劳仲字[　]第　号

受送达人				案由			
送达单位地点				执行送达人			
送达文件	签发人	送达人	送达方式	收到时间	受送达人签名	代收人与受送达人关系	不能送达原因
				月　日　时			
				月　日　时			
				月　日　时			
				月　日　时			
				月　日　时			
备注							

【文书说明】

送达回执是劳动争议仲裁机构向仲裁案件的当事人及其他关系人送达各种仲裁文书时填写的法律文书。根据法律规定，送达仲裁文书必须有送达回执。

业务示例 10-18　劳动争议仲裁委员会结案报告

×××劳动人事争议仲裁委员会

结 案 报 告

×劳仲字[　]第　号

案由			
首席仲裁员	仲裁员	仲裁员	书记员
立案日期　年　月　日		结案日期　年　月　日	

(续表)

申请人及请求事项	
被申请人及答辩理由	
调查和处理结果	
审批意见	

三、实操演练

工作任务10-7

【背景材料】

2010年3月,某机械设备厂欲招聘一名机械设计师。王某(男,37岁)应聘后,与厂方签订了为期3年的劳动合同,未约定试用期。一个月后,厂方发现王某根本不能胜任工作,便书面通知与其解除劳动合同。王某不服,诉至劳动争议仲裁委员会,要求仲裁。经劳动争议仲裁机构调查:当时该机械设备厂因生产需要,欲招聘一名有机床设计工作经验,且掌握机床电气原理和机床维修知识的机械设计师。王某得知此事后,于是到该厂应聘。当时他自称自己完全符合该厂所提出的招聘条件,不但具有8年从事机床设计工作的经验,而且精通各种机床的电气原理和维修知识。厂方听了王某的自我介绍后,便与其签订了为期3年的劳动合同,约定的工作岗位为机械设计师。一个月后,厂方在工作中发现,王某不但不能胜任机床设计工作而且连进行该项工作的基本常识都不懂。于是,厂方便怀疑王某应聘时的自荐材料。经过调查得知,王某的自荐材料纯属虚构,他高中毕业后,一直在一家国有企业当机床维修工人,并不懂机械设计。厂方在获悉了王某的真实情况后,决定与其解除劳动合同。王某申请仲裁,要求厂方继续履行劳动合同。

【具体任务】

1. 以王某的名义制作一份《劳动争议仲裁申请书》。
2. 以机械设备厂的名义制作一份《劳动争议仲裁答辩书》。

工作任务 10-8

【背景材料】

1. 申请人：周某

   被申请人：某商场

   周某于2009年7月3日与某商场签订了期限为3年的劳动合同。劳动合同中约定周某的工作岗位为收银员，同时还约定了任何一方要求擅自解除劳动合同，应向对方支付违约金。违约金数额为500元乘以合同未满月数。2011年3月3日，商场劳资科通过部门经理通知周某，其工种改为导购员。周某当即表示不同意商场单方变更合同中关于工种的约定条件，并表示如果双方不能达成一致意见，她将要求解除劳动合同。该商场遂以周某要求解除合同为由，令其支付违约金，因合同未履行月数为16个月，故要求其支付违约金共8 000元。周某在随后的几天中仍旧上班做收银员，商场见状通知她，她的工资已被停发，要求她要么到导购员岗位，要么解除劳动合同并支付违约金。周某无奈只得要求解除劳动合同，但不同意支付违约金。该商场则表示如周某不缴纳违约金，商场不办理解除劳动合同的手续，于是，周某申请劳动仲裁，要求该商场支付其工资并赔偿由此受到的损失。

2. 申请人：李兴

   被申请人：蓝天制药厂

   李兴与蓝天制药厂经平等自愿、协商一致于2007年1月10日签订了3年的劳动合同，工作岗位为第一车间操作工，双方在劳动合同中未约定试用期。3月10日李兴自感身体不适，到企业医院看病，医生诊断患过敏症，休假4天后痊愈上班。一个星期后同样症状再次发生，经企业指定医院诊断为生产中常用的一种原料过敏症，如果不脱离过敏源，该症状将会反复发生，影响患者的健康同时给假7天休息。公司了解了上述情况后，与李兴协商变动其工作岗位，调他到第三车间工作，这样可以脱离过敏源。李兴表示不愿意去车间工作，因为自己持有文秘的职业资格证书，能从事办公室的文书工作。于是他要求到公司的职能科室工作，公司则以科室编制已满，无法安排为由，拒绝了李兴的要求，双方协商未果。4月1日，李兴休假后重新上班，但他没有去第一车间工作而是来到企业劳资科，再次要求到科室工作，被拒绝。即日，李兴收到公司解除劳动合同通知书，上面写明，试用期内经考察不符合录用条件，解除劳动合同。李兴不服，到仲裁委员会申诉，要求公司继续履行劳动合同，并调整其工作岗位至科室。

3. 申请人：董某

   被申请人：A保险公司

   董某是A保险公司的业务员，跟公司签有为期1年的劳动合同。合同中约定董某每个季度必须完成一定数额的销售任务，个人收入则主要是销售提成。尽管董某对保险推销工作满怀热情，不辞辛苦，但头一个季度下来，所签保险单寥寥无几，远远没有完成公司的销售定额。公司销售主管提醒董某说，若第二季度仍完不成任务，他就将面临被解聘的可能。为了保住工作，董某更加努力，甚至发动了所有的亲戚朋友，第二季度的销售业绩比头一季度有所提高，但比公司的定额还是差了不少，于是他担心的事情出现了：公司销售主管口头通知他说，鉴于他连续半年都不能完成公司的任务，公司认为他不能胜任保险销售工作，因此决定解除与他的劳动合同，请他在3天内办好离职手续。

董某万般请求,希望公司能再给他一次机会。被拒绝后,董某又提出自己的劳动合同期限是1年,公司提前解除劳动合同,应该支付经济补偿金。但公司销售主管以解除合同是因为董某自己不能胜任工作,且事先又提醒过他为由,拒绝了董某支付经济补偿金的要求,双方遂发生争议。

4. 申请人:张女士

被申请人:某贸易公司

张女士来到某贸易公司从事财务主管工作多年,期间工作表现良好。随后在续订劳动合同时用人单位与其订立了无固定期限劳动合同。2011年11月,张女士患病,因错过最佳治疗时间,转为慢性疾病,后来时常因其身体状况和病假问题影响工作。该公司领导经讨论认为,张女士目前的身体状况不符合财务主管工作岗位的要求,已经影响了公司的正常经营活动,决定将其由目前的工作岗位调到相对轻松的其他岗位,以方便治疗和休息,相关待遇按照新岗位标准执行。

张女士认为其在公司工作多年,表现良好,用人单位于情应为其保留工作岗位,待其痊愈后继续工作;于理在没有征求她本人意见的前提下,擅自调整她的工作岗位及待遇,属于擅自变更劳动合同的行为,因此拒不执行公司的安排。在双方经过数次协商仍未达成一致意见的情况下,该公司以张女士不服从工作安排,属严重违纪为由,决定与其解除劳动关系,停发工资,停缴社会保险。张女士不服,将该公司告上劳动争议仲裁委员会,要求恢复劳动关系,继续从事原岗位工作。

5. 申请人:李某

被申请人:某机械公司

李某2011年7月进入某市某机械制造有限公司工作,岗位是在人事部门,后因工作较好,被升为人事经理。2013年7月的一天,李某向公司所在地的劳动争议仲裁委员会申请仲裁,称其于2011年7月进入某市某机械制造有限公司工作,单位一直没有与其订立书面劳动合同,还于2013年6月30日解除劳动关系,故要求单位按《劳动合同法》的规定,按两倍月工资的标准向其发放未订劳动合同期间的工资。仲裁委员会依法受理。

【具体任务】

针对上述劳动争议案件开展模拟劳动争议仲裁活动,具体步骤如下:

1. 学生自由组合,6人一组,组成模拟仲裁庭。
2. 每组分析案件事实,根据案情事实及相关证据的罗列,寻找本案适用的实体法及程序法依据。
3. 模拟仲裁庭角色分配,6名同学分别承担首席仲裁员、仲裁员(2名)、书记员、申请人和被申请人的角色。
4. 模拟仲裁庭各参加人员阐述各自"角色构想"及其"角色应对"。
5. 仲裁文书制作。
6. 模拟仲裁庭各参加人根据各自担当角色提交庭审提纲,教师予以指点后各方在庭审前充分交流。
7. 模拟开庭。
8. 整理该案所有法律文书,制作结案报告。

主要参考文献

1. 王振麒,《劳动人事争议处理》,复旦大学出版社,2011年。
2. 王远东、赵学昌,《劳动争议处理实务》,北京大学出版社,2009年。
3. 王彩萍,《劳动人事争议处理》,北京大学出版社,2011年。
4. 孙立如、刘兰,《劳动关系实务操作》,中国人民大学出版社,2009年。

图书在版编目(CIP)数据

劳动关系管理实训/孙立如编著. —上海:复旦大学出版社,2014.7(2021.8重印)
(复旦卓越·人力资源管理和社会保障系列教材)
ISBN 978-7-309-10658-9

Ⅰ.劳… Ⅱ.孙… Ⅲ.劳动关系-管理-高等学校-教材 Ⅳ.F246

中国版本图书馆 CIP 数据核字(2014)第 095152 号

劳动关系管理实训
孙立如 编著
责任编辑/宋朝阳

复旦大学出版社有限公司出版发行
上海市国权路 579 号 邮编:200433
网址:fupnet@fudanpress.com http://www.fudanpress.com
门市零售:86-21-65102580 团体订购:86-21-65104505
出版部电话:86-21-65642845
大丰市科星印刷有限责任公司

开本 787×1092 1/16 印张 16 字数 370 千
2021 年 8 月第 1 版第 2 次印刷

ISBN 978-7-309-10658-9/F·2044
定价:39.00 元

如有印装质量问题,请向复旦大学出版社有限公司出版部调换。
版权所有 侵权必究